JN102246

A Guide to Public Policy for Distribution and Marketing：
Market, Government and Society

流通政策入門

市場・政府・社会

［第5版］

渡辺達朗【著】
Watanabe Tatsuro

中央経済社

第5版へのはしがき

　2020年1月以降の新型コロナウイルス感染症（COVID-19, コロナ禍）による世界的なパンデミックと，2022年2月24日に開始されたロシアによるウクライナ軍事侵攻は，日本社会にさまざまな影響を及ぼしてきている。経済的な側面に限ってみても，前者は人々の移動や接触を制限することなどで経済活動を窒息寸前まで追い込み，後者は資源エネルギーや食糧の世界的な生産・流通・消費のネットワークを寸断することで，デフレからインフレないしスタグフレーション（経済停滞とインフレの同時進行）への転化を促進した。

　第4版へのはしがきでは「2011年3月11日の東日本大震災と，その後の原発事故は，日本社会が自然災害だけでなく人的災害などさまざまなリスクに取り囲まれていることとともに，リスク対応力が脆弱化してきていることを再確認させた」と述べたところであるが，コロナ禍とウクライナ侵攻は，日本社会のリスク対応力の弱さやレジリエンス（回復力）への懸念に，あらためてスポットライトを当てた。

　他方で，2015年9月に150超の加盟国首脳が参加した「国連持続可能な開発サミット」において，2030年に向けたアジェンダとして採択されたSDGs（持続可能な開発目標）の取り組みが，目標年まで10年を切ったあたりから本格化してきている。また，GAFAMなどと称されるデジタル・プラットフォーマーがますます巨大化し，利用者にさまざまな利便性を提供する一方で，プラットフォーム参加者への優越的地位の濫用や個人情報保護に抵触するような行為への警戒感が高まっている。

　これらは，私たちの社会経済の仕組みや生活のあり方が転換点にあり，解決しなければならない課題が山積していることを意味する。本書の第5版への改訂は，こうした時代状況が流通・商業・マーケティング分野に及ぼしている影響と，それらへの政策的対応の現在と将来を見据えながら実施した。そのため，2010年代以降の記述を厚くし，1990年以前の記述をやや薄くした。例えば，第4版の5章（振興）と6章（調整）を一体化して5章（振興と調整）とする一

方，7章と8章を6章と7章に繰り上げ，7章にまちづくり政策の新たな展開と環境政策を追加する等を行った。その際，初版以来採用してきた，流通政策にかかわる法律や制度をたんに時系列的に跡付けるのではなく，流通の実態と政策展開との相互規定的な関係を重視しながら，流通政策にアプローチするという方法論は，今回の改訂でも基本的スタンスとして継承している。

　前回の改訂から注力したのは，現在，大学において進められている教育内容や教育方法の変化への対応である。そうした観点から，今回の改訂でも内容面から大幅に見直すとともに，形式面でも刷新を図った。

　具体的には，近年，大学教員は科目ごとに例えば半期15回（週1回）分の講義の到達目標や内容等の詳細を事前にシラバスに明記し，その記述どおりにきっちり授業を実施することが求められている。これは当然といえば当然のことであって，むしろ従来それが実行されていなかったことに問題があるといえよう。それはともかく，本書では，流通政策にかかわる科目として半期13〜15回（週1回，2単位）を前期と後期に「Ⅰ」および「Ⅱ」として展開する場合，

表　2単位15回分の講義への対応方法の例

授業	テーマ	章	セクション
第1回	流通・商業とは	1章	Sec. 2
第2回	流通政策の目的と体系	2章	Sec. 4
第3回			Sec. 5
第4回			Sec. 6
第5回	競争政策	3章	Sec. 8
第6回			Sec. 9
第7回			Sec.10
第8回	商業まちづくり政策	6章	Sec.20
第9回			Sec.21
第10回			Sec.22
第11回	「3法」後の政策展開	7章	Sec.23
第12回			Sec.24
第13回			Sec.25

あるいは半期26〜30回（週2回，4単位）の科目として展開する場合に対応するために，7章プラス終章の全8章を27セクションで構成することとした。また，流通政策に関する科目が，半期13〜15回（2単位）としてのみ展開されていることも少なくないことから，13回分を任意に抜き出すことも可能にした。

　参考までに，2単位科目における13回分の抜き出し方のモデルの1つとして，流通・商業の基本に関する科目を修得済みで，流通政策の基本，競争政策，商業まちづくり政策をバランスよく配置する場合を示すと左記の表のようになる。これ以外に，基本科目の修得を前提としない場合，競争政策を重視する場合，商業まちづくり政策を重視する場合といったバリエーションがあり得よう。

　また，アクティブラーニングや反転教育といった教育方法への対応も課題となっている。ここでアクティブラーニングとは，課題発見や問題解決，体験学習，フィールドワーク，グループワーク，ディベートといった方法による能動的な学修で汎用的な能力の育成を図ることをさす。また反転教育とは，従来，教室で講義を受け，その内容に基づいて家庭など課外で課題をこなすという関係を「反転」させるというものである。つまり，家庭などで講義の内容を予習し，教室では予習で得た知識の応用問題として課題に取り組む（討論や発表など）ものといえる。

　こうした教育方法に対応するために，本改訂でも，各章末に「ワークショップの課題」を配置した。近年，国の省庁や自治体，あるいは民間企業が，ウェブサイト上にデータベースを整備するなどさまざまな情報提供を行っている。「ワークショップの課題」は基本的にそうした情報を検索し整理，分析することで対応可能なものなので，本文を各自予習してきたうえで，教室では「課題」をめぐって討議し発表するといった方法を，講義に取り入れることを可能にしている。

　コロナ禍によって，従来さまざまな理由あるいは口実があげられて実施が難しかったオンライン授業が，一気に普及した。例えば，オンライン授業のやり方として，リアルタイム方式で内容の解説を行うのではなく，事前にオンデマンド方式で内容の解説と課題を提示し，リアルタイム方式では課題についてのプレゼンテーションやディスカッションを行うという進め方も可能である。

　さて，2003年に本書初版を上梓してから，はやくも20年近くが経過した。そ

の後，2007年の第2版，2011年の第3版への改訂を経て，2016年に第4版への改訂を実施した。それから6年が経過したが，その間，現実社会は従来にも増して大きく変化してきた。にもかかわらず改訂作業に着手できなかったのは，ひとえに筆者の大学での業務上の事情，すなわち生田から神田へのキャンパスの移転と，コロナ禍への対応を学部長という立場で迎えてしまったことによる。内容のアップデートが追い付かず，さまざまご迷惑をおかけしてしまったこと，お詫び申し上げたい。

第4版への改訂以降，今日まで，学界・実業界・行政等の諸先輩や友人，同僚，読者諸氏など，じつに多くの方々から有益なご示唆，ご教示をいただいた。いちいちここでお名前をあげることはできないが，この場を借りて心より御礼を申し上げる。なお，いうまでもなく，ありうべき誤りは，筆者の責任に帰せられるものである。

なお，本書の原型となった前著『現代流通政策』（中央経済社，1999年）の「はしがき」に述べたように，前著と本書の基本的な枠組みは，久保村隆祐・田島義博・森宏『流通政策』（中央経済社，1982年），および石原武政「商業政策の構造」（石原武政・池尾恭一・佐藤善信『商業学』有斐閣，1989年所収）を参考にした部分が多い。久保村・他（1982）の出版から40年，筆者がこれら著作と出会ってから35年前後が経つが，月日の経過は瞬く間で，いまだ何もなし得ていないとの思いが残る。さらなる精進が必要なのであろう。

最後に，出版事情が厳しい中で，第5版への改訂をお引き受けくださった中央経済社社長の山本継氏，これまで同様に的確に編集作業を進めてくださった学術書編集部の納見伸之氏に，心から御礼申し上げる。

2023年1月

神田キャンパスの研究室にて

渡　辺　達　朗

はしがき

　前世紀末から新世紀に至る数年間，過去の常識では考えられないようなさまざまな出来事がわれわれを襲った。それらは「失われた10年」と形容され，どうしようもない閉塞感に覆われていた時代から，輝かしい未来に向けた大転換期の一時的混乱なのであろうか。それとも……。

　そうした不安な時代状況に包まれながらも，歴史の歯車は確実に回っている。流通の世界に限ってみても，旧勢力の衰退・淘汰，新興勢力の勃興・成長が，かつてないめまぐるしいスピードで繰り返され，つい数年前にはエクセレント・カンパニーとか，IT を駆使した新しいビジネスモデルの確立として賞賛されていた企業が，成長の限界に突き当たるなどという事態が相次いで伝えられている。

　このように，1つの企業ないしビジネスモデルの栄枯盛衰の速度は，10年前と比べて大きくスピードアップしているわけであるが，そうした混沌とした状況の中においても，大規模小売業の成長・上位集中化を軸にした，流通の水平的および垂直的な関係の再編成は確実に進展している。他方で，こうした動きを後押しするかたちで進められてきた流通政策の転換も，不十分な部分や道半ばの課題があるとはいえ，この10年で一定の成果を収めるに至っている。

　それは，戦後のわが国流通政策を代表する存在であった大規模小売店舗法が廃止され，新しい目的と枠組みに基づく大規模小売店舗立地法が，いわゆる「まちづくり3法」の一翼を担うかたちで施行され，一定の運用実績を残している，という事実に象徴的に示されているといえよう。また，流通政策固有の領域ではないが，地方分権一括法や中央省庁再編関連法の施行によって，国・中央省庁と自治体の間や，中央省庁間における権限・役割の分担関係も，すでに塗り替えられている。

　本書は，前著『現代流通政策』を受け継いで，こうした1990年代以降に急激に進んだ流通システムの再編成と，流通政策の転換の軌跡を追跡・検討するとともに，その前提となっている経緯を歴史的かつ構造的に明らかにすることを

意図している。とくに，流通システムと流通政策との相互規定的な関係を重視しながら流通政策にアプローチする，という本質的な問題意識は共通している。そのため，サブタイトルについてはあえて前著からほぼそのまま継承することにした。しかし，現実の進展や，前著に対していただいたさまざまなご指摘，ご示唆を踏まえて，構成，内容の両面で全面的な見直しを行った。その結果，本書は次のような構成・内容となった。

　まず第1章では，流通政策の対象である流通の社会的役割と仕組みについて明らかにしている。第2章では，流通政策の目的と体系に関する総論的な検討を行っている。これを受けて，続く諸章で伝統的に流通政策の柱として位置づけられてきた3つの政策の展開経緯が明らかにされる。すなわち，第3章と第4章で，市場経済社会において最も基本となる政策である競争政策がまずとりあげられ，次いで，それと相互補完的な関係に位置づけられてきた振興政策の展開が第5章で，調整政策の展開が第6章でとりあげられる。

　そのうえで第7章で，振興政策と調整政策の限界を踏まえて，両者が連動するかたちで展開されつつある「まちづくり政策」をとりあげ，その展開経緯と課題が明らかにされる。そして終章では，本書全体の議論を受けて，政策転換の意義の再確認と，これからの流通政策の主要課題となるまちづくりと環境問題についての展望が行われる。

　本書が主たる対象として想定しているのは，大学・短大の流通政策論や商業政策論などの専門科目を受講する学生や，流通を専攻する大学院生，実業界や行政の最前線に身をおかれている方々である。そのため，できるだけ最新の業界・行政動向や，最新の研究成果，海外の状況との比較の視点を「関連事例」としてまとめる一方で，本文中にもそれらを可能な範囲でとり入れるようにした。とくに，現在変化のただ中にある事象については，リアルタイムでその動向が把握できるよう，関連するホームページのアドレスを参考として併記した。また，商学総論や商業総論，流通概論などの専門基礎科目の受講生にも参考になるよう，できるだけわかりやすい叙述を心掛けたつもりである。

　このように，本書の構成・内容は，従来の流通政策の体系に関する理解を基本的に受け継ぎつつも，新しい現実を踏まえて，その修正を試みたものとなっている。だが，流通政策の対象はきわめて多岐にわたっており，それぞれにお

いて大幅な変革が進められていることから，それらを体系的に把握・理解することは筆者の能力を超える部分が多い。そのため本書は，流通政策の新しい体系的枠組みを提示したといえるほど成熟した内容にはなっていないが，今後の体系的研究に一石を投じることはできたのではないかと考える。

　もちろん，流通政策の体系的把握をめざすのであれば，当然対象に含めなければならないにもかかわらず，部分的にしかとりあげられなかったり，ほとんどとりあげられなかった政策・制度も少なくない。また，歴史的事実や政策効果の評価などについての誤認や分析の不十分さなど，いろいろと不備もありえよう。そうした点についてはご叱責，ご教示いただければ幸いである。

　ところで，前著「はしがき」にも述べたが，本書の執筆過程でも，情報社会における研究のあり方について，あらためて考えさせられることが多かった。

　一方で，情報ネットワークや各種のデータベースの整備はますます進んでおり，その結果として，自宅や研究室に居ながら国内外のさまざまな情報にアクセスすることは，いっそう快適かつ瞬時にできるようになった。このように，情報へのアクセスビリティが高まれば高まるほど，研究者間の「情報力」は平準化していく。しかし，そのためかえって研究者の分析視点や分析目的に応じた情報の分析・再構成能力や，価値判断能力が問われるようになる。これは情報化のパラドックスとでもいうべき現象である。

　また，情報化の技術面での進展と並んで，情報公開制度の整備の影響も見逃せない。国の行政文書については，情報公開法によって原則開示が義務づけられ，企業も情報開示を積極的に進めている。こうして公式情報の公開性は一挙に高まり，容易にアクセスできるようになったわけだが，その公開性が高まれば高まるほど，公式に開示されない非公式情報の価値が高まることになる。極端な場合には，公式情報として開示された情報は，開示されることを前提に何らかのフィルターをかけられたものとなり，その他の情報はなかったものとされかねないのである。これは情報公開のパラドックスというべきであろう。

　いずれにしても，こうした情報環境の中で研究を続けていくことの，かつてとは違う意味での難しさを痛感させられたわけである。

　本書をとりまとめるにいたるまで，じつにさまざまな方々にお世話になった。とりわけ田島義博先生（学習院院長・流通経済研究所名誉会長），原田英生先

生（流通経済大学教授），石原武政先生（大阪市立大学教授）をはじめとする
流通行政研究会の先生方からは，この間一貫してご指導，ご教示を受けてきて
おり，ここであらためてお礼を申し上げたい。また筆者が在籍する専修大学の
先生方，前任校の流通経済大学，新潟大学の先生方，流通経済研究所の諸先輩
ならびに現スタッフの方々，日本商業学会の先生方，さまざまな研究プロジェ
クトでご一緒させていただいた研究者，実務家の方々など，この場で一人一人
のお名前をあげることはできないが，これらの方々に感謝の意を表したい。

　最後に，本書の出版を快くお引き受け下さった中央経済社社長の山本時男氏，
前著に引き続き「クールヘッド・ウォームハート」で編集作業を進めて下さっ
た企画部の納見伸之氏に，心からお礼申し上げたい。

　　2002年11月3日

渡 辺 　達 朗

〈目　　次〉

第1章　流通の役割と仕組み

Sec. 1　現代社会における流通の役割——————————1

(1)　社会的分業の進展／1

(2)　流通と品揃え形成過程／2

(3)　生産と消費の橋渡し／5

Sec. 2　流通機能と商業者の分化・統合——————————7

(1)　流通機能の内容／7

(2)　商業者の垂直的・水平的な分化と統合／10

(3)　商業者の社会性とその変容／12

Sec. 3　流通コストと流通サービス水準——————————15

(1)　流通コストと商業者／15

(2)　商業者の存立基盤／16

(3)　流通のコストとサービス水準の関係／18

第2章　流通政策の目的と体系

Sec. 4　流通政策の根拠と目的——————————————21

(1)　市場経済社会における流通政策／21

(2)　現実の市場に内在する問題／22

(3)　流通政策の必要性と重要性／24

(4)　流通政策の価値基準／24

(5)　効率性基準と有効性基準／25

(6)　外部性への対応／26

Sec. 5 流通政策の体系 ――――――――――27

(1) 体系化の基準／27

(2) 政策方法に基づく体系化／28

Sec. 6 流通政策の転換 ――――――――――33

(1) 政策相互間の関連／33

(2) 政府の失敗／33

(3) 規制緩和の進展／34

(4) 行政面での改革／36

(5) 政策転換の方向／37

Sec. 7 流通政策の分野における規則緩和の代表的事例 ―39

(1) 酒類販売免許制度の緩和／39

(2) 食糧管理法の廃止と食糧法の制定／41

(3) 一般用医薬品の販売規制の緩和／43

関連事例 1 戦前期における小売業の展開と流通政策／48

第3章 競争の維持・促進に関する政策(I)
―― 独占禁止法と流通・マーケティング ――

Sec. 8 独占禁止法の枠組み ――――――――51

(1) 独占禁止法の基本的枠組み／51

(2) 独占禁止法の実体規定／54

(3) 独占禁止法の実効性確保手段／56

Sec. 9 不公正な取引方法の禁止 ――――――59

(1) 禁止規定の階層的な構造／59

(2) 独占禁止法による規定／61

Sec.10 不公正な取引方法の一般指定 ――――69

(1) 一般指定の項目／69

(2)　法定化された行為類型と一般指定との関係／74

(3)　さまざまなガイドラインの存在／75

Sec.11 流通の組織化・系列化と独占禁止法————76

(1)　流通の組織化・系列化／76

(2)　流通系列化に対する規制／76

(3)　流通系列化問題から取引慣行問題へ／79

(4)　流通・取引慣行ガイドラインの策定／80

(5)　排除型私的独占と合併に関するガイドライン／83

関連事例2 加工食品業界における特約店制度の形成と動揺／87

第4章　競争の維持・促進に関する政策(II)
―― 再販制度と小売業の行動を中心に ――

Sec.12 再販制度に関する独占禁止法の運用————91

(1)　再販売価格維持行為と再販制度／91

(2)　再販制度の縮小／92

(3)　再販制度の見直し：指定再販の廃止／93

(4)　再販制度の見直し：法定再販の縮小／95

Sec.13 小売業の企業行動に関する規制―
バイイングパワー行使問題————99

(1)　小売業による優越的地位の濫用に対する規制／99

(2)　大規模小売業特殊指定の告示／100

(3)　優越的地位の濫用の規定の法定化／102

(4)　農林水産省「適正取引推進ガイドライン」の策定／105

Sec.14 優越的地位の濫用事件：
大規模小売企業とプラットフォーマー————107

(1)　2000年代中盤以降の摘発事件の増加／107

(2)　2009年の優越的地位濫用行為「法定化」以降／109

(3)　優越的地位の濫用行為の意味／111

(4) デジタル・プラットフォーマーに対する規則／113

| Sec.15 | 競争政策に関するその他の制度—————117

(1) 不当廉売に対する規制／117

(2) 景品表示法による規制／120

(3) 特定商取引に関する法律／124

関連事例3 フランチャイズ・システムをめぐる問題／126

第5章 流通活動の振興と調整に関する政策

| Sec.16 | 振興政策の形成と展開—————————131

(1) 振興政策の基本的視点／131

(2) 振興政策の原型確立期／133

(3) 保護政策から近代化政策へ／133

(4) 流通近代化政策の展開／134

(5) 中小小売商業振興法の制度／138

| Sec.17 | 調整政策の形成と展開—————————140

(1) 調整政策の基本的視点／140

(2) 調整政策の原型確立期／140

(3) 百貨店法から第二次百貨店法へ／141

(4) 小売商業調整特別措置法／142

(5) 大規模小売店舗法の制定／143

(6) 大規模小売店舗法の目的と調整スキーム／144

| Sec.18 | 振興政策の限界と拡充・強化—————————148

(1) 中小小売商の衰退と振興政策の限界／148

(2) ソフト重視への転換と「まちづくり」／150

(3) 中小小売商業振興法の改正／151

(4) 振興政策における政策基調の変化／152

(5) 特定商業集積整備法と「まちづくり」／153

　　(6)　その他の分野での振興政策の充実／155

Sec.19　大規模小売店舗法による規制：強化から緩和への転換—157

　　(1)　大規模小売店舗法の改正強化／157

　　(2)　法運用による規制強化／158

　　(3)　自治体による独自規制／159

　　(4)　規制強化から緩和への政策転換／160

　　(5)　経済的規制から社会的規制へ／162

　　(6)　まちづくりと自治体の独自性／163

　関連事例4　卸売市場が抱える諸問題／167

第6章　商業まちづくり政策の展開

Sec.20　商業まちづくり政策への転換————————171

　　(1)　流通政策と都市政策／171

　　(2)　都市と市場／172

　　(3)　都市と商業の関係／174

　　(4)　まちづくり法制の必要性／175

　　(5)　「まちづくり3法」制定まで／178

Sec.21　中心市街地活性化法と大規模小売店舗立地法——179

　　(1)　中心市街地活性化政策の展開／179

　　(2)　大規模小売店舗立地法の枠組み／183

Sec.22　改正都市計画法による立地規制————————188

　　(1)　都市計画法の基本的枠組み／188

　　(2)　都市計画法による立地規制とその限界／190

　　(3)　郊外の開発規制強化／193

　関連事例5　アメリカにおける中心市街地の再活性化策の展
　　　　　　開／197

第7章 「まちづくり3法」見直しの政策展開
──都市機能集約化と郊外開発規制──

Sec.23 「まちづくり3法」見直しの政策過程と内容──203

(1) 政策過程の分析視点／203

(2) 「まちづくり3法」見直しの政策過程／205

(3) 「まちづくり3法」見直しの政策理念／207

(4) 中心市街地活性化法の改正／208

(5) 中心市街地活性化法の再改正／211

Sec.24 3法見直しの内容：都市計画法と大店立地法──213

(1) 都市計画法の改正／213

(2) 大店立地法の見直し／217

(3) 政策効果の評価／220

Sec.25 ポスト「3法」の商業まちづくり──────224

(1) 市場的調整・政策的調整・社会的調整／224

(2) 地域商店街活性化法以降の地域商業の魅力再構築策／225

(3) コンパクト・プラス・ネットワークをめざす立地適正化計画／229

(4) 都市の「スポンジ化」への対応とエリアマネジメント／233

Sec.26 循環経済に向けた環境政策への展開────235

(1) 流通とサステナビリティ／235

(2) 直線経済から循環経済へ／237

(3) 循環経済のための制度／239

(4) 食品ロス削減の目標設定／242

(5) 食品ロス削減のための取り組み／243

関連事例6 個店と集積の魅力を高める地域商業・商店街の取り組み／249

終 章　課題と展望

Sec.27　これからの流通政策と政策効果の評価――255

(1)　流通政策をめぐる経済的規制と社会的規制／255

(2)　社会的規制における「公共性」の問題／257

(3)　政策評価の必要性と困難性／258

索　引――――――――――――――――――263

第1章

流通の役割と仕組み

　私たちの経済活動は生産，流通，消費という3つの部門に分けることができる。このうち流通部門は，生産部門と消費部門とをつなぐ社会的システムと位置づけられる。流通政策は，そうした流通部門における企業や消費者の活動や機能，あるいは構造を対象にした公共政策ということができる。当然，現実の流通のあり方が流通政策の内容を規定するとともに，流通政策の内容が流通のあり方を規定するというように，両者は相互規定的な関係にあるといえる。そのため流通政策の内容や今後の方向を考えるに際しては，流通とは何かを十分理解しておく必要がある。そこで本章では，まず流通政策の対象としての流通の役割や仕組みについて，簡単に整理していこう。

Sec. 1 ｜ 現代社会における流通の役割

(1)　社会的分業の進展

　現代社会に生きる私たちは，毎日，多種多様な**財**を消費している。財は有形財と無形財（サービス）とに分けられ，両者が一体化していることも少なくないが，ここでは議論を単純化するために主として有形財を念頭に議論を進めていく。

　さて，財のほとんどは，自らが一から生産したものではなく，他者が販売のために生産した**商品**を貨幣と交換に購買したものであろう。つまり，現代社会における生活は，商品の販売と購買という売買取引を基礎に成り立っているといえる。それは，別の言い方をすれば，現代が**社会的分業**の進展が著しい社会

であることを意味する。

　何千年以上も前の共同体社会においては，基本的に自給自足的な生活が営まれていたが，共同体内および共同体間の交換・取引が，分業の進展とともに徐々に広がってきた。分業化の原動力は，社会の構成員の一人ひとりが特定の財の生産等に**専門特化**し経験や知識を蓄積することによる生産性の上昇にあり，それによって社会全体としての経済成長が実現してきたのである。

　分業の進展によって，人々は自身や家族による消費を目的としてではなく，他者への販売を目的として，生産活動に従事する比重をどんどん高め，生活に必要なモノのうち，ますます多くを他者から購買するようにする。これを社会全体の観点からいえば，分業の進展によって社会に**生産と消費の隔たり**（懸隔）という事態がもたらされることを意味する。と同時に，社会を円滑に機能させるために，生産と消費の隔たりを橋渡し（架橋）する活動が必要になる。そうした活動の総体こそが**流通**である。

⑵　流通と品揃え形成過程

　私たちが消費している多様な財のそれぞれは固有の有用性を持っているが，その有用性は他の財と組み合わされてはじめて真価を発揮することがほとんどである。つまり財が消費の目的にとって有意義な集合を形成したときにはじめて，具体的な消費活動が行い得るようになる。こうした消費目的に沿って意識的に形成された財の集合のことを**アソートメント**（assortment）という。いいかえれば人間の経済活動は，このアソートメントのための一連の流れとして理解できる。

　こうした点を強調したオルダーソン（W. Alderson）は，アソートメントのための過程を**形態付与**（shaping），**適合調整**（fitting），**品揃え形成**（sorting）という3種類の活動に分類している[1]。このうち前2者は財の形態転換にかかわるもので，基本的には生産の領域に含まれる。これに対して品揃え形成の過程は，交換ないし売買をつうじて行われるもので，流通の本質的な役割の1つである。

　ところで財は，一般消費者が最終的に消費するために供せられる**消費財**と，生産など業務遂行に用いられる**産業財**とに分けられる。さらに財の耐久性の有

無（繰り返し使用するものかどうか）によって，消費財は**耐久消費財**（家電製品，自家用車など）と**非耐久消費財**（食料品，日用雑貨品など）に分けられ，産業財は**投資財**（機械設備など）と**生産財**（原材料・部品など）に分けられる。もちろん同一の財でも——例えば自動車やパソコンを想定してみよう——使用目的によって，消費財に分類される場合もあるし産業財に分類されることもある。産業財もその流通過程において品揃え形成が行われるが，ここでは理解のしやすさという点から，消費財の品揃え形成に焦点をあてて考えていこう[2]。

　さて，品揃え形成過程では，実際，どのようなことが行われているのであろうか。それは一言でいえば，生産段階における財の集合から，消費段階における財の集合への変換，組み替えである。

　この点をごく単純化して説明したのが，**図表1-1**である。生産は分業と規模の経済の論理にしたがって集中的に行われる傾向にあり，生産者A，B，Cは生産物a，b，cへの専門特化の度合いを高めようとする。これに対して，消費は生活の質や満足の向上をめざして分散的に行われる傾向にあり，消費者X，Y，Zはそれぞれ多種多様な財を消費しようとする。生産の論理のキーワードが"効率"であるとするならば，消費の論理のキーワードは"満足"である，といいかえることもできよう。

　つまり，品揃え形成過程においては，こうした生産段階と消費段階とのギャップを，財の集合を組み替えることによって，橋渡しする活動が行われているといえる。

　それでは，財の集合の組み替えは具体的にどのようになされているのであろうか。例えば，農産物（ここではジャガイモ）の場合，厳密に規格化された工

図表1-1　品揃え形成活動による財の集合の組み替え

生産者（生産物の集合）	品揃え形成活動	消費者（消費する財の集合）
A（a, a, a…） B（b, b, b…） C（c, c, c…） ⋮	財の集合の組み替え	X（a, a, b, c…） Y（a, b, c, c…） Z（a, a, b, b…） ⋮
（生産の論理のキーワードは"効率"）		（消費の論理のキーワードは"満足"）

業製品とは異なり，生産段階での多様性がきわめて高いことから，流通過程で次のようなことが行われる。

① まず生産者の段階において，ジャガイモは大きさや品質などに応じた等級ごとに**仕分け**（sorting-out）られる。

② 複数の生産者によって仕分けられたジャガイモは，出荷団体や卸売業者によって等級ごとに**集積**（accumulation）される。

③ 集積されたジャガイモは，今度は仲卸や小売業者に向けて小分けして販売される。これが**配分**（allocation）である。

④ これを買い手側，例えば野菜小売業者の側からみると，ジャガイモを含む小分けされた各種の野菜を収集する活動，すなわち**取り揃え**（assorting）になる。

これらの4つの活動は組織内部で行われることもあるし，組織間の取引に伴って行われることもある。いずれにしても，品揃え形成の活動は，**図表1-2**に示すように，財の集合の質的側面の変化と量的側面の変化という観点と，ロット（1回に生産・取引できる単位）を収集する方向で活動するか，分散する方向で活動するかという**ロットサイズ**の変化に関する観点の2つの軸からなるマトリックスとしてみることができる。

ただし，これらの活動は，いつも上記の順序で行われるとは限らない。工業製品については，メーカーが生産を終えた段階で同質の財が大量に集積されている状態にあるため，仕分けと集積は組織内部ですでに遂行されていることになる。そのため品揃え形成は出荷による配分からはじまり，次いで購買側の取り揃えが行われる。

図表1-2　品揃え形成における4つの活動

財の集合の変化	ロットの分散	ロットの収集
異質的変化	仕分け	取り揃え
同質的変化	配分	集積

⑶　生産と消費の橋渡し

　以上から流通の社会的な役割は，品揃え形成活動をつうじて，生産と消費との隔たり（懸隔）を橋渡し（架橋）するところにあるといえる。その仕組みを1つの動態的な体系（システム）としてとらえた概念が**流通システム**である。流通システムの現実的なあり方は時代とともに大きく変化してきている。

　流通は生産と消費との隔たりを橋渡しすることによって，社会に**効用**をもたらしている。生産と消費の隔たりを構成する要素は，次のように整理できる。

①　社会的隔たり（所有の隔たり）

　分業の進展とともに，商品の生産者とその実際の消費者とが異なることを社会的隔たりないし所有の隔たりという。つまり他者が生産した商品を消費するためには，所有権の移転を行わなければならないということである。この隔たりには，所有権の移転をスムーズに行うために，商品の量や組み合わせを調整しなければならないことが含まれる。また所有権の移転に伴って生じる**危険**，すなわち商品の売れ残りや破損・腐敗などの危険，売買差損が生じる危険などを誰かが負担しなければならない，という側面も重要である。

②　空間的隔たり

　商品が生産される場所と消費される場所が空間的に異なることを空間的隔たりという。この隔たりは，一般的には生産は特定の場所で集中して行われる傾向にあるのに対して，消費は多数の場所で分散的に行われる傾向にあることから生じる。

③　時間的隔たり

　商品が生産される時点と消費される時点が時間的に異なることを時間的隔たりという。一般的には生産は一定時点に集中的に行われるのに対して，消費は一定期間かけて小刻みに行われることが多い。また，例えばアイスクリームのように夏場に需要が高まる商品を，冬から春にかけて作りだめをするといったケースもある。

④　情報的隔たり

　分業の進展によって生産と消費の間に社会的，空間的，時間的な隔たりが生じるにつれて，両者の間での情報の流れも分断されることになる。これを情報的隔たりという。

　以上のように，流通の役割は4つの隔たりを橋渡しすることによって所有，空間，時間，情報にかかわる効用を創出することととらえられる。こうした視点からみるならば，次のような商品が生産者から消費者に到達するまでの流れ，すなわち**流通フロー**が識別できる。

1)　社会的隔たりの橋渡しに関連する商品の取引の流れ：**取引流通**ないし**商的流通＝商流**

2)　空間的隔たりと時間的隔たりに関連する商品の移動や保管などの流れ：**物的流通＝物流**

3)　商流と物流が円滑に機能するための補完的役割を担う情報の流れ：**情報流**

　こうした流通フローは，具体的には流通機構の構成員がさまざまな活動を遂行することによって実現される。そしてそれぞれの流通フローの実現のために必要とされる活動を，機能レベルでとらえた概念が流通機能である。

Sec. 2 ┃ 流通機能と商業者の分化・統合

(1) 流通機能の内容

　流通機能を構成する要素をどのように分類すべきかについては，古くから多様な提案がなされている。そのうち，今日でも議論のベースとして用いられることが最も多いのが，アメリカにおける初期の代表的なマーケティング研究者の1人であるクラーク（F. E. Clark）による，①交換機能（販売，購買），②物的供給機能（輸送，保管），③補助的・促進的機能（金融，危険負担，市場情報，標準化）という分類である[3]。

　ここでは，このクラークの分類とその後の議論を踏まえながら，次のような観点から流通機能を分類する。すなわち，**図表1 - 3**に示すように，**商流，物流，情報流**という3つの流通フローに対応した，①需給接合機能，②物的流通機能，③情報流通機能と，これらの機能の遂行を支える，④金融機能と危険負担機能，という4つである[4]。

　これらのうち，それがなければ流通が成り立たないという意味で，商流にかかわる需給接合機能が最も重要ということができる。しかしそうはいっても，物流や情報流が商流と適切に組み合わされていなければ，流通が円滑に機能しないのもまた事実である。とりわけ現代の流通システムにとって，物流や情報流にかかわる機能はますます重要になってきている。

図表1 - 3　流通機能の分類

流通フロー	商流	物流	情報流
流通機能	需給接合機能	物的流通機能	情報流通機能
	金融機能と危険負担機能		

① 需給接合機能

商流に対応する需給接合機能には，取引や市場評価・商品調整といった活動

が含まれる。

　取引とは，商品の所有権を売り手と買い手との間の売買によって移転させることをさす。取引は取引相手を探索し，取引の候補者と交渉するところから始まる。一般に交渉においては，売り手側はできるだけ高く売りたい，買い手側はできるだけ安く買いたいなど，売り手も買い手も自らにより有利な条件を追求しようとする。これを売買関係の対立性という。こうした関係の中で，取引先を**探索**し，価格をはじめとした**取引条件**を**交渉**することをつうじて，双方の合意によって決定することになる。価格以外の取引条件には，品質，数量，納品の時期や場所，代金の決済方法，割り引き・割り戻し（リベート），販売促進策などがあげられる。

　こうして価格を中心とする取引条件が決定されたら，次に取引の成立を確認するために，その内容を明示した文書を作成し，売り手と買い手の間で**契約**する。これで取引は一応完了するわけであるが，さらに取引相手が契約内容を忠実に実行するかどうか**モニター**（監視）し，次回の取引先として適切かどうか評価する必要がある。つまり，取引は探索，交渉，契約，監視，評価といった一連の活動によって構成される。とりわけ相手先との取引の経験が浅いほど，その必要性が高いが，同じ相手との取引の経験が蓄積され，**継続的取引**が行われるにつれて双方の信頼が形成されてくると，監視や評価の必要性は低下する。

②　物的流通機能

物的流通機能（物流機能）には次のような活動が含まれる。

1)　**輸送**：商品をある地点から別の地点へ移動させることによって，空間的効用を生み出す活動。

2)　**保管**：商品の生産時点と消費時点との隔たりを橋渡しすることによって，時間的効用を生み出す活動。

3)　**包装**：作業効率の向上，作業中に生じる危険からの保護，デザインの工夫やブランドの表示によって商品価値を高めることなどを目的とする活動。

4)　**荷役**：商品を輸送したり保管したりする前後に必要とされる積み込み，積み下ろし，積み換えといった活動。

5)　**流通加工**：流通段階で切断，塗装，組み立て，小分け，再包装，詰め合

わせ，値札つけなど，商品に軽度の加工を行う活動。こうした活動によって商品の付加価値を向上させることが，近年ますます重要になっている。

物流に関連して，**ロジスティクス**という用語がある。これはもともとアメリカの軍事用語の「兵站」を意味しており，それをビジネス場面に応用したものである。その内容は，一般的にいえば，物流の概念を戦略的な視点から拡張したものと理解できる。さらに近年では，これを消費者・需要家の視点から発展させた概念として，**サプライチェーン・マネジメント（SCM）**ないし**ディマンドチェーン・マネジメント（DCM）**という用語がよく用いられる。これは，原材料の調達から生産，流通，消費に至るまでの財の流れに関する一連のプロセスをトータルに管理することをさす。

③　情報流通機能

取引などの需給接合機能や，輸送などの物流機能が遂行されると，それに付随して必ず情報が発生し，そのやりとりが行われる。つまり商流と物流は，情報流と密接不可分の関係にある。この情報流に対応する流通機能を情報流通機能と呼ぶことにする。

さて流通における情報の重要性は，**POS（販売時点情報管理）システム**や**EOS（電子的発注システム）**をはじめとする，**情報通信技術（ICT）**との関連で論じられることが多い。しかしその役割は，ICTが活用されようがされまいが，本質的に存在するものであることに注意すべきである。

そうはいっても，近年のICTのめざましい発展が，流通における情報の重要性を飛躍的に高めたこともまた事実である。それはICTの利用が情報処理能力を大幅に引き上げるとともに，情報伝達の双方向性や即時性を高めたからである。例えばある商品の売り手は，ICTを活用することによって，より高い精度で需要予測を行うことが可能になり，収益向上を図ることができる。

④　金融機能と危険負担機能

補助的機能の代表は，**金融**と**危険負担**である。これらは効用を直接生み出すわけではないが，需給接合，物流，情報といった機能の円滑な遂行を支えることをつうじて，効用の創造に寄与している。

　金融とは資金の貸借のことであり，商品の流通に伴う金融のことを流通金融という。流通金融の代表的な方法としては，掛け売り，手形払い，金融機関による融資，リース，消費者信用などがあげられる。

　また，いったん仕入れた商品は，事故や火災で商品価値を失う危険（リスク）にさらされている。これに共同で対処する方法として保険制度が存在する。さらに，需要の見込み違いや環境条件の変化などによって**売れ残り（在庫損失）**や**売り切れ（機会損失）**が生じることがある。こうした危険に単独で対応するには，将来の市場変動の不確実性を見通すために需要予測の精度を上げる必要がある。あるいは，取引先に対する返品が活用されることがある。例えば，買い手は売れ残りのリスクを自ら負担するのではなく，それを回避するために，売り手に対して返品を許容する取引条件を求めることがある。当然，危険負担が高くなれば期待される収益は高くなるが，危険負担が低くなると（危険を回避すると）期待される収益は低くなる，というリスクとリターンの関係にある。

⑵　商業者の垂直的・水平的な分化と統合

①　商業者の分化と統合

　以上の流通機能は生産者が自ら担うこともあれば，流通段階において商業を主たる事業領域とする商業者が**分化**し，流通機能を分担することもある。前者は生産者と消費者が直接的に取引を行うケースであり，**直接流通**という。後者は生産者と消費者の間に商業者が介在するケースであり，**間接流通**という。

　間接流通における商業者は，消費者に商品を直接販売する**小売業務**を主として行う**小売業者**と，消費者以外の多様な取引先に商品を販売する卸売業務を主として行う**卸売業者**に**垂直的**に**分化**する。これと並行して，卸売業者と小売業者は，取扱い商品分野などに応じて**水平的**に**分化**していく。

　さらに，経済成長に伴って流通活動の内容の多様化や専門化などが進むとともに，流通機能の特定部分を専門的に担う事業者が独自の発展を遂げた。例えば物流機能の輸送を専門に担う輸送業者や保管を専門に担う倉庫業者，情報流通機能のうちの情報発信の一部を担う広告業者，情報処理の一部を担うマーケティングリサーチ会社，金融を専門的に担う金融機関，危険負担を専門に担う保険会社などがあげられる。

　ただし，いったん垂直的および水平的に分化しても，もう一度，**統合**の方向に向かうことがある。例えば，後述するように，現代の流通システムにおいては，生産者が流通段階で従来以上にさまざまな機能を担うようになっているが，これはいったん商業者に分化させた流通機能の一部を再度，統合したことによる。あるいは小売業者が，卸売業者が担っていた流通機能を統合することもある。また，取扱い商品によって水平的に細分化された小売業者が，幅広い商品の取扱いを行うことなどを通じて，流通機能を水平的な方向で統合することも少なくない。なお，消費者も消費活動を行うと同時に，流通活動の一部も担っており，その分担範囲はより狭くなったり，より広くなったりと変動する。

②　流通機能の担い手

　とはいえ，取引を中心とする需給接合機能については，現在でも生産者，卸売業者，小売業者が主要な担当者となっている。これに対して物流機能や情報流通機能，金融機能，危険負担機能については，生産者や卸売業者，小売業者は上述のような専門事業者が提供する機能の一部ないし全部を利用（機能の委託，アウトソーシング）することによって，その機能を代行してもらうことがある。

　このように流通機能はさまざまな流通機関によって担われているが，どの機能をいかなる機関が担うかは，あらかじめ決まっているわけではなく，分担関係はつねに変化している。一般的にいえば，生産者，卸売業者，小売業者をはじめとするさまざまな機関が互いに，誰が効率的・効果的に流通機能を遂行できるかをめぐって，競争したり協調したりすることを通じて，分担関係が決まる。これを**流通機能の機関代替性**という（Sec. 3 では流通コストと流通サービス水準の観点から検討する）。

③　ICT革新とインターネット普及の影響

　ここで，ICTの革新やインターネットの普及がもたらした流通への影響について，流通機能の観点から簡単に言及しておこう。ICT革新等がもたらしたもので，最も注目すべきは**消費者向け電子商取引（BtoC EC）**の成長と，それに伴うネットとリアル（ないしオンラインとオフライン）の融合である。物販系

のBtoC EC販売額が小売総販売額に占める比率は，いまだ10％に満たないが（2021年現在），消費者への情報提供や販売促進，消費者による商品の探索や比較などがネットで行われる比率の高まりを考慮すると，BtoC ECの存在感は見かけの数値以上に大きい。

ここで注目すべきは，ネット販売を担う事業者の多くが従来の商業者とは異なる点である。例えば，楽天市場はネット上にショッピングモールを構築し，そこへの出店者からテナント料等を徴収することで収益を上げるというプラットフォーム型のビジネスモデルを形成している。また，アマゾンはもともと書籍等の仕入れ販売からスタートした商業者であったが，成長過程で品揃えの幅と深さを拡張するにつれて，自社販売と並行してプラットフォーム型のビジネスを運営する，ハイブリッド型のビジネスモデルを展開するようになった。その意味で楽天市場もアマゾンも狭い意味での商業者の範疇を超えて，**デジタル・プラットフォーマー**としての機能を果たしている。

ここでは，デジタル・プラットフォーマーの存在が流通および流通政策のこれからを考えるうえでますます重要になっているいることを確認して，先に進むこととする（Sec.14）。

⑶　商業者の社会性とその変容

①　商業者の社会性

ここで，商業者の社会性と，その変容という問題についてみていこう。

同種の商品を生産する生産者が小規模で多数存在し，それぞれの生産量が総生産量に比してきわめて小さな割合しか占めないために，いずれの生産者も市場に対して特別な影響力を行使できないような状況を想定してみよう。こうした状況を経済学では，**完全競争**という。

完全競争の下においては，生産者は限界的な利益しか上げることができないことから，最も競争が激しい状況ということができる。ただしこの完全競争が成立する条件としては，上記の他にさらに，市場への参入や退出が自由であること（参入や退出にコストがかからない），市場（競争相手や消費者など）に関する情報が瞬時に伝わることから，すべての市場構成員が正しい判断が可能であること（情報の完全性）などがあげられる。そのため現実の市場において，

こうした条件が揃うことは考えにくいが，農水産物の生産者が直面する市場など，部分的にしろ完全競争に近似的な状態はときとしてみられる。

　そうした状態に近い状況においては，同様の商品を生産する多数の生産者から仕入れる卸売業者や小売業者といった商業者は，同種の商品を生産する多数の生産者との取引関係の中で，自らの能力と判断に基づいて，自らの品揃えや販売価格の決定などを行うことになる。つまりこの状況では，商業者は多数の生産者の商品の品揃えを行う中で，いずれの生産者とも特別の関係を結んでいないことになる。これは理論的には，商業者がすべての生産者に対して中立的な立場にあることを意味している。これを**商業者の社会性**という。

　しかし生産者が大規模化し，規格化された商品を大量生産するようになり，少数の大規模生産者の間で**寡占的競争**が展開されるようになると，こうした商業の社会性はしだいに変容していくことになる。

②　寡占的競争とマーケティング

　寡占的競争が展開される市場が形成されるとともに，大量生産技術を確立した生産者の生産（供給）能力が，商業者が販売可能な市場（需要）規模を上回るという事態が出現する。もともと生産者の目的と商業者の目的には食い違いがあり，前者は自らが生産する特定の商品の販売，後者は自らが品揃えする一連の商品群の販売を目的としている。生産者の供給量に対して市場の需要量が十分にあれば，こうした相違はあまり意識されないが，需給関係の逆転に伴って両者の目的の相違が明確に意識されるようになる。

　そうした中で，生産者は競合他社の同種商品の中から消費者に選択してもらうために，自らの商品の他に対する差異性を強調する**ブランド付与**（branding）を行うようになる。そこには，商品に銘柄名をつけ，パッケージに工夫を凝らし，広告などによって独特なイメージを確立するなどのさまざまな活動が含まれる。こうして商業者の店頭は，無名の商品がたんに種類別に陳列されていた状態から，種類別・ブランド別に陳列されるようになるとともに，商業者は消費者の指名の多いブランドの取扱いを拡大するようになる。

　さらに生産者は，消費者ニーズを踏まえた製品開発や市場状況に応じた価格の設定・変更を行うようになるとともに，自らのブランドを商業者に優先的に

扱ってもらうための活動に取り組むようになる。例えば，商業者の仕入れ量や販売方法に応じて，インセンティブを提供するといったことがあげられる。また自らのブランドを確立し育成するために，商業者の販売価格や販売方法に注文をつけるようなことも行われる。

こうした活動の総体が**マーケティング**である。マーケティングのキー概念としては，顧客志向，ターゲット市場の設定，市場細分化と製品差別化，マーケティング・ミックスなどがあげられる。これらの詳細は専門のテキストに譲り，ここではマーケティングが商業者の社会性に与える影響について確認する。

③　商業者の社会性の変容

生産者によって商品にブランドが付与されると，消費者は商品間の差異を知覚し，自らの商品選択の重要な考慮要因とするようになる。そのため生産者は，ブランド付与した商品について，商業者に対して働きかけを強める。例えば，自らのブランドの優先的取扱いを求めて商業者と特別な関係をとり結ぶことを求めたり（特約店・代理店契約など），何らかのかたちに商業者を組織化したりするかもしれない（販売会社化，系列店化など）。さらには，自らのブランドのみの取扱いを商業者に求めることもある（専売店化など）。こうした行為は，生産者による流通段階の組織化とか流通系列化と呼ばれる（Sec.11）。

このような生産者のマーケティングによって，商業者の品揃えに制約が加えられるようになると，商業の社会性は変容する。つまり商業者の中から，生産者の商品を消費者に到達させるためのマーケティング機関になるものが現れるのである。いいかえれば生産者のマーケティングは，流通における商業者の位置づけを収縮させ，流通から商業者を排除していく方向つまり，**商業部門の収縮・排除**の方向に作用するということである。

こうして現実の**流通経路（流通チャネル）**は，卸売段階に一般の卸売業者とともに特定生産者の商品のみを専門に取り扱う販売会社などが並存し，小売段階に小売業者とともに生産者の直営店などが並存するといった状況になる。もちろん双方のウエイトは時代や商品種類などによって異なり，ある時期にある商品の卸売段階には生産者の販売会社がほとんどを占めるといったこともあり得るし，逆の場合もあり得る。

Sec. 3 ｜ 流通コストと流通サービス水準

(1)　流通コストと商業者

　流通は，社会的に重要な役割を果たしているといえるが，そのあり方は常に「望ましい状態」にあるとは限らない。流通の各担当機関は，「望ましい状態」を実現するために，市場における競争やイノベーション（革新）をつうじて，消費者が望む商品の品揃えを適正な価格・品質・条件で提供することをめざしている。しかし，現実の流通の姿は，個別企業や業界の行動などによって，あるいは国などの公的規制や政策によって，直接，間接の影響を受けて「望ましい状態」から乖離していることが，ほとんどである。

　現実の流通のあり方が望ましい流通からどれだけ乖離しているかについて，評価する際，流通活動の遂行にどれだけのコストがかけられているかが重要な判断材料になる。

　例えば，生産者と消費者の間に商業者が介在しない場合には，流通活動は全面的に生産者と消費者が遂行しなければならないことから，そのコストは生産者と消費者によって負担されることになる。つまりこの場合，流通コストは流通活動にかかわる生産者のコスト（生産者コスト）と消費者のコスト（消費者コスト）との合計としてとらえられる。

　これに対して，生産者と消費者の間に商業者が介在する場合には，流通コストの一部を商業者が担うことになるから，流通コストは生産者コストと商業者コスト，消費者コストの合計になる。これは一見すると，商業者が介在しない場合に比して流通コストが割高になるかのようにみえるかも知れない。

　しかし商業者の介在は，商業者への**売買の集中化**を意味することから，生産者や消費者が負担しなければならない取引相手の探索コストや交渉コスト，商品の引き渡しコストなどに代表される，社会的な流通コストの節約がもたらされる。その仕組みは，商業者の存立基盤に関する原理として知られており，ホール（M. Hall）による提唱以来，田村正紀氏などによって整理されてきている。

⑵　商業者の存立基盤

商業者の存立基盤に関する原理は以下のようにまとめられる。

①　取引数削減（最小化）の原理

　図表1－4のように，生産者の数をP，消費者の数をC，商業者の数をMとするならば，同図表の左側に示すように，生産者と消費者が直接的に取引を行う直接流通の場合，取引総数はP×Cとなる。これに対して同図表の右側に示すように，多数の生産者の商品の品揃えを行う商業者が，生産者と消費者との間に介在し，すべての取引がこの商業者をとおして行われる間接流通の場合，取引総数はM（P＋M）となる。ここから商業者の介在は，取引数を削減することによって取引相手の探索，交渉，契約，監視といった取引コストをはじめとする流通コストの節約に寄与するといえ，生産者と消費者の数が多くなるほどその効果は大きくなり，商業者が並列的に介在する数が多くなるほど逆に効果が低下する可能性がある。

②　情報縮約・整合の原理（ミラー効果）

　商業者は多数の生産者が生産した商品を取り扱うことから，商業者の下に多数の生産者や商品の情報が集中・整理され，それぞれの情報の比較も可能になる。また商業者は自らの危険で商品を仕入れることから，商業者の品揃えは消費者の需要動向を反映したものになり，その情報が集中・整理されることになる。このように生産者の供給可能性と消費者の需要が，商業者の品揃えに鏡のように正確に反映されることから，これをミラー効果と呼ぶ。商業者はこれらを自らの内部で行うので，生産者や消費者の情報収集・分析に関するコストが削減され，流通コストの節約がもたらされる。この効果は生産部門や消費部門の情報量が多いほど大きくなる可能性がある。

図表 1 - 4　取引数削減の原理

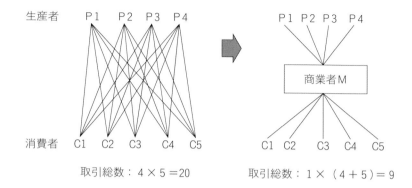

③　集中貯蔵の原理（不確実性プールの原理）

　生産者にとって需要は，受注生産でない限り不確実なものである。そのため需要の急な増加などの変動に対処するためには，それぞれの生産者がある程度の在庫を抱える必要がある。個々の消費者の需要の変動量は一般にそれほど大きなものではないが，消費部門全体でみるとその量はかなりの規模に達する可能性がある。直接流通の場合には，それぞれの生産者が消費部門全体の需要変動の可能性に備えて在庫を持つ必要があることから，生産部門全体ではそれらが重複されてかなりの在庫規模になる。これに対して間接流通の場合，商業者が生産者の在庫の一部を集中して持つことが可能になるため，生産部門全体の在庫の重複部分が削減され，流通コストの節約がもたらされる。つまり需要変動のような不確実性への対処は，個々に行うよりも集中して行う方が効率的になる可能性がある。

④　規模の経済

　一般に経済的活動は，より大規模に行うほど単位当たりのコストが低下し効率性が高くなる傾向にある。これを規模の経済という。この傾向は流通においても同様にみられ，商業者によって流通フローが1ヵ所に集中されると，商流や物流，情報流のそれぞれに必要とされる単位当たりコストは，個々の生産者がそれぞればらばらに行うよりも少なくて済むようになる。もちろん規模の経

済には限界があり，規模がある閾値を超えると逆に規模の不経済が発生する。また規模の経済に類似する概念に経験効果がある。これは生産や流通などにかかわるノウハウ等のソフト面に注目した概念で，経験を積んで習熟するほど効率性が高くなるというものである。この点からも個々の生産者がばらばらに行うよりも，商業者が集中して行う方が，習熟度が高まり流通コストの節約が可能になるといえる。

　以上は，生産者と消費者との間に商業者が介在し，売買が商業者に集中化されることによって，商業者が介在しない場合に比して，生産者と消費者の負担が軽減化され，全体としての流通コストが節約される可能性があることを示している。もちろんこの場合であっても，生産者や消費者は流通活動の一部を分担していることから，生産者コストや消費者コストがゼロになるわけではない。

　ただし，現実の商業者の存在すべてが流通コスト削減につながるわけではない。あくまで流通コスト削減の可能性に関する論拠であり，逆に削減につながらない商業者は市場から淘汰される可能性がある。

⑶　流通のコストとサービス水準の関係

　それでは商業者と生産者，消費者との**流通活動の分担関係**は，どのように決定されるのであろうか。それは一般的にいえば，Sec. 2 で述べたように，さまざまな流通機関が競争，協調する中で決せられるといえるが（流通機能の機関代替性），個々の売買取引のレベルでみると，生産者や消費者が商業者にどのような**流通産出**，あるいはどの程度の**流通サービス水準**を要求するか，逆にそれらを生産者や消費者が自ら果たすかによって規定される。流通サービスの具体的な要素としては，**立地分散化**（小売店の数や分散など），**配達時間**（発注から受け取りまでのリードタイム），**品揃えの広さ**（カテゴリーやアイテムの数の多さなど），**ロットサイズ**（基本的な取引単位数量），**アメニティ**（買い物場所としての楽しさなど）などがあげられる[5]。

図表1‐5　流通コストと流通サービス水準の関係

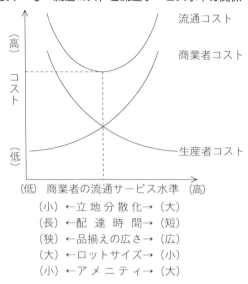

（出所）　石原武政（1997）「流通とは」（田島義博・原田英生編『ゼミナール流通入門』
　　　日本経済新聞社所収）に加筆・修正して作成。

　こうした関係をバックリン（L. P. Bucklin）の理論に基づいて，より一般化
したのが，**図表1‐5**である。すなわち，全体の流通コストを単純化して生産
者コストと商業者コストの合計とするならば（ここでは消費者コストはゼロと
仮定），商業者の流通サービス水準が高くなるほど，商業者のコストは上昇し，
生産者のコストは低下する。例えば，商業者が小売店頭までの配達リードタイ
ムやロットの小分けなどを自ら実施することで，より高い流通サービス水準を
実現しようとすると，商業者のコストは上昇し，生産者のコストは低下する。
逆に，商業者がそうしたことを生産者に依頼し，流通サービス水準を下げれば，
商業者のコストは低くなり，生産者のコストは高くなる。

　要するに，商業者コストは右上がりの曲線，生産者コストは右下がりの曲線
で，両者はトレードオフの関係にあり，合計の流通コストはU字型の曲線を描
く。ここで流通コストが最小となるところが，社会的に最適な流通サービス水
準，いいかえれば商業者と生産者との流通活動の最適な分担関係ということが
できる。

　当然，ここで競争過程をつうじた流通技術の革新によって，同一の流通サー

ビスを提供するための商業者コストが低下するならば，流通コストが最小とな
る商業者コストと消費者コストの交点は右側にシフトするから，社会的に最適
な流通サービス水準はより高くなる。

　以上の関係は，生産者を消費者に置き換えて，商業者と消費者の売買取引の
場合でみても当てはまる。すなわち両者の間の流通活動の分担関係は，商業者
コストと消費者コストの合計を最小にするところが社会的に最適な点になる。

　さらに，商業者内部が卸売業者と小売業者とに段階分化した場合の流通活動
の分担関係についても，同様の論理を適用して考えることができる。

第1章　ワークショップの課題

1．流通の社会的役割について，具体的な商品を用いて説明しよう。
2．流通における金融機能や危険負担機能とは具体的にどのようなものか，
　いくつかの商品を比較しながら考えよう。
3．商業者がより高い流通サービス水準を実現している分野と，より低い
　流通サービスしか提供していない分野を比較して，両者の特徴を整理
　しよう。

【注】

1）　Alderson, W.（1957），*Marketing Behavior and Executive Action*, Richard D.
Irwin（石原他訳『マーケティング行動と経営者行為』千倉書房，1984年）．
2）　以下については，さらに石原武政（1997）「流通とは（Ⅱ. 歴史と理論を学ぶ）」
（田島義博・原田英生編著『ゼミナール流通入門』日本経済新聞社所収）；原田英生
（2002）「流通と商業のはたらき」（原田英生・向山雅夫・渡辺達朗『ベーシック流
通と商業』有斐閣所収）；渡辺達朗（2008）「流通を読み解く視点」（渡辺達朗・原
頼利・遠藤明子・田村晃二『流通論をつかむ』有斐閣所収）を参照されたい。
3）　Clark, F. E.（1922），*Principles of Marketing*, Macmillan Company.
4）　さらに，久保村隆祐（1974）「流通機能と商業」（久保村隆祐・荒川祐吉編『商業
学』有斐閣所収）；佐藤善信（2000）「商業の機能と構造」（石原武政・池尾恭一・
佐藤善信『商業学〔新版〕』有斐閣所収）；矢作敏行（1996）『現代流通』有斐閣
（第1章）を参照されたい。
5）　田村正紀（2001）『流通原理』千倉書房，12～17頁による。

第2章

流通政策の目的と体系

　流通政策とは，経済政策の一部門として，生産から消費に至る流通の機能や活動を対象に実施される公共政策であり，その目的は流通の「望ましい状態」を達成するところにある。しかし一口で流通政策といっても，そこにはさまざまな制度や規制等が存在しており，流通やマーケティングに多様な影響を及ぼしている。本章では，そうした多面的な流通政策の目的や方法を体系的に整理していくが，その際，1990年代以降に進められてきた「規制緩和」が流通政策にどのような変化をもたらしてきたのかに注目する。

Sec. 4 ｜ 流通政策の根拠と目的

⑴ 市場経済社会における流通政策

　政策とは，ある対象に対して，特定の目的を遂行・実現するための理念や指針，方策の体系である。これを国や地方公共団体などの公共部門が担うとき**公共政策**という。公共政策は対象や目的に応じて，経済政策，社会政策，外交政策，教育政策などに分けられる。このうち経済政策は，例えば景気の後退や過熱などに対処するための**マクロ的**な財政・金融政策と，個別の経済的**機能**や産業組織，企業活動などを対象にした**ミクロ的**な政策とに大別することができる。

　流通部門に対する公共政策である流通政策の大部分は，こうした経済政策のうちの後者，および前者と後者の中間領域（メゾ・マクロ）に属すものといえる。すなわち，すでにみてきたように流通とは生産と消費とをつなぐ社会的システムであるから（Sec. 1），流通政策とは，経済政策の一部門として，生産

から消費に至る流通の機能や活動（マーケティングを含む）を対象に実施される公共政策ということになる。そしてその目的は，ごく一般的にいえば，流通を社会的に「**望ましい状態**」に導くところにおかれている。

それでは，どうしてそのような政策が必要とされるのであろうか。この点について，ここであらためて考えてみよう。

わが国も含めた市場経済社会は，**市場メカニズムの機能をつうじて最適な資源配分**を実現するという考え方を大原則にして運営されている。したがって，流通の「望ましい状態」の実現も，第一義的には，メーカーや卸売業者，小売業者をはじめとした流通の担い手たちの市場における競争や，競争に対応するための**革新的行動（イノベーション）**をつうじてなされる。そのため，理念的には，公共部門による流通過程や流通活動への介入・規制は，できるだけ避けるべきものと位置づけられる。

しかし，そうした政策の理念的な位置づけは，市場メカニズムが「完全に」機能していることを前提に立論されている点に注意する必要がある。

(2) 現実の市場に内在する問題

市場メカニズムが完全に機能しているかどうかのメルクマールとなるのは，一般に，次の2つの条件が成立するかどうかにあるといわれている。

1) **完全競争市場**：多数の売り手と買い手が存在し，市場に関する情報が瞬時に伝わり，すべての市場構成員が正しい判断が可能であるとともに（情報の完全性），市場への参入や退出などに関する移動障壁が存在せず，参入と退出の自由が保証されている市場（Sec. 2）

2) **市場の普遍性**：すべての財・サービスに所有権が確立し，それらの取引はあまねく市場を介して行われるとともに，売り手は自らの長期的な利潤最大化の原理にしたがって行動し，買い手は自らの効用関数にしたがって行動する状況（両者の行動は互いに独立している）

しかし，現実社会における市場においては，上記のような条件が満たされることはまずありえない。というのは，現実の市場には次のような2つの問題が存在するからである。

①　市場メカニズムの作用を歪める問題

現実の市場においては，参加者の**情報は不完全・非対称**であり，合理的判断力には限界がある（限定合理性）。また，規模も大から小までまちまちである。そのため，流通の担い手の中から，規模の利益の存在や情報の偏在を背景にして，独占的企業や寡占的企業が成立することがあり，彼らの行動が市場における競争のあり方に影響を与え，**独占的価格**ないし**寡占的価格**の形成などによって消費者利益を損なう可能性がある。

また，独占的・寡占的な**市場支配力**を背景に，不公正な競争手段を用いることによって，市場メカニズムの作用自体を歪めようとする事業者が現れるかもしれない。

そうした悪意を含んだ行動とは別に，現実の市場における情報の不完全性や非対称性のゆえに，個々の経済主体は合理的な選択をしたつもりでも，社会全体としてみると非効率が生じ，結果として個々の経済主体に非効率をもたらすこともあり得る。

あるいは，売り手側の経済主体が，消費者ニーズへの対応や需要創造を目的にしたマーケティングを展開することによって，過度な需要を喚起することもある。

②　市場メカニズムのみでは解決できない問題

ある経済主体（企業や個人等）の行動が市場における取引関係を経由しないで他の経済主体の活動に何らかの影響——**外部性（外部効果）**——を及ぼすことがある。それがプラス方向の影響であれば**外部経済**，マイナス方向の影響であれば**外部不経済**という[1]。このうちここで問題とすべきなのは，外部不経済の方である。地球温暖化やゴミ問題のような環境問題や，大型店の進出ないし撤退に伴う生活環境の悪化や都市の活力・活気の低下といった都市問題が，外部不経済の代表的存在といえる。こうした問題の解決は市場メカニズムの枠組みのみでは困難であり，法的規制や課税などの経済的措置の導入といったかたちで，市場への何らかの介入が求められる。

また，電気，ガス，上下水道，公共交通機関，道路，情報通信ネットワークや公園・緑地など経済活動や社会生活に欠かせない**社会的基盤（インフラスト**

ラクチャ）の整備についても同様のことがいえる。これらは民間事業者の営利行為として成り立ちにくいため，市場メカニズムの枠内のみでは整備が進まないことが多い。

(3)　流通政策の必要性と重要性

以上のような2つの要因によって，理念的な意味での市場メカニズムは不十分にしか機能しない。そのため，現実の経済運営において市場メカニズムにのみ依拠していたのでは，最適な資源配分や社会全体の効率性が損なわれてしまう可能性がある。これを**市場の不完全性**といい，そうした問題の発生を**市場の失敗**という[2]。

そのため，最適な資源配分や社会全体の効率性を実現するには，市場の不完全性は補う必要があり，市場の失敗はできる限り回避する必要がある。ここに経済部門に対する公共政策が必要とされる根拠を確認できる。

そうした意義をもつ公共政策の中でも，とりわけ流通政策は独特な地位を占めている。というのは，流通政策が対象としている生産から消費に至る社会的システムとしての流通は，それ自体が市場を成立させるための基盤を提供するものであることから，現実の流通の姿が社会的に「望ましい状態」から乖離してしまうことの及ぼす影響は自ずと大きくなる。その意味で流通政策は，流通部門における市場の失敗によって，市場関係の基盤としての機能が阻害されることを回避するという重要な役割を担っているのである。

なお以上は，流通政策の必要性と重要性を市場の失敗への対応という観点から論じたものであるが，流通政策の性格はもう1つ別の側面から論じることができる。それは，流通部門の主要な担い手である卸売業者や小売業者に，中小企業や零細商店が高い比率で含まれていることに関連する。当然これは，中小・零細規模の事業者が流通政策の主要な対象の1つであることを意味している。ここから，流通政策には**中小企業政策**としての側面があることが確認でき，そうした観点からも流通政策の必要性や重要性を論じることができる。

(4)　流通政策の価値基準

流通政策の目的は，すでに述べたように，流通を社会的に「望ましい状態」

に導くところにある。

　しかし，何をもって「望ましい状態」かを判断する価値基準は，人によって
さまざまであるし，時代とともに変化する。つまり，価値基準は絶対的なもの
ではなく，相対的なものなのである。そして最終的には，その時代，時代の国
民ないし消費者の選択の問題——例えば小売業に対する政策についていえば，
郊外型の大型店・ショッピングセンターを選好し，それらの開発を促進する政
策を支持するか，それとも身近な商店街を選好し，それらを振興する政策を支
持するか——に帰着することになる。

　その意味で流通政策の方向は，国民の最大公約数の意向を反映したもの，別
のいい方をすれば，国民の**多様な選択の幅**を確保したものでなければならない。

　以上を踏まえて，流通の「望ましい状態」の内容を最も基本的なレベルでま
とめると，生産と消費をつなぐ流通システムの社会的・経済的機能が，効率的
かつ有効に発揮されている状態ということができる。これをいいかえると，流
通政策の主要な価値基準は，流通の効率性と有効性にあるといえる。

⑤　効率性基準と有効性基準

　流通政策の価値基準のうち，効率性は経済政策一般に共通する価値基準とみ
なせるが，有効性は流通政策に独特な価値基準といえる。これら 2 つの価値基
準に基づく政策目標としては，主として以下があげられる[3]。

①　効率性基準：流通生産性の向上

　流通生産性とは，流通システムに投入される人的・物的資源とそこから得ら
れる成果との比率のことであり，単位当たり流通コストの引き下げ等によって
流通生産性の向上がめざされる。

②　有効性基準
1）　競争公正性の確保

　市場メカニズムの根幹を支える競争のルールを確立・維持することによって，
流通システムの構成員間において自由で公正な競争が行われるようにするとと
もに，そうした競争を促進することをさしている。

2) 取引利便性の向上

消費者の買い物を含めた，流通システムの構成員間における売買取引の便利さや快適さを高めることをさしている。取引利便性は，一般に，必要な商品が必要な場所，時間，数量において，適正な価格で購買できるとき大きいといえる。

3) 配分平等性の確保

流通システムの構成員の活動によってもたらされる成果（効用ないし価値の増加分）を流通サービスや所得，利益として配分する際に，それが構成員の貢献度に応じて平等・公平に行われるようにすることを意味している。

(6) 外部性への対応

流通の構成員の活動は，さきにも述べたように，さまざまな外部性を及ぼす。そのため以上のような効率性基準と有効性基準にしたがった政策目標に加えて，近年，流通の構成員の活動の結果もたらされる外部性に対応することが流通政策として重視されるようになってきている。そうした観点にたった政策目標として，以下があげられる。

① 社会環境の保全による外部不経済の緩和

生産者・メーカー等のマーケティングが消費欲求を喚起することによって大量の廃棄物を発生させたり，小売商業施設や物流センターなどが立地することによって交通混雑や騒音，廃棄物の増大等をもたらしたりすることがある。これらは地球環境や生活環境に対する外部不経済といえることから，そうした外部不経済を緩和することが流通政策の目標になる。

② 都市機能への貢献による外部経済の促進

流通の中でもとりわけ小売業の活動は，都市機能に対してさまざまな影響を及ぼしている。そうした影響には，外部経済といえるものもあるし，外部不経済といえるものもある。中でも，外部経済を促進する側面として都市機能への貢献が流通政策の重要な目標の１つとなる。

Sec. 5 ┃ 流通政策の体系

(1)　体系化の基準

　流通政策を体系的に整理する方法はさまざまある。例えば，**政策主体**に注目するならば，国の行政組織ごとの政策や，都道府県・市町村といった地方公共団体による政策というように区分できる。このうち国の行政組織については，**中央省庁再編関連法**（1999年制定，2001年 1 月施行）以降，流通政策にかかわる代表的な管轄分野は次のようになっている。

① 　経済産業省（旧通商産業省）：工業製品の流通や，流通システムの機能・構造，その構成員の活動など流通全般にかかわる政策

② 　中小企業庁：中小商業者に対する支援・振興政策

③ 　農林水産省：生鮮食品・米穀類や加工食品などの流通にかかわる政策

④ 　国土交通省：交通・物流にかかわる政策（旧運輸省）：店舗建設・立地，都市計画などにかかわる政策（旧建設省）

⑤ 　国税庁：酒類やたばこの流通にかかわる政策

⑥ 　厚生労働省：医薬品・化粧品・食品などの流通にかかわる政策（旧厚生省）

⑦ 　総務省：情報通信にかかわる政策（旧郵政省）：地方自治制度と流通とのかかわりに関する政策（旧自治省）

⑧ 　環境省：リサイクルなど環境問題と流通とのかかわりに関する政策（旧環境庁）

⑨ 　内閣府：経済財政，地方分権改革・地方創生などに関する政策（旧経済企画庁）

⑩ 　消費者庁：消費者保護に関する政策

⑪ 　公正取引委員会：流通全般の競争秩序や消費者保護などにかかわる政策

　なお，1999年 7 月に制定された**地方分権一括法**によって，流通政策の場面においても，**基礎自治体**である市町村の役割が高まってきていることは，特筆しておくべきであろう。

　また，政策の根拠法令等という観点でいえば，国レベルでは**法律，政令・省令，規則・告示，通達，行政指導**などに，地方公共団体レベルでは**条例，要綱，通達，行政指導**などに分けられる。

　このうち行政指導は，主として文書によらずになされる勧告や助言などをさしており，これにしたがわない場合でも罰則等は適用されない。しかし，行政指導が多用されると，行政の不透明性や裁量性が高まるため，1993年に**行政手続法**が制定され，行政指導を受けた側は必要に応じて文書による明示を求めることができるようにされた。

　こうした中から，ここではいかなる方法に基づく政策なのかという観点を基軸に据えて，流通政策の体系を整理しよう。

⑵　政策方法に基づく体系化

　流通政策を政策方法という観点から整理すると，次のように分類できる[4]。

1)　一定のルールを定めてそこからの逸脱を禁止する方法（**禁止型政策**）
2)　特定の流通機能や流通活動の振興を図る方法（**振興型政策**）
3)　複数の主体の利害関係の調整や需給関係の調整を図る方法（**調整型政策**）

　これら3つの政策方法に基づいて，以下の7つの分野で具体的な政策が展開されている。ただし，調整型政策は1990年代以降，規制緩和の流れの中で国や自治体が経済活動に直接介在するような政策が見直されてきたことから，流通政策における役割は低下している。政策方法と具体的な政策分野の関係を整理すると**図表2－1**のようになる。

①　競争の維持・促進に関する政策（禁止型：競争政策）

　市場メカニズムが健全に機能するように公正な競争のルールを定め，そこから逸脱する行為や状態を禁止したり制限することによって，競争秩序を維持するとともに，市場における競争を促進する政策である。競争政策は，市場経済社会において，その担い手たちが最低限守らなければならない約束事――スポーツやゲームに例えるならば，その参加者が守らねばならないルールブックに該当する――を定めたものであり，最も基本的な公共政策として位置づけられる。関連する法制度としては，**独占禁止法**などがあげられる。

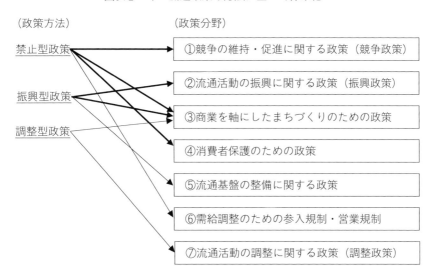

図表 2 - 1　流通政策の方法に基づく体系化

（政策方法）　　　　　　　　（政策分野）

禁止型政策

振興型政策

調整型政策

①競争の維持・促進に関する政策（競争政策）

②流通活動の振興に関する政策（振興政策）

③商業を軸にしたまちづくりのための政策

④消費者保護のための政策

⑤流通基盤の整備に関する政策

⑥需給調整のための参入規制・営業規制

⑦流通活動の調整に関する政策（調整政策）

②　流通活動の振興に関する政策（振興型：振興政策）

　市場メカニズムに基づく公正な競争のルールの下で，流通の構成員——とりわけ経営資源的にみて大企業に比べ劣位な中小商業者——が健全な競争主体として自立することや，環境変化に適応することを支援，促進するための政策で，中小小売商や中小卸売商が主たる対象になる。具体的な政策手段としては，診断指導・人材育成，資金面の支援（補助金等による直接の財政支出や，財政投融資を活用した政府系金融機関等による低利融資，信用保証，利子補給等）や，税制面の支援（特定の税の減免等）などがあげられ，関連する法制度としては，**中小小売商業振興法**などがある。

③　商業を軸にしたまちづくりのための政策（禁止・振興・調整の総合型）

　まちづくりの観点から，流通活動が公共利益の増進に役立つように，あるいは逆に公共利益を阻害しないように禁止，振興，調整の総合的な政策として展開される。

　商業を軸にしたまちづくりに向けた諸施策は[5]，一方で流通の都市機能への

貢献を高めることをつうじて，他方で流通がもたらす生活環境への悪影響を抑えることによって，公共利益の増進をめざすものといえる。法制度としては，前者には**中心市街地活性化法**等が含まれ，後者には大型店の出店に関する**大規模小売店舗立地法**や，土地・建物の利用などにかかわる私権を制限する**都市計画法**などが含まれる。このように，まちづくりに向けた諸施策は，流通政策と都市計画をはじめとした都市政策との連動によって実施する方向がめざされているといえる。

　また，地球環境の保全のための政策とマーケティングや流通との関連も注目される。マーケティングや流通は多かれ少なかれ，廃棄物問題や河川，海洋，大気等の汚染といった外部不経済をもたらすことになる。そのため，この間急ピッチで整備されてきているリサイクル関連法をはじめとした地球環境保全のための諸施策は，マーケティングや流通のあり方に多大な影響を及ぼしつつある。

④　消費者保護のための政策（禁止型）

　消費者保護政策は，2004年制定の**消費者基本法**（1968年制定の**消費者保護基本法**を改正）を中心に，消費生活用製品安全法，食品衛生法，JAS法，健康増進法，食品表示法（2013年6月に食品衛生法，JAS法，健康増進法の表示に関する規定を統合して制定），製造物責任（PL）法，あるいは独占禁止法の特別法として制定された景品表示法（1962年）など，さまざまな法制度によって構成される。また，少子高齢社会に対応した流通やマーケティングのあり方を構想することも，ここに含まれよう。

　従来，消費者行政は複数の省庁にまたがって実施されており，いわゆる縦割り行政の弊害が指摘されることが少なからずあった。そのため，消費者行政の一元化を目的に，2009年10月，**消費者庁**が発足し，内閣府特命担当大臣が常設されることとなった。消費者庁は，消費生活用製品安全法を所管する消費者安全部門，景品表示法や家庭用品品質表示法，住宅品質確保法を所管する表示対策部門，食品表示法を所管する食品表示部門，訪問販売や通信販売，連鎖販売取引などに関する特定商取引法，および特定電子メール法を所管する取引部門などからなっている。

⑤　流通基盤の整備に関する政策（振興型）

　流通に共通する基盤を整備し，流通活動の高度化や効率化を図ることを目的とした政策をさす。例えば1970年代に展開された流通システム化政策があげられる。そこでは流通活動の全体系を１つの機能的なシステムとして把握するという観点から，内外の先進事例やシステム化手法の調査研究・啓蒙活動，システム化の基礎となる標準化事業の実施（伝票統一化，取引条件標準化など），先駆的なプロジェクト等への金融的助成や税制的助成，関係法令等の見直し・整備などといった施策が展開された。

　また流通業務市街地の整備に関する法律（1966年制定，1993年改正）に基づく流通関連施設の開発支援策や，農水産物流通の効率化や取引便宜性の向上を目的とした卸売市場の整備もここに含まれる。近年では電子認証制度など電子商取引（EC）の基盤づくりが重要課題の一つになっている。

⑥　需給調整のための参入規制・営業規制（禁止型）

　それぞれの商品の特性から，いわゆる「事業法」に基づく免許制や許可制，認可制，届出制などによって，事業者の参入や営業を規制する政策である。主要食糧の需給及び価格の安定に関する法律（食糧法），酒類に関する酒税法（酒類販売免許制度など），たばこに関するたばこ事業法，医薬品に関する薬事法，ガソリンに関する揮発油販売業法，物流に関する貨物自動車運送事業法と貨物運送取扱事業法（物流２法）などが代表例としてあげられる。これらの中には固有の意味での流通政策とは異なる目的で制定されているものもあるが（例えば酒販免許制度の本来の目的は売掛代金の確実な回収と酒税確保であり，薬事法のそれは安全性の確保），対象とする商品の流通に大きな影響を及ぼしているため，この分類に含めることにする。

⑦　流通活動の調整に関する政策（調整型：調整政策）

　さきに述べたように，調整型政策の役割は1990年代以降，低下している。そのため，この政策分野も，次のセクションで説明するように，かつては競争政策，振興政策と並ぶ重要政策とされていたが，中心を担っていた法制度である**大規模小売店舗法**が1990年代に緩和され，最終的に2000年に廃止されたことか

ら，その位置づけが一気に後退した。

　従来の調整政策の前提には，振興政策によってもなお，中小商業者の中には競争主体として自立することが遅れる部分が存在し，自由な競争に委ねてしまっては市場の失敗が生じるおそれがあるとの判断があった。そのため，振興政策によって中小商業者の健全な競争主体への育成や環境適応力の向上を図る一方で，その成果がある程度出てくるまでの時間的猶予を稼ぐ必要があった。こうした考え方に基づいて――たんにあるがままの中小商業者を保護するという観点ではなく――競争条件の調整という観点から，大規模小売企業などの大企業からの競争圧力を緩和することによって，中小商業者（とりわけ中小小売商）の事業機会を確保することが，調整政策の目的とされた。

⑧　統制型政策について

　上記の 7 分野の政策以外に，政策主体が流通活動を直接的に掌握する**統制型政策**もありうる。その代表例としては，国による物資の**配給制度**があげられよう。わが国では，市場経済が十分成熟していなかった戦前期から第二次世界大戦直後の混乱期までは，統制型政策が支配的であったが，経済復興とともに相次いで廃止されていった。最終的に，1971年の**中央卸売市場法**の廃止・**卸売市場法**の制定と，1995年の**食糧管理法**の廃止・**食糧法**の制定によって，戦前に制定された統制型流通政策にかかわる法制度で残存するものはなくなった［⇒**関連事例 1** を参照］。

Sec. 6 ｜ 流通政策の転換

(1)　政策相互間の関連

　前のセクションでみてきた 7 分野の政策のうち，1980年代までのわが国の流通政策において中軸に位置づけられていたのが競争政策，振興政策，調整政策である。これら 3 つの政策は，**市場における競争を維持・促進することを目的とした競争政策に対して，振興政策と調整政策とがワンセットになって相互補完的に向き合うという関係**にあった。しかし，現実の政策展開の場面においては，これら 3 つの政策はバランスがとれた関係にあったわけではなかった。

　競争政策についていえば，産業界の思惑やそれを受けた行政組織からの圧力によって，独占禁止法の運用が弱められたり消極化されたりした時期があり，当時，独占禁止法の運用を管轄する公正取引委員会に対して「吠えない番犬」と揶揄する声があった。

　また，**調整政策**においては，大規模小売店舗法が，あたかも恒久的な中小小売商保護政策であるかのような「存在感」を示していた時期があった。調整政策の恒久化は，振興政策が中小商業者の健全な競争主体への育成や環境適応力の向上に，必ずしも実効的な成果を上げられなかったことによって，拍車をかけられた面がある。こうして**振興政策と調整政策は，競争政策との相互補完的関係から離れた**独自の立ち位置を獲得していった。

　以上が，従来のわが国流通政策の構造的特徴といえるが，そうした状況は1990年代以降大幅に変化してきた。次にこの点をみていこう。

(2)　政府の失敗

　公共政策とは，すでに述べたように，市場の失敗や市場の不完全性に対する政府の対応として理解できる。しかし，市場が完全でないのと同様に，政府も万能ではないから，政策の内容や手段が不適切であったり，かつては妥当性があった政策でも環境変化によって不適切なものとなってしまったりすることがある。あるいは，相異なる目標を持つ政策が同時に実施されることによって，

政策効果が相殺されてしまうこともある。こうした状況を**政府の失敗**という。

　このような失敗を避けるために，政府は政策決定・変更にあたって，学識経験者や関連する業界代表者，消費者代表などを集めた審議会や研究会を開催し，専門的見地から議論を行うことが多い。ただしそうした場での議論には，表面的なものにとどまってしまうケースや，利害関係の調整に終始してしまうケースも少なからずあり，これをどう実質的な議論の場とするかが問われている。

　さて，かつては流通政策に限らず，わが国の経済政策については，全般的に政府の介入の度合いが強く，多種多様の規制の網が張りめぐらされているといわれてきた。そうした特徴は，戦後復興期から高度成長期の頃までは，発展途上の産業を育成し，ひとり立ちさせるという意味で，相対的な妥当性が認められたかもしれない。

　しかし，一方で第四次中東戦争による1973年の第一次石油危機（オイルショック）と，イラン革命による1979年の第二次石油危機を契機として，低成長時代に転じたことで，より効果的かつ効率的な経済運営が求められるようになり，他方で世界的な規模で展開される競争環境に対応できる経済構造への転換が必要とされるようになった。その結果，それ以前のような政府規制のあり方は妥当性を欠く面がめだつようになった。これは環境変化への対応の遅れという意味での政府の失敗ということができる。

(3)　規制緩和の進展

　こうした認識に基づいて，1990年代に入って以降，規制緩和が最重要の政策課題の１つとなり，流通政策についても従来の規制制度の緩和や廃止が相次いで行われることとなった。そうした政策転換をもたらす要因となったのが，国内からの要請以上に，アメリカを始めとする諸外国からの「外圧」であった。これは，日本市場の閉鎖性・不透明性，輸入品や外国企業に対する不公平性などをもたらしている政府規制の緩和を求めたものである。

　そうした状況に対処するため最初に行われたのが，1985年10月の中曽根康弘総理大臣（当時）による「国際協調のための経済構造調整研究会」（座長：前川春雄）への検討要請であった。同研究会は，1986年４月に報告書（いわゆる「前川リポート」）を公表し，「市場原理を基調とした施策」，「国際的に開かれ

た日本」に向けて「原則自由，例外制限」という視点にたち市場原理を基本と
する施策を行い，市場アクセスの一層の改善と規制緩和の徹底推進を図ること
を提言した。

　また，1987年 6 月には内閣総理大臣の諮問機関である経済審議会が　建議
「経済構造調整への指針」において，「内外競争条件の整備」の 1 つとして流通
産業における規制緩和の必要性を指摘した。

　さらに，1988年12月には同じく総理大臣の諮問機関として組織された臨時行
政改革推進審議会（大槻文平会長，新行革審）が，「公的規制の緩和等に関す
る答申」を公表し，「現行の経済的規制には，その政策的意義や必要性の高い
ものとそうでないものが混在しており，**原則自由・例外規制**の基本的考え方に
立って抜本的に見直す必要」があり，社会的規制は「目的の妥当性と規制の有
効性について改めて見直す必要」があると指摘した。そして，これを受けて同
年同月，政府は「規制緩和推進要綱」を閣議決定し新行革審の答申を最大限に
尊重し，所要の施策を実施に移すと宣言した。

　そうした中で，1989年 9 月から翌年 6 月にかけて，日米両国政府が互いの構
造問題について指摘し改善を求めるという名目の日米構造協議（SII）が開催
され，大規模小売店舗法をはじめとする流通政策分野の規制緩和が焦点の 1 つ
となった。その後も日米包括協議など，アメリカの政権が変わるたびに新しい
交渉枠組みがつくられ，規制緩和の要求とその進捗状況のフォローアップが続
けられた。

　その結果，流通政策分野において，当時さまざまな規制緩和が実施された。
その代表的な事例として以下があげられる（詳細はSec. 7，19，21参照）。

① 　**中小小売業の事業機会確保**のために大型店を規制する大規模小売店舗法
　　の緩和と廃止，**生活環境保持**を目的とする大規模小売店舗立地法の制定
② 　酒税法に基づく酒類販売免許制度の段階的緩和（大型店への免許付与の
　　拡大，免許取得の人口基準などを段階的に緩和し2003年に廃止する等）
③ 　食糧管理法の廃止，食糧法の制定による米穀流通の自由化（自主流通米
　　と政府米から成る計画流通米の流通に関する規制を緩和等）
④ 　ガソリン・ステーションの出店や施設に関する規制の緩和，セルフサー
　　ビス方式の導入自由化

⑤　医薬品の販売規制の緩和（薬局開設手続きの簡素化，一部の医薬品について薬局薬店以外での販売を認める等）

さらに，こうした規制緩和と並行して，独占禁止法の改正や運用指針（流通・取引慣行ガイドライン）の策定などをつうじて競争政策の強化が実施された。こうして，経済過程に対する政府の介入はできるだけ少なくし，市場における競争に委ねる代わりに，競争のルールをより厳格にし，そこからの逸脱行為は厳しく取り締まるという方向への政策転換が進んだ。

2000年代以降も，市場原理主義ないし新自由主義の立場から，規制緩和の流れはしばしば加速された。近年では規制改革の用語が用いられることがあるが，めざす方向は同様といえる。市場原理主義による規制改革の行き過ぎが，非正規雇用の増大，貧富の格差拡大などの社会問題を増幅させているとの批判もある点には注意すべきである。

⑷　行政面での改革

以上のような政策面だけでなく，行政面においても，透明性の向上や裁量性の抑制を目的とする法律や制度の導入が進められている。

例えば，1993年の行政手続法に引き続いて，1999年には**パブリックコメント制度**が導入されている。これは，規制の設定または改廃に伴って政令・省令等を策定する過程において，その案を広く国民等に公表し，それに対して多様な意見・情報・専門的知識を募り，行政機関の意思決定の参考にする制度である。寄せられた意見等については，行政の意思決定にどのように反映されたのか，あるいは反映されなかったのかなどが，逐一公表されることとなっている。

また，2001年4月から**情報公開法**が施行されたことと，**ノーアクションレター制度**が導入されたことも注目される。前者は国に行政文書の原則開示を義務づける制度であり，後者は国の法令解釈に関する事前照会に対して文書等での回答を義務づける制度である。ただし，これらについて不十分さを指摘する声がある。例えば前者については，その副作用として，行政側の文書化に対する姿勢をより慎重にさせ，行政文書は原則的に公開を前提として作成されるため，文書化にあたってその内容の取捨選択が行われ，公開になじまないものはそもそも文書化しない，といった対応が行政によってとられる可能性があること

——いわば**情報公開のジレンマ**——が指摘できる。

さらに，2002年4月には，行政機関が行う政策の評価に関する法律（**政策評価法**）が施行された。これによって，国の各府省が所掌する政策について，その政策効果を定期的に事後評価し公表するとともに，国民生活等に大きな影響を及ぼすものについては事前評価を実施することとなった。その結果として，流通政策の分野においても政策効果の事後評価が厳しく行われるものが出るなど，一定の好影響がでている。しかし，評価手法の開発など，今後継続的に取り組んでいくべき課題も多い[6]）。

⑸　政策転換の方向

以上のような政策転換の基本理念は，先に触れたように「**経済的規制については原則自由・例外規制に，社会的規制については自己責任原則に基づき必要最小限に**」というところにある。これは，1988年に閣議決定された「規制緩和推進要綱」で示された考え方である。さらに，経済改革研究会（総理大臣の私的諮問機関，平岩外四座長）の答申（いわゆる「平岩レポート」1993年12月）を受けて，行政改革推進本部（本部長は総理大臣）が策定した「今後における行政改革の推進方針（行革大綱）」（1994年2月）において確認された。

ここでいう**経済的規制**とは，参入規制，価格や生産量の規制，設備投資の規制など，市場における競争を制限するような制度をさしている。また**社会的規制**とは，国民の安全・衛生・健康の確保，環境の保全，災害の防止といった，公共の福祉を目的とした制度を意味している。

しかし，理念的には規制のタイプをこのように二分することはできるが，現実的には両者の区分は必ずしも明確ではない。例えば，医薬品の製造・販売を規制する薬事法に典型的に示されるように，消費者の安全性の確保などの社会的規制の名のもとで行われる規制が，現実的には経済的規制としての効果を持つことは少なくない。この場合，それが経済的規制としての効果を持つ制度だからといって，一律に緩和や廃止を進めてしまっては，公共の福祉が阻害されることになる。

逆にまた，経済的規制を直接の目的とする制度が，間接的に社会的規制としての効果を持つこともありうる。例えば，大規模小売店舗法は中小小売商との

競争関係の調整を直接の目的に大型店の出店を規制する制度であるが，きわめて不十分ながらもまちづくりなどの社会的規制としての効果も持っていた。大規模小売店舗法の緩和過程で，大型店出店の生活環境への悪影響を争点とした，周辺住民との紛争が多発したことが，この点を示している。そのため，大規模小売店舗法を廃止する代わりに，大型店がもたらす外部不経済を考慮して，都市政策や生活環境保持の観点から新たな規制制度が導入されたのである。

　つまり，規制緩和を推進するにあたっては，それぞれの規制がどのような目的を担っており，いかなる効果をもたらしているのかなどについて全般的な吟味を行うことが求められている。そうしたことをつうじて，競争に委ねるべきものについては規制の緩和や廃止を進め，逆に公共の福祉などの観点から必要とされる規制については維持あるいは強化する，といったようなかたちで現行制度を抜本的に見直していくべきといえよう。

　以上のような流通政策の目的と体系に関する理解を踏まえて，具体的な政策展開について検討していくことにしよう。

Sec. 7 ┃ 流通政策の分野における規制緩和の代表的事例

　1990年代以降に進められた流通政策分野における規制緩和について，酒類販売免許制度，食糧法，一般用医薬品を事例としてとりあげてみていく。なお，この時期の政策動向で焦点の1つとなった，大規模小売店舗法から大規模小売店舗立地法への転換については，Sec.19および21で詳しく論じる。

(1)　酒類販売免許制度の緩和

①　酒税法に基づく免許制度

　酒類の製造および販売には，国税庁が所管する**酒税法**（1953年）に基づいて免許制度がしかれている。これは酒類が「担税物資」であるとともに「致酔性飲料」であるという特殊性によるものであり，免許制度を導入することによって，酒類の製造，販売段階における「過当競争」の防止が図られている。

　酒類の販売業は国税庁が策定した「酒類販売業免許等の取得要領」（1989年）によって，酒類卸売業と酒類小売業などに区分され，それぞれに対して酒類卸売業免許と酒類小売業免許などが交付される。このうち酒類小売業については，さらに一般酒類小売業免許と大型店舗酒類小売業免許，特殊酒類小売業免許（みりん＝99年に自由化，観光地等，船舶内，駅構内等，競技場等など）に細分化されている。酒類小売業免許の交付にあたっては，人的要件と需給調整要件という2つの側面から審査が行われてきた。前者は酒類を扱うのに適格な人物かどうかや，その経営基盤が確立しているかどうかなどにかかわる審査であり，後者は酒類小売業間の過当競争を防止するための人口基準と距離基準に基づく審査であった。

　こうした厳しい免許制度による参入制限は，酒類流通における競争の抑制につながることから，規制緩和の流れの中で，全面的な見直しが行われた。まず，大型店に対する免許付与を拡大するために，1993年から売場面積1万㎡以上の店舗であれば，どこでも酒類小売業免許が与えられるようになった。

　さらに，審査要件の中でも需給調整要件に関して緩和が進められ，距離基準（隣接する既存酒販店との間の距離が一定以上であることを要求）については，

2001年1月1日をもって廃止された。また，人口基準（基準人口を設定して，それに対する小売販売地域の人口の比率によって新規免許枠を算出）についても，98年から段階的に基準人口の引き下げが行われており，最終的には2003年9月1日をもって人口基準自体が廃止された。

なお，1990年にビールメーカー各社が，ほぼ一斉にビールの価格引き上げを発表した際に，公正取引委員会は，この行為を**同調的価格引き上げ**の疑いありとして指導し，各社にビールは「自由価格」である旨を広告等に明記させた。これが，ビールの安売りを普及・促進し，酒ディスカウンターの急成長をもたらし，免許制度のあり方に影響を及ぼした点も見逃せない。

②　社会的規制への転換

こうした規制緩和の一方で，免許制度の趣旨そのものの見直しも図られた。すなわち，酒税の安定的確保のための酒類小売業間の過当競争防止という経済的規制から，青少年の飲酒防止という社会的規制への転換である。

このような規制緩和の進展によって，一般酒販店は食品スーパーやコンビニエンスストア，酒ディスカウンターからの厳しい競争圧力にさらされ，経営環境がますます悪化した。そのため，一般酒販店の業界団体である全国小売酒販組合中央会などは，規制緩和の動きにさまざまな注文をつけてきている。例えば，酒類の**不当廉売**の取り締まり強化や，未成年者の飲酒防止に向けた対面販売の徹底などがあげられる。

その結果，前者に関連して，公正取引委員会が2000年11月「酒類の流通における不当廉売，差別対価等への対応について」（酒類ガイドライン）を策定した（2009年の独占禁止法に合わせて同ガイドラインも同年あらためて制定され，2011年に改正，詳細はSec.15参照）。

また，後者に関連して，2001年に未成年者飲酒禁止法を改正し，未成年者に酒を売った場合の罰則が強化される一方で，2003年に酒税法および酒類業組合法を改正して，未成年者への販売禁止を目的に，店舗ごとに酒類販売管理者を置くことが義務づけられた。さらに同年には，酒類小売業経営改善緊急措置法を制定し，酒類販売の競争が激しい地域を「緊急調整地域」として税務署長が指定し，新規出店を1年限り凍結できるようにした。この制度は，2年間の暫

定措置として導入されたが（2004年には全国の3,383地域のうち37.7%の1,274地域が指定），1年間延長され，2006年8月撤廃された。

　以上のような動きに連動して，一般酒販店業界では，率先して酒類自販機の撤去や，酒類自販機への年齢確認装置の導入，店頭における年齢確認の徹底などを図っている。

⑵　食糧管理法の廃止と食糧法の制定

①　食管法による統制

　かつて米の流通は，**食糧管理法（食管法）**に基づいて，国の全面的統制下に置かれていた。食管法は，限られた食糧の確保と公平な分配を目的として，第二次大戦中の1942年に制定された法律であり，農家が生産した米を政府が全量買い上げ，価格と流通を統制することを基本的枠組みとしていた（食管制度）。

　食管制度は，1950年代中頃まではあまり問題なく機能していたが，1960年代に入って矛盾が顕在化してきた。矛盾の第1は，米の生産量が恒常的に消費量を上回るようになったことであり，これに対応するために「減反」等による生産調整が行われるようになった。また第2の矛盾は，生活水準の向上を背景にして，消費者がおいしい米を求めるようになったことに関連している。こうした消費者の志向の変化は，農業を保護する一方で，一律の政府米の流通しか認めない食管制度に対する批判につながっていった。そのため，政府米に加えて，政府を経由しないで市場メカニズムを活用した自主流通米が導入されるようになった（1969年より。ただし食管法の正式改正は1981年）。

　しかし，自主流通米の導入以降も，米の流通は，食管法を管轄する農林水産大臣が指定する集荷業者，都道府県知事の認可を受けた卸売業者，小売業者をつうじて行われねばならないとされた。政府米の場合には，集荷業者と卸売業者との間に政府が介在し，自主流通米の場合には自主米流通場を経由するという相違はあるが，いずれにおいても流通経路は特定の事業者に限られ，制度上は自主流通米も政府管理米の一部として位置づけられた。

　その後，1988年になって食糧庁によって，自主流通米の拡大方針が打ち出されるとともに，卸売業者と小売業者の許可要件の緩和，営業区域制限の緩和，自主流通米の流通および価格形成にいっそう市場メカニズムを導入する措置等

がとられるようになった。しかし，この段階まで，米の輸入は一切認めない方針は貫かれた（ただし，外国産米を原料とする加工品——魚等調整品，エビ等調整品，米粉調整品など——は食管法の対象外で，その輸入量は当時でも相当規模に達していた）。

② 食糧法の制定

このように政府は，1990年代初めまで，食管制度の抜本的な見直しには手を着けずに，弥縫策を繰り返してきた。そうした状況に大きな変化をもたらしたのが，1993年のガット・ウルグアイ・ラウンドにおける米市場の部分開放合意である。また，奇しくも同年の冷夏に起因して空前の米不作に見舞われ，翌年3月に市場から米が払底し，海外から米を緊急輸入しなければならなくなり，消費者の食管制度に対する不満と不信が一気に高まった。

こうしてついに食管法の全面見直しが行われ，1994年12月，新たに**食糧法**が制定された（1995年施行）。当初の食糧法の中心は，米の流通を計画的に確保するための計画流通米の計画流通制度にあった。ここで計画流通米とは自主流通米と政府米のことをさしていた。政府米は備蓄と，ウルグアイ・ラウンド合意によって設けられたミニマム・アクセス（低い関税での最低輸入枠）の運営用に限定され，市場への流通は自主流通米が主として担った。計画流通米の流通については，従来，指定制がとられていた出荷取扱業者と，許可制がとられていた卸売業者，小売業者とを登録制へと緩和し，価格は「自主流通米価格形成センター」における入札制度によって，自主流通米の指標価格を形成するという方式が採用された。

また，食糧法の下では，計画流通米以外の米の流通も認められるようになった。これを計画外流通米という。計画外流通米については，政府による規制は行われず，自由な流通が可能になった。

しかし，計画流通米を中心にした食糧法の当初の枠組みは，すぐに行き詰まった。すなわち，業務用需要などでより安価な米の需要が高まる一方で，有機栽培など特別に生産された米を消費者がより選好するようになったことから，計画外流通米が計画流通米の取引量を上回る勢いで増加した。また，米農家も自らが決めた価格で販売でき，現金収入の道が広がる計画外流通米を好んで出

荷するようになった。

　そこで，いっそうの規制緩和を進め，計画流通米と計画外流通米の区分をなくし，すべての米を自由に販売できるようすることを目的に食糧法の改正が行われた（2004年 4 月施行）。また，生産数量は原則生産者（実際は農業協同組合を中心とする生産者団体）が自主的に決定する方式に移行した。

⑶　一般用医薬品の販売規制の緩和

①　薬事法による規制：医薬品のカテゴリーの見直し

　医薬品の製造および販売は，**薬事法**（1960年制定）によって規制されている。薬事法の目的は品質，有効性，安全性の確保にあり，医薬品の他に，医薬部外品，化粧品，医療用具も規制対象になっている。医薬品は処方せんが必要な医療用医薬品と，処方せんが不要な一般用医薬品（大衆薬）とに分けられる。

　こうした医薬品のカテゴリーのうち，一般用医薬品の販売規制の緩和が動き出したのは1990年代後半からであり，これまで数次にわたって薬事法の改正が行われてきている。そのうち重要な改正点の 1 つは，一般小売店でも販売可能なように，一部の医薬品のカテゴリーを見直したことである。

　医薬品の販売規制は，人命にかかわる社会的規制としての性格を持っているが，自己に必要な医薬品を選択するという消費者の利便を必要以上に奪うべきでないとの声が高まった。そこで，1997年 3 月に閣議決定された規制緩和推進計画（再改定）において，「医薬品のうち人体に対する作用が比較的緩和で，販売業者による情報提供の努力義務を課すまでもないものについて，一般小売店にいても販売できるよう，医薬品のカテゴリーを見直す」とされた。

　これを受けて厚生省（当時）は，1999年 3 月，ビタミン含有保健剤，健胃清涼剤（以上がいわゆるドリンク剤），外皮消毒剤等15の製品群について，医薬品のカテゴリーから医薬部外品のカテゴリーへ移行する措置をとった。こうしてドリンク剤や消毒剤等の一般小売店における販売が可能となり，コンビニエンスストア等で大々的に取り扱われるようになったのである。

　その後，政府の規制緩和方針がいっそう強まり，2001年 7 月の政府の総合規制改革会議において，総合規制改革の基本方針の中に，医師の処方せんが必要な分野を除き，一般小売店での医薬品販売を可能にするための制度を整備して

いくことが決まった。そして，これを受け厚生労働省は，2004年7月，消化薬や整腸剤，殺菌消毒剤など371品目について，医薬部外品のカテゴリーに移行し，コンビニエンスストアを含む一般小売店で販売できるようにした。

② 薬剤師の配置問題と登録販売者制度

もう1つの焦点は**薬剤師**の配置問題である。薬局等での医薬品の販売にあたっては，薬事法によって，常時管理薬剤師による管理の状態にあることが義務づけられている。規制緩和の流れの中で，1998年に一般販売業における薬剤師配置義務の緩和が実現されたが，ドラッグストアの業界団体である日本チェーンドラッグストア協会からいっそうの緩和の要望がだされ，それを受けるかたちで，2000年3月に閣議決定された規制緩和3ヵ年計画（再改定）に「医薬品一般販売業における薬剤師・管理薬剤師の配置義務の見直し」が盛り込まれた。

その後，2006年に薬事法が改正され，規制緩和が促進された。すなわち，一般用医薬品が副作用などのリスクに応じて「とくにリスクの高いもの」，「リスクが比較的高いもの」，「リスクが比較的低いもの」の3ランクに分けられ，第1類には薬剤師による情報提供を義務づける一方で，第2類・第3類には薬剤師が不在でも，新設する**登録販売者**（3年以上の業務経験が必要）がいれば販売できるようにされたのである（2009年春施行）。これを受けて，日本チェーンドラッグストア協会などは，登録販売者の団体として，日本医薬品登録販売者協会を発足させ，資格取得支援や研修等について統一的対応を行っている。

この規制緩和によって，登録販売者を置けば，異業種・異業態の小売業者であっても，一般用医薬品の約9割が販売できるようになった。そのため，コンビニエンスストアをはじめ，総合スーパー，食品スーパー，家電量販店など異業種・異業態の小売業者が，一般用医薬品の販売に乗り出した。

これに対して，一時的に規制強化となったのが，医薬品のインターネット販売を中心とする通信販売業界（ネット販売等）である。改正薬事法施行規則（厚生労働省令）によって，副作用リスクの低い第3類以外は，店頭での対面販売が原則として，通信販売が禁止になった。また，いわゆる行商型で「置き薬」を預け箱に入れて家庭などに配置する配置販売業者についても，従来は特別な資格がなくても都道府県から許可を得て開業できたが，薬剤師か登録販売

者の資格取得が求められるようになった（ただし経過措置あり）。

　しかし，ネット販売等に関する規制強化への反発は強く，行政訴訟などで争う業者も存在した。そのため，薬事法および薬剤師法を改正し，年齢・他の医薬品の使用状況等を薬剤師が確認するなどの適切なルールのもとで，一般用医薬品のほとんどについてネット販売等を可能とした（2014年6月施行）。

　以上の制度改定によって，医薬品の小売販売業の分類は**図表2-2**のように整理できる。

図表2-2　医薬品の小売販売業の分類

業態	販売方法	販売品目
薬局	店舗販売	すべての医薬品
卸売販売業	卸売販売	
店舗販売業	店舗販売	要指導医薬品＊＋一般用医薬品
配置販売業	配置販売	一般用医薬品（第1類〜第3類）のうち経年変化が起こりにくいことその他の厚生労働大臣が定める基準に適合するもの

（注）　＊医療用から一般用に移行して間もなく，一般用としてのリスクが確定していない薬（スイッチ医薬品）や劇薬など。
（出所）　厚生労働省資料。

　なお，医薬品（医薬部外品を含む）と一般食品（いわゆる健康食品を含む）の中間に，保健機能食品として特定保健用食品と栄養機能食品がある。これは**食品衛生法**などに基づき，いわゆる健康食品のうち，一定の条件を満たした食品を**保健機能食品**と称することを認める表示の制度である（2009年より消費者庁所管）。このうち，**特定保健用食品**は身体の生理学的機能などに影響を与える成分を含んでいて，個々の製品ごとに消費者庁長官の許可を受けて（個別許可型），保健の効果（許可表示内容）を表示することのできる食品をさす。また，**栄養機能食品**は，栄養成分（ビタミン・ミネラル）の補給のために利用される食品で，規格基準を満たす栄養成分の機能を表示するものをいう（個別許可型とは異なる規格基準型）。

　さらに，2015年4月1日から，機能性表示食品という制度がスタートしている。これは，健康の維持・増進が期待できることを科学的根拠に基づいて容器

包装に表示する食品のことをさす。事業者は，表示の科学的根拠を消費者庁に届け出れば，健康被害の情報収集体制の構築など一定の条件の下で，審査なしに60日後には販売できる。

第2章　ワークショップの課題

1. 流通政策に関連する分野における「市場の失敗」および「政府の失敗」について具体的事例をあげ，その発生原因や特徴，対応策などについて検討しよう。
2. 本文であげた以外に，1990年代から現在までの間に，規制緩和が進められた商品・事業をとりあげ，その進展状況を整理しよう。逆に，規制緩和が進まなかった商品・事業をとりあげ，その理由や経済的影響について整理しよう。

【注】

1) 外部経済，外部不経済の概念をはじめて経済学にとりいれたのは，イギリスの経済学者マーシャル（Alfred Marshall）であり，その弟子で厚生経済学を体系化したピグー（A. C. Pigou）がさらに発展させた。

2) 「市場の失敗」については，Milgrom, P. and J. Roberts (1992), *Economics, Organization and Management,* Prentice-Hall（奥野・他訳『組織の経済学』NTT出版，1997年）が参考になる。さらに，歴史的観点から市場と国家の関係を論じた，佐伯啓思（1999）『幻想のグローバル資本主義(上)(下)』PHP研究所（とりわけ下巻の第3章）が，日本の政治経済的な諸問題を分析した，青木昌彦・奥野正寛・岡崎哲二（1999）『市場の役割　国家の役割』東洋経済新報社が参考になる。

3) 久保村隆祐・田島義博・森宏（1982）『流通政策』中央経済社による。

4) 石原武政（2000）「商業政策の構造」（石原武政・池尾恭一・佐藤善信『商業学〔新版〕』有斐閣所収）による。

5) ここで「まちづくり」とは，地域の活力や活気を高めるための諸施策，いいかえれば社会的・文化的要素を含めた地域社会（コミュニティ）のあり方に関する総合的な構想ないし計画，およびそれらの実現に向けた市民・住民参加型，あるいは市民・住民主体型の運動や活動をさしている。都市計画や地域計画などの概念と類似しているが，「まちづくり」の方がより包括的な（逆にいえば曖昧な）意味合いで用いられることが多い。また「街づくり」と表記されることもあるが，「まちづく

り」と表記した方が，よりソフト面を強調したニュアンスになる。本書では，政府の施策等で「街づくり」と明記されている場合を除き，「まちづくり」と表記することにする。

6)　さらに，渡辺達朗（2014）『商業まちづくり政策―日本における展開と政策評価』有斐閣を参照。

関連事例 1 　戦前期における小売業の展開と流通政策

　江戸から明治に時代が移るとともに，小売業の分野では，都市の発展に伴う新しい動きが相次いで起こった[1]。まず1870年ごろから東京，大阪をはじめとする都市に，呉服・小間物・洋服・化粧品・家庭用品などの店が1ヵ所に集まった大型の店舗が形成されるようになった。これを勧工場（大阪では勧商場）という。勧工場には食堂・理髪店などを設置するものもあり，今日のショッピングセンターの萌芽的形態といえる。しかしこれは20世紀初頭以降，百貨店が成長するとともに，しだいに衰退していった。

　わが国における百貨店の歴史は，1904年（明治37年）の合名会社三井呉服店（その前身は1673年江戸に呉服商として開業した越後屋）の株式会社三越への転換によってはじまる。世界最初の百貨店といわれるフランスのボン・マルシェの設立（1852年）から遅れることおよそ半世紀のことである。その後1907年に大丸呉服店（合資会社），1910年に松坂屋呉服店，1919年に白木屋，松屋呉服店，高島屋呉服店（以上は株式会社）が百貨店として設立されている。

　百貨店への転換に際して，三越は品揃えを拡大して「衣服装飾に関する品目は一棟の下」で販売するとの，いわゆる「デパートメント・ストア宣言」を発している。つまり近世の呉服商が採用していた現金主義，正札主義という商法に，衣服・装飾品に関する幅広い品揃えという特徴が加えられたのである。また販売方法についても座売りから陳列方式に変更され，店員も住み込みの丁稚制度から通勤に変わるとともに，女性が多く採用されるようになった。こうして百貨店という小売業態が確立していったのである。

　その後，1927年（昭和2年）の金融恐慌から，世界大恐慌（1929年）の余波を受けた昭和恐慌，準戦時体制，戦時体制へと至る戦間期になると，長引く不況の中で，当時唯一の大企業であるとともに唯一の近代的業態であった百貨店や，産業組合との競争に直面していた中小小売商の不振がめだつようになる。そのため，中小小売商に対する政策的な支援を求める声が高まった。そうした要請に対応するために，中小小売商が共同事業によって経営改善を図ることを目的として，

1932年に商業組合法が施行されたのである（なお，これにさきだつ1930年には，小売商業等に従事する労働者の保護と経営改善を目的とした商店法が制定されている）。

　この商業組合法に基づいて，同業者の中小小売商が集まって共同事業のための組織を形成していくことになる。また地域の異業種の集まりである商店街商業組合も組織されていった。ここに流通活動の振興を図ることを目的とする振興政策の原点をみることができる。ここでは振興政策が，その当初から中小事業者の協業化・共同化に重点を置いていたことに注意を促しておきたい。

　他方，百貨店業界においては，多くの呉服商が百貨店に転換したことを受け，1924年に日本百貨店協会が設立され，さらに1920年代末以降，阪急や東急などの私鉄資本による鉄道ターミナル立地の百貨店が登場してきた。呉服商出身で都心立地の百貨店を都市百貨店というのに対して，後者は私鉄系百貨店と呼ばれる。また地方都市を地盤とする百貨店，すなわち地方百貨店の出店も増加した。

　百貨店の成長は，当初の高級路線から大衆化路線に転換したことに支えられていた面が強い。この路線転換は1923年（大正12年）の関東大震災が契機となっており，これ以降百貨店は食料品・薪炭・家庭用品・中級衣料品などの生活必需品の品揃えを強化していった。また高島屋の均一店チェーンや白木屋の分店網のように，百貨店が日用品中心の品揃えをする店舗を別に展開する動きもあった。

　こうした百貨店による顧客層の拡大によって最も影響を受け，経営難に陥ったのが中小小売商である。そのため彼らは商業組合や商店街商業組合などの下に結束して，早くも1925年頃から百貨店の事業活動の規制を求める運動を起こし，百貨店と中小小売商との紛争が頻発するようになった。その結果，百貨店の事業活動を規制する法制度を制定すべきとの声が高まったため，百貨店協会はそうした趣旨の制度ができることを避けるため，商工省（現経済産業省）の勧告を受けて，1932年に自主規制協定を締結した。

　しかしその後も百貨店と中小小売商との紛争は高まる一方であったため，1933年から1936年にかけて各政党が相次いで百貨店規制を目的とした法案を提出した。これらはいずれも審議未了で成立しなかったが，最終的に政府提出の法案がまとめられ，1937年に百貨店法が制定されることとなり，百貨店の出店や増床等に政

府の許可制が導入されたのである。ここに調整政策の原点を確認することができる。

　この時期のもう１つの特徴として，小売市場と卸売市場の整備が進んだことがあげられる。その構想は明治後半から大正初頭に出されていたが，具体的に整備が進むのは1918年７～８月の米騒動を契機に，人口集中が進んだ都市住民への食料品の販売網を整備することが，政府にとって急務とされるようになってからである。

　小売市場とは１つの建物の中に食料品を中心とした日用品を扱う小売店舗を集合させ，現金・正札販売を行うという新しい小売形態であり，同年４月に大阪市が市内４ヵ所に実験的に開設していた。それが米騒動で効果を発揮したことから，内務省の指導のもと，西日本の府県と東京府，神奈川県などの大都市地域の府県を中心に，地方自治体によって公設小売市場が開設されていくことになる。そして公設小売市場の成功によって，私設小売市場も多数設置されていった。

　また卸売市場については，かねて懸案とされていた中央卸売市場法が1923年に制定され，1927年の京都市を皮切りに，１都市１市場の原則の下，全国に中央卸売市場が開設されていった。いわばこれらが流通基盤の整備に関する政策の出発点といえよう。

【注】
1)　以下については，藤田貞一郎（1978）「貿易と国内商業」（藤田貞一郎・宮本又郎・長谷川彰『日本商業史』有斐閣所収）；鈴木安昭（1980）『昭和初期の小売商問題』日本経済新聞社；同上（1980）「日本の商業の展開」（鈴木安昭・田村正紀『商業論』有斐閣所収）；石原武政（2000）「商業政策の構造」（石原武政（2000）「商業政策の構造」（石原武政・池尾恭一・佐藤善信『商業学〔新版〕』有斐閣所収）；鈴木幾太郎（1999）『流通と公共政策』文眞堂，を参考にした。

第3章

競争の維持・促進に関する政策(I)
——独占禁止法と流通・マーケティング——

　市場メカニズムが健全に機能するように公正な競争のルールを定め，そこから逸脱する行為や状態を禁止したり制限したりすることによって，競争秩序を維持するとともに，競争の促進を図る政策を競争政策という。競争政策は，わが国のような市場経済社会において最も基本となる公共政策に位置づけられる。競争政策の中心を担っているのは独占禁止法であり，公正取引委員会がこれを管轄している。独占禁止法は，市場における企業行動全般の基本的ルールを定めていることから，経済憲法とも呼ばれている。本章では，この独占禁止法の枠組みを確認したうえで，流通・マーケティング分野にかかわる独占禁止法の規定と運用について総論的に検討していく。

Sec. 8 　独占禁止法の枠組み

(1) 独占禁止法の基本的枠組み

① 独占禁止法の制定

　わが国の経済政策の体系に，はじめて競争の維持・促進という政策目的を持つ法制度が導入されたのは，第二次世界大戦の敗戦後のことである。つまり，戦前期においては，わが国に競争政策は不在であったわけであり，とくに戦時中の経済運営は国による直接，間接の統制をつうじて行われる傾向が強かった。

　そのため，わが国を占領下に置いた連合国軍総司令部（GHQ）は経済民主化政策の一環として，財閥解体，農地解放，労働組合結成などとともに，1947年に**独占禁止法（独禁法）**を制定した。これによって，わが国の統制経済から

市場経済への転換――統制をつうじた経済運営から市場メカニズムをつうじた
経済運営への転換――が実質的にスタートすることになった。

　わが国における独占禁止法の制定にあたっては，アメリカの独占禁止法にあ
たる**反トラスト法体系**がモデルとされた。しかも当時，日本の産業は敗戦によ
って壊滅状態にあり，GHQ は白地に絵を描くように独占禁止法を体系化する
ことができる状況にあった。そのため母国アメリカにおいては産業界との関係
などから実現できなかった「理想的」な内容――逆にいえば産業界にとって厳
しい内容――が法制度に盛り込まれることとなったのである。

　独占禁止法は，市場における企業行動全般の基本的ルールを定めていること
から**経済憲法**としての地位にあり，その執行を司る機関として公正取引委員会
が設立されている。公正取引委員会は行政権限のほか，準司法権限と準立法権
限をもち，それぞれの権限の行使について独立性が保障されている。公正取引
委員会の組織は，委員長および委員 4 名と，事務局職員（現在の定員は約800
人）から成っている（行政組織上は総務省の外局と位置づけられている）。

　なお，アメリカの反トラスト法体系の原形は19世紀末から20世紀初頭にかけ
て形成されており，第二次世界大戦後の時点ですでに半世紀にわたる運用実績
を持っていた[1]。これに対して，ヨーロッパ諸国で独占禁止法に該当する法制
度が整備されはじめるのは戦後しばらく経ってからのことであった[2]。

②　独占禁止法の目的

　制定当初の独占禁止法は，上述のように，アメリカの法制度よりも部分的に
厳しい内容を持つほどであった。しかしその後，ときどきの政治・経済情勢の
影響を受けて，緩和の方向での法改正や，強化の方向での法改正が行われ，現
在に至っている。そのため，制定当初の独占禁止法のことを「原始独禁法」と
呼ぶことがある。

　しかし，独占禁止法の基本的な目的や精神については，制定当初から現在ま
で受け継がれている。その要旨は次の法第 1 条に示されている。

1条　この法律は，私的独占，不当な取引制限及び不公正な取引方法を禁
止し，事業支配力の過度の集中を防止して，結合，協定等の方法による生

産，販売，価格，技術等の不当な制限その他一切の事業活動の不当な拘束
を排除することにより，公正且つ自由な競争を促進し，事業者の創意を発
揮させ，事業活動を盛んにし，雇傭及び国民実所得の水準を高め，以て，
一般消費者の利益を確保するとともに，国民経済の民主的で健全な発達を
促進することを目的とする。

　この条文は，日本語としてわかりにくいが，基本的には「公正且つ自由な競
争を促進」することによって，「一般消費者の利益を確保するとともに国民経
済の民主的で健全な発達を促進する」という構成になっている。そのため，公
正かつ自由な競争の促進を独占禁止法の**直接的目的**と位置づけ，消費者の利益
の確保と，国民経済の民主的で健全な発達の促進を独占禁止法の**究極の目的**と
とらえる考え方が最高裁判決（石油価格カルテル刑事事件に対する1984年 2 月24
日最高裁判決）によって示されている（ただし，この点については，いくつか
の学説が存在）。

　また，独占禁止法の対象となるのは「商業，工業，金融業その他の事業を行
う」事業者とされているが（第 2 条），ここでいう事業者とは一般的な意味で
の企業に限らない。そこには業界団体や自由業，国，地方公共団体なども含ま
れると解釈されており，営利事業を行わないものであっても経済活動を行う限
り，場合によっては独占禁止法上の違法性を問われることになる。

③　独占禁止法の運用

　独占禁止法の運用は，1949年および1953年の改正で「原始独禁法」にあった
理想主義的規定が廃止され，大幅に緩和されたのを契機として，1950年代後半
から1970年代初頭にかけて，きわめて消極的なものとなった。その背景には，
当時の経済成長優先という政治的・社会的風潮がある。また，歴代の公正取引
委員会委員長の多くが，大蔵省（現財務省）出身者であったことも，法運用の
あり方に影響を及ぼしたといわれる。

　とりわけ1960年代には，政府は，通商産業省（現経済産業省）が主導するか
たちで，国際競争力強化を旗印にした大企業間の合併などを積極的に推進した。
その象徴ともいえるのが，八幡製鉄と富士製鉄との合併による新日本製鉄の設

立である。公正取引委員会は，1969年にこの合併に対して初めての中止勧告を出したが，最終的に条件付きで認められることとなったのである。こうして「市場の番人」であるべき公正取引委員会は「吠えない番犬」「ものいわぬ監視人」とさえ揶揄されるようになった。

しかし，1973年の石油ショックを契機に，物価問題との関連で大企業の買いだめや売り惜しみ，便乗値上げ，ヤミカルテルなどが社会的に注目されるようになり，独占禁止法の強化を求める声が高まった。そうした声の後押しを受けて，1974年に石油元売会社の大規模なカルテルに対して，実質的にはじめての刑事告発がなされるなどした。

そしてついに1977年，**規制強化のための法改正**が実現し，これ以降，独占禁止法の運用が積極化されるようになった。さらに1980年代末の日米構造協議などをきっかけにして，1990年代以降，独占禁止法は強化の方向に向かうとともに，公正取引委員会の組織と機能の強化が図られた。この間，2005年，2009年，2013年に比較的大きな法改正が行われている。

⑵　独占禁止法の実体規定

独占禁止法は，公正かつ自由な競争を促進するために，第1条であげられている私的独占，不当な取引制限，不公正な取引方法をはじめとして以下のことを禁止している[3]。これらを独占禁止法の**実体規定**という。

市場における事業者間の関係は，**水平的関係**すなわち**競争関係**と，**垂直的関係**すなわち**取引関係**に分けることができる。以下の規定のうち，①～⑤は主として水平的関係にかかわり，⑥は主として垂直的関係にかかわる。

①　私的独占の禁止（2条5項，3条前段）

私的独占には，排除型私的独占と支配型私的独占とがある。**排除型私的独占**は，ある事業者が単独または他の事業者と共同して，不当な低価格販売などの手段を用いて，競争相手を市場から排除し市場で事業活動を続けられないようにしたり，新規参入者を妨害したりして市場を独占しようとする行為をさす。**支配型私的独占**は，ある事業者が単独または他の事業者と共同して，株式取得などにより，他の事業者の事業活動に制約を与えて，市場を支配しようとする

行為である。これらは公共の利益に反して，**一定の取引分野における競争を実質的に制限**する行為として禁止される。

　なお，一部の公益事業（鉄道・郵便・ガス・電気など）について，一定の条件のもとで**地域独占**（ある地理的範囲において独占市場であること）に近い状態が法的に認められている場合もある。

②　不当な取引制限の禁止（2条6項，3条後段）

　不当な取引制限に該当する行為には，カルテルと入札談合がある。**カルテル**は，事業者または業界団体の構成事業者が相互に連絡を取り合うなどして，本来，各事業者が競争関係の中で自主的に決めるべき商品の価格や販売・生産数量，販売先市場の分割などを共同で取り決める行為である。それらを価格カルテル，販売数量ないし生産数量カルテル，市場分割協定などという。**入札談合**は，国や自治体などの公共工事や物品の公共調達に関する入札に際して，事前に，事業者が受注事業者や受注金額などを決定する行為をさす。

　また，**共同ボイコット（共同の取引拒絶）**，すなわち特定の事業者との取引を競争者間で共同して，あるいは取引先事業者と共同して拒絶する行為（前者を直接の拒絶，後者を間接の拒絶という）は，後述する不公正な取引方法の行為類型の1つにあげられているが，不当な取引制限に該当することもある。

　以上は公共の利益に反して，**一定の取引分野における競争を実質的に制限**する行為として禁止される。

③　事業者団体の規制（8条）

　独占禁止法は事業者だけでなく，2つ以上の事業者で構成され，事業者としての共通の利益を増進することを主たる目的とする**事業者団体**（社団，財団，組合等）も対象としている。事業者団体の活動として規制されるのは，事業者団体による競争の実質的な制限，事業者の数の制限，会員事業者・組合員等の機能または活動の不当な制限，事業者に不公正な取引方法をさせる行為等であり，**一定の取引分野における競争を実質的に制限**する行為として禁止される。

④　企業結合の規制（9条～18条）

　株式保有や合併等の**企業結合**によって，独立した企業間に結合関係が生まれ，その企業結合を行った会社グループが単独で，または他の会社と協調的行動をとることによって，ある程度自由に市場における価格や供給数量などを左右することができるようになる場合，競争を実質的に制限するとして，その企業結合は禁止される。そのため，一定の要件に該当する企業結合を行う場合には，公正取引委員会に届出・報告を行わなければならない。

　なお，1997年の独占禁止法改正によって，事業支配力の過度の集中の防止を目的に，それまで禁止されていた**持ち株会社**（自らは事業を行わず，子会社の株式保有を目的とする「純粋持ち株会社」）の設立が解禁されている。そのため，流通分野においても，多角的な事業展開を行っている大規模小売企業などが，この制度を活用してグループ事業の再編成に取り組んでいる。

⑤　独占的状態の規制（2条7～8項，8条）

　ある市場において50％超のシェアを持つ事業者がいるなどのとき，価格に下方硬直性がみられるなどの市場への弊害が認められる場合に，競争を回復するための措置として，その事業者の営業の一部譲渡が命じられることがある。

⑥　不公正な取引方法の禁止（2条9項，19条，他）

　私的独占や不当な競争制限に該当するには至らないが，自由な競争が制限されるおそれがある，競争手段が公正とはいえない，競争の基盤を侵害するおそれがあるといった観点から，**公正な競争を阻害するおそれ（公正競争阻害性）**がある行為は，**不公正な取引方法**として禁止される。

　不公正な取引方法の禁止は，流通・マーケティング分野に最も関係する規定であることから，以下のセクションで詳しく論じることにする。

⑶　独占禁止法の実効性確保手段

　独占禁止法の違反行為に対しては，法の実効性を確保するために，行政処分としての排除措置命令と課徴金納付命令が下されるほか，刑事罰の対象とされることもある。

　このうち**排除措置命令**とは，違反行為によってもたらされた違法状態を除去する命令である。排除措置には，違法とされた行為自体の差し止めのほか，営業の一部譲渡，事業者団体の解散，あるいは将来の再発防止のための同種の違反行為の反復禁止命令などが含まれる。また，排除措置には至らない事案については，**警告**が行われる。

　課徴金納付命令は，カルテル等を対象に1977年改正で導入された制度で，1991年改正で額の引き上げが，2005年改正（2006年施行）で額の引き上げ，および支配型私的独占のうち対価にかかわるものを含める等の対象の拡大が行われた。さらに，2009年改正（2010年施行）では，課徴金の対象となる行為類型の拡大が行われ，排除型私的独占，および不公正な取引方法のうちの不当廉売，差別対価，共同の取引拒絶，再販売価格の拘束（以上4つについては同一の違反を繰り返した場合），優越的地位の濫用が対象に加えられた。

　課徴金制度は，違法行為によって得た不当な利益を徴収し，違法行為のやり得を防ぐことを目的としている。その額の算出方法は，次のように定められている。なお，課徴金は刑事罰としての罰金とは異なり，**行政罰**の一種に位置づけられる。

1) カルテルの場合，その実行期間中の商品または役務（サービス）の売上高に，製造業等の大企業で10％（再度の違反15％，早期離脱8％），小売業の大企業で3％（同4.5％，2.4％），卸売業の大企業で2％（同3％，1.6％）を乗じて算出。

2) 排除型私的独占については企業が不当に得た利益の1〜6％にあたる額。

3) 不公正な取引方法のうち，不当廉売等については売上高の3％にあたる額が，優越的地位の濫用については企業間の取引額の1％が課される。

　また**刑事罰**は，私的独占の禁止と不当な取引制限の禁止などの規定に違反する行為を対象としている。刑事罰は，排除措置や課徴金といった行政処分とは別に科され（**懲役刑および罰金**），違反した従業員と法人の双方を処罰できる両罰規定，違反行為の計画や実行を知りながら防止措置をとらなかった法人等の代表者を処罰する三罰規定も設けられている。法人への罰金の上限は，1992年法改正で1億円に引き上げられている。

　さらに，独占禁止法の違反行為によって損害を被った被害者（競争相手のほ

か，消費者等の間接の関係者も含む）は，違反行為者に対して，民法の不法行為の規定に基づいて**損害賠償**を請求できることになっている。

　以上のような行政処分や罰則の適用に関する手続きに関して，2013年法改正（2015年4月施行）で次のことが実施された。

1)　公正取引委員会の行政処分に対する不服審査については，抗告訴訟として東京地方裁判所において審理することとする。

2)　公正取引委員会が行政処分を行う際の処分前手続として，公正取引委員会による意見聴取手続，公正取引委員会が認定した事実を立証する証拠の閲覧・謄写にかかわる規定等を整備する。

　また，2015年11月の参加各国の閣僚会合におけるTPP合意を受けて，独占禁止法違反行為を企業が自ら是正すれば，処分をせずに調査を終える制度，すなわち「**確約（コミットメント）制度**」を，2016年の同法改正により導入した。この制度は違反状態を早く解消し，事業活動が停滞する事態を防ぐことを目的としており，TPPによって導入が義務づけられている。

　さらに，2019年の同法改正によって，欧米では一般化している，カルテル等の調査に協力すれば課徴金額を減額する**調査協力減額制度**が導入された。

Sec. 9 　不公正な取引方法の禁止

(1)　禁止規定の階層的な構造

　自由経済社会を標榜するわが国においては，取引先の選択は基本的に取引主体の自由な判断に委ねられており（取引する自由と取引しない自由），取引内容についても公序良俗に反しない，虚偽表示や錯誤でない等の民法上の規定の範囲で，取引当事者の自由に委ねられている。

　しかし，多様な経済活動の中には，私的独占や不当な取引制限に該当するには至らないが，自由な競争が制限されるおそれがある，競争手段が公正とはいえない，競争の基盤を侵害するおそれがあるといった観点から，**公正な競争を阻害するおそれ（公正競争阻害性）**がある行為が存在する。それらは，水平的（競争）関係にかかわる行為というよりも，主として垂直的（取引）関係にかかわる行為といえる。前述したように独占禁止法は，そうした行為を不公正な取引方法として禁止している。これは独占禁止法の実体規定のうち，最も流通・マーケティング分野に関係が深い規定である。

　どのような行為が違法性を問われるかの規定は，以下に示すように，階層的な構造になっている。それは，現実の取引活動が多種多様であり，しかも日々変化していることによる。

　不公正な取引方法の定義規定は，2009年の独占禁止法改正（2010年施行）によって大きく変わった。かつては，差別的取扱い，不当対価，不当な顧客誘引または取引強制，拘束条件付取引，取引上の地位の不当利用，競争者に対する不当妨害という6つの行為類型をあげ，具体的内容は公正取引委員会が指定し**告示**することによって明らかにするという構成になっていた。

　それが現行では，独占禁止法そのものに5つの行為類型の内容を規定し，それ以外について公正取引委員会が指定するというかたちに変更されている。法定の行為類型としては，共同の取引拒絶，差別対価，不当廉売，再販売価格の拘束，優越的地位の濫用の5つがあげられている。

　指定には，すべての業種に適用される**一般指定**と，特定の事業者・業界を対

図表 3 - 1　不公正な取引方法：法定の行為類型と一般指定との関係

旧法の行為類型 （2条9項）	現行の法定行為類型 （2条9項）	現行の一般指定
差別的取扱い	共同の取引（供給）拒絶 （法定1号）	
		共同の取引（購入）拒絶 （指定1項） その他の取引拒絶 （指定2項）
	差別対価（継続的供給） （法定2号）	
		その他の差別対価 （指定3項）
		取引条件等の差別取扱い （指定4項）
		事業者団体における差別取扱い等 （指定5項）
不当対価	不当廉売 （法定3号）	
		その他の不当廉売 （指定6項）
		不当高価購入 （指定7項）
不当な顧客誘引 または取引強制		ぎまん的顧客誘引 （指定8項）
		不当な利益による顧客誘引 （指定9項）
		抱き合わせ販売等 （指定10項）
拘束条件付取引		排他条件付取引 （指定11項）
	再販売価格の拘束 （法定4号）	
		拘束条件付取引 （指定12項）
取引上の地位の 不当利用		取引の相手方の役員選任への不当干渉 （指定13項）
	優越的地位の濫用 （法定5号）	
競争者に対する 不当妨害		競争者に対する取引妨害 （指定14項）
		競争者に対する内部干渉 （指定15項）

象とする**特殊指定**がある。特殊指定は，現在，大規模小売業者が行う不公正な取引方法（百貨店業における特定の不公正な取引方法を廃止し，2005年に制定された大規模小売業特殊指定），特定荷主が行う不公正な取引方法（2006年改正，物流特殊指定），新聞業（1999年改定）の3つが告示されている。かつては，これら以外に教科書業，海運業，食品かん詰・びん詰業，広告業に関する告示があったが，2006年に廃止された。

　2009年改正による不公正な取引方法にかかわる部分の変更は，上記5つの行為類型を法定化し，課徴金納付命令の対象にすることが主要な目的であり，実質的な内容に変化はないといわれる。その反面で，一般指定との関係が複雑化し，わかりにくくなったともいえる。不公正な取引方法の旧規定および2009年改正後の法定の規定と，一般指定の規定との関係を整理すると，**図表3－1**のようになる。

⑵　独占禁止法による規定

　ここでは，2009年改正の独占禁止法（2条9項）で法定化された，不公正な取引方法の行為類型についてみていく[4]。

①　共同の取引（供給）拒絶

> **2条9項1号**　正当な理由がないのに，競争者と共同して，次のいずれかに該当する行為をすること。
> 　イ　ある事業者に対し，供給を拒絶し，又は供給に係る商品若しくは役務の数量若しくは内容を制限すること。
> 　ロ　他の事業者に，ある事業者に対する供給を拒絶させ，又は供給に係る商品若しくは役務の数量若しくは内容を制限させること。

　共同の取引（供給）拒絶は，図表3－2の概念図に示すように，本来，**競争関係**にある企業が，正当な理由がないのに，共同で特定の企業との商品または役務の取引（供給）を拒んだり（直接の拒絶），第三者に特定の企業への供給を断わらせたりする行為（間接の拒絶）をさす。前者の例としては，商品を安

売りさせないために，競争関係にある他のメーカーと共同して，安売りする販売店には商品を供給しないようにすることがあげられる。後者の例としては，新規参入してきたメーカーの商品を販売店が取り扱わないように，競争関係にある他のメーカーと共同して販売店に要請することがあげられる。

　こうした行為によって，安売りをする販売店や新規参入メーカー等といった拒絶される側の事業者は取引の機会を奪われ，市場から締め出されるおそれが強い。拒絶する側にとっては，取引先選択の自由を相互に拘束していることになる。また，消費者にとっては，安売り販売店で購入する機会や，新規参入メーカーの商品を購入する機会等を奪われるというデメリットがある。

　このような共同の取引拒絶は，単独の取引拒絶とは異なり，自由な競争を制限するおそれが強いことから，不公正な取引方法として**原則違法**となる。ただし，競争者が多数存在する市場で，少数の競争者のみによって行われる場合などでは，違法とならないことがある。逆に，この行為類型が，市場の大部分を占める事業者によって行われ，排除される側の新規参入や事業継続が著しく困難になる等の場合，**一定の取引分野における競争を実質的に制限する不当な取引制限**に含まれる**共同ボイコット**とみなされることになる。

　近年の具体的な事例として，新潟市のタクシー事業者21社が，低額運賃で営業するタクシー会社の共通乗車券事業（いわゆるタクシーチケットを運用する事業）への参加を拒んだことが違法とされた事件があげられる（2007年6月26

図表 3 - 2　共同の取引拒絶の概念図

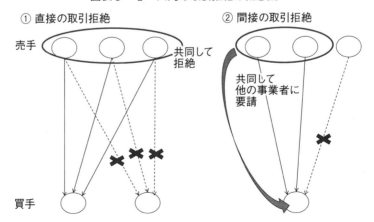

日排除措置命令）。

②　差別対価

> **2条9項2号**　不当に，地域又は相手方により差別的な対価をもつて，商品又は役務を継続して供給することであつて，他の事業者の事業活動を困難にさせるおそれがあるもの

　取引価格の決定は，本来，事業者が自由に決定することであり，**図表3 - 3**のように価格差があるだけで，ただちに**差別対価**として違法性が問われるわけでない。価格差が取引上の合理的な理由，すなわち取引数量の相違による生産費用や物流費用の差に基づく場合や，市場の需給状況や競争状態を反映している場合，違法とならない。

　しかし，有力メーカーが，特定地域における競争相手を排除するために，その地域においてのみ低価格で販売する場合，あるいは合理的理由のない価格差によって，差別を受ける相手方（販売店）に悪影響を与える場合などでは，関連する諸要因を考慮して違法性が判断される。とりわけ，1）独占禁止法上の違法な行為（再販売価格の拘束など）の実効性を確保する手段として，2）競争者の排除など独占禁止法上の不当な目的を達成するための手段として，価格差が用いられる場合，違法となる。

図表3 - 3　差別対価の概念図

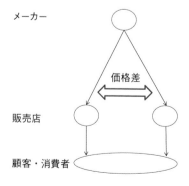

③ 不当廉売

> **2条9項3号** 正当な理由がないのに，商品又は役務をその供給に要する
> 費用を著しく下回る対価で継続して供給することであつて，他の事業者の
> 事業活動を困難にさせるおそれがあるもの

　原価を著しく下回る価格で継続して販売することそのものが違法となるわけ
ではない。廉売（安売り）を行う事業者と同等またはそれ以上に効率的な事業
者の事業活動を困難にさせるおそれがある場合，**不当廉売**として**原則違法**とな
る。その他の場合は，それぞれの意図・目的，態様等を総合的に考慮して違法
かどうか判断される。

　近年の具体的事例として，酒類卸売業者3社に対する警告がある（2012年8
月）。これは，この3社が遅くとも2009年1月以降，特定の酒類小売業者に対
して，ビール類のうち一部商品をその供給に要する費用を著しく下回る対価で
継続して供給することによって，当該酒類小売業者が運営する各店舗の周辺地
域の他の酒類小売業者の事業活動を困難にさせるおそれを生じさせる疑いがあ
り，違法性があるとして警告がなされたものである。その背景には，ビールメ
ーカーが公正取引委員会の酒類に関するガイドライン（2006年8月）にしたが
って，ビール販売に関するリベート[5]を見直し，酒類小売業者向けリベートを
削減し，酒類卸売業者が削減されたリベート相当額を特定の小売業者への納入
価格に反映できていなかったという事情がある。

　なお，以上の共同の取引拒絶，差別対価，不当廉売については，小売段階に
おいて大規模事業者と中小事業者との格差が大きく，異業態間および同業態間
で激しい競争が展開されているという特徴に起因して，酒類，家電，ガソリン
といった業種で，相対的に事件が発生しやすい状況にある。

④ 再販売価格の拘束

> **2条9項4号** 自己の供給する商品を購入する相手方に，正当な理由がな
> いのに，次のいずれかに掲げる拘束の条件を付けて，当該商品を供給する
> こと。

> イ　相手方に対しその販売する当該商品の販売価格を定めてこれを維持
> 　　させることその他相手方の当該商品の販売価格の自由な決定を拘束す
> 　　ること。
> ロ　相手方の販売する当該商品を購入する事業者の当該商品の販売価格
> 　　を定めて相手方をして当該事業者にこれを維持させることその他相手
> 　　方をして当該事業者の当該商品の販売価格の自由な決定を拘束させる
> 　　こと。

　メーカー等（以下では，総代理店などの商品の発売元にあたる企業を含む）
が販売先である卸売業者や小売業者の再販売価格（仕入れ販売価格）について，
指定した価格に維持・拘束したり，指定した価格で販売しない小売業者等に出
荷を停止したりする等によって指定した価格を守らせること，あるいは卸売業
者をつうじてそうした行為を行うことを**再販売価格の拘束**という（**再販売価格
維持行為**という場合もある）。これを概念図に整理すると，**図表3-4**のよう
になる。

　メーカー等が希望ないし推奨する価格，参考価格として示す限りは問題ない
が，それを守らせる場合に**原則違法**となる。これは，メーカー等が小売業者等
の販売価格を拘束し，安売りをしようとする業者には商品を卸さないようにす
ると，当該メーカーの商品の小売価格が一定となり，消費者は価格によって小
売業者等を選べなくなる。しかも，本来，安く買えたはずの商品を高く買わね
ばならなくなることで，消費者のメリットが奪われることになる。つまり，再
販売価格の拘束は，**ブランド内競争**，すなわち同一メーカーの流通チャネル内
での卸売業者や小売業者の間の競争を抑制し，消費者利益を損なうというわけ
である。

　ただし，再販売価格が拘束されても，**ブランド間競争**，すなわち異なるメー
カーの流通チャネル間での卸売業者や小売業者の競争が維持・促進されていれ
ば違法性はないという考え方もある。

　なお，書籍，雑誌，新聞，音楽CDなどの著作物に関しては，例外扱い（適
用除外）とされ，再販売価格を拘束することができる。

　具体的事例として，ハーゲンダッツジャパンへの勧告がある（1997年4月25

図表3−4　再販売価格の拘束の概念図

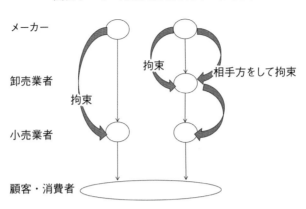

メーカー

卸売業者

拘束

相手方をして拘束

小売業者

拘束

顧客・消費者

日排除勧告，ただし排除勧告制度は2006年に廃止され排除措置命令となっている）。同社はハーゲンダッツブランドのアイスクリーム製品について，取引先小売業者の店舗を巡回し，希望小売価格より安く売っている小売業者に対し，同社の定める希望小売価格で売るよう要請していた。それに応じない小売業者には，商品の出荷を停止したり，同社が行っていた店員の派遣を中止したりしていた。こうした行為について，再販売価格の拘束と認定されたわけである。

⑤　優越的地位の濫用等

2条9項5号　自己の取引上の地位が相手方に優越していることを利用して，正常な商慣習に照らして不当に，次のいずれかに該当する行為をすること。

　イ　継続して取引する相手方（新たに継続して取引しようとする相手方を含む。ロにおいて同じ。）に対して，当該取引に係る商品又は役務以外の商品又は役務を購入させること。

　ロ　継続して取引する相手方に対して，自己のために金銭，役務その他の経済上の利益を提供させること。

　ハ　取引の相手方からの取引に係る商品の受領を拒み，取引の相手方から取引に係る商品を受領した後当該商品を当該取引の相手方に引き取らせ，取引の相手方に対して取引の対価の支払を遅らせ，若しくはそ

> の額を減じ，その他取引の相手方に不利益となるように取引の条件を
> 設定し，若しくは変更し，又は取引を実施すること。

　優越的地位の濫用とは，取引上優越した地位にある企業が，取引先に対して
「正常な商習慣に照らして不当に」不利益を与える行為をさす。そうした行為
は，自由な判断によって取引が行われるという自由な競争の基盤を侵害するお
それがあるからである。

　大規模小売企業が成長する以前の時期においては，大手メーカーが卸売業者
や小売業者に対して取引上優位な地位にたつ傾向にあった。しかし，1990年代
頃から，大規模小売企業が成長・上位集中化するに伴って，小売側が**納入業者**
（メーカーや卸売業者など）に対して取引上優位な地位にたつことが少なくな
く，その行為が問題とされることが増えた。例えば，大規模小売企業が納入業
者に対して，押し付け販売，返品，従業員派遣や協賛金負担などを強いる不当
な行為が，優越的地位の濫用として禁止されている。

　また，**下請取引**において，こうした問題が起きる場合が多いことから，独占
禁止法の補完法として**下請法**がある（下請代金支払遅延等防止法，1956年制定で
直近の改正は2009年6月）。そこでは，下請代金の支払遅延や減額，不当な受領
拒否や返品など，いわゆる下請けいじめとなる行為が禁止されている。

　近年の具体的事例として，家電量販店大手のエディオンに対する排除措置命
令と課徴金納付命令があげられる（2012年2月16日）。同社は，遅くとも2008年
9月6日以降，自社と継続的な取引関係にある納入業者のうち，取引上の地位
が自社に対して劣っているものに対して，改装開店を実施する店舗への商品の
搬出・搬入（梱包材への梱包やコンテナへの収納，運搬などを含む），店づく
り（商品の開梱，陳列などを含む）について，当該納入業者の従業員等を派遣
させていた。その際，それらの作業は当該納入業者の従業員等が有する販売技
術・能力を要しないものであり，事前に派遣条件について合意することなく，
かつ必要な費用を負担することなく行われていた。こうした行為について，優
越的地位の濫用として認定されたわけである。

⑥　公正取引委員会による指定

2条9項6号　前各号に掲げるもののほか，次のいずれかに該当する行為
であつて，公正な競争を阻害するおそれがあるもののうち，公正取引委員
会が指定するもの

　イ　不当に他の事業者を差別的に取り扱うこと。

　ロ　不当な対価をもつて取引すること。

　ハ　不当に競争者の顧客を自己と取引するように誘引し，又は強制する
　　　こと。

　ニ　相手方の事業活動を不当に拘束する条件をもつて取引すること。

　ホ　自己の取引上の地位を不当に利用して相手方と取引すること。

　ヘ　自己又は自己が株主若しくは役員である会社と国内において競争関
　　　係にある他の事業者とその取引の相手方との取引を不当に妨害し，又
　　　は当該事業者が会社である場合において，その会社の株主若しくは役
　　　員をその会社の不利益となる行為をするように，不当に誘引し，唆し，
　　　若しくは強制すること。

　これらの行為類型については，公正取引委員会による一般指定として，違法
性の基準が示されている。セクションをあらためて，その内容についてみてい
こう。

Sec.10 　不公正な取引方法の一般指定

⑴　一般指定の項目

　不公正な取引方法の**一般指定**は，公正取引委員会が，すべての業界に共通して適用される違法性の基準として告示するものである。一般指定が最初に告示されたのは，1953年の独占禁止法改正において，「不公正な競争方法」から「不公正な取引方法」という名称に改められた際であり，その後1982年に行為類型の具体化，明確化を図るために全面改定された。その内容は，独占禁止法の条文に示される６つの行為類型に対応して16項に及んだ。

　さらに，すでに述べたように2009年の独占禁止法改正によって，共同の取引拒絶，差別対価，不当廉売や再販売価格の拘束，優越的地位の濫用という５つの行為類型が，独占禁止法に法定化されたことに伴って，一般指定の改正が行われた。以下に示すように，新しい一般指定は15項からなり，2009年10月告示され，改正独占禁止法の施行と同日の2010年１月１日施行された[6]。

①　共同の取引拒絶

　競争関係にある企業が，正当な理由がないのに，共同で特定の企業からの商品または役務の購入を拒んだり（直接の拒絶），第三者に特定の企業から供給を受けるのを断わらせたりする行為（間接の拒絶）をさす。

　共同の取引拒絶は，単独の取引拒絶とは異なり，自由な競争を制限するおそれが強いことから，**原則違法**となる。

②　その他の取引拒絶

　ある事業者が単独で，不当に，別の事業者に対し取引を拒絶，もしくは取引にかかわる商品または役務の数量もしくは内容を制限したり，他の事業者にこれらに該当する行為をさせたりすること。

　単独の事業者がどの事業者と取引をするかしないかは，取引先選択の自由の問題で，基本的に独占禁止法上の違法性は生じない。ただし，１）独占禁止法

上の違法な行為（再販売価格の拘束など）の実効性を確保する手段として，
2）競争者の排除など独占禁止法上の不当な目的を達成するための手段として，
取引拒絶が行われる場合，違法となる。

③ 差別対価

不当に，地域または相手方により差別的な対価をもって，商品または役務を
供給したり，これらの供給を受けたりすること。この行為によって，他の事業
者の事業活動を困難にさせるおそれがある場合，独占禁止法2条9項2号に該
当する。

④ 取引条件等の差別取扱い

不当に，ある事業者に対して，価格以外の取引の条件または実施について有
利なまたは不利な取扱いをすること。とくに問題になることが多いのは，リベ
ート（取引後にメーカー等から卸売業者や小売業者に対して支払われる割戻金
のことで，詳細はSec.11を参照）や，物流の条件である。

③と④に関して，価格の設定やその他の取引条件の設定は，本来，事業者の
自由であり，価格差そのものに違法性はない。違法となるのは，②の1）およ
び2）のような場合である。

⑤ 事業者団体における差別取扱い等

事業者団体もしくは共同行為からある事業者を不当に排斥したり，事業者団
体の内部もしくは共同行為において，ある事業者を不当に差別的に取り扱い，
その事業者の事業活動を困難にさせたりすること。

特定の事業者の差別的取扱いそのものが違法となるわけでなく，それが合理
的範囲を超えると判断される場合，違法となることがある。

⑥ 不当廉売

不当に商品または役務を低い対価，すなわち原価を下回る価格で供給し，他
の事業者の事業活動を困難にさせるおそれがあること。商品または役務の供給
に要する費用を著しく下回る対価で継続して供給する場合は，独占禁止法2条

9項3号に該当し，その他の場合は事案ごとに違法性が判断される。

⑦ 不当高価購入

不当に商品または役務を高い対価で購入することによって，当該商品・サービスの入手を困難にすることで，競争者などの事業活動を困難にさせ，自由な競争を制限するおそれがある場合，違法となる。

⑧ ぎまん的顧客誘引

自己の供給する商品または役務の内容または取引条件，その他これらの取引に関する事項について，実際のもの，または競争者にかかわるものよりも著しく優良または有利であると顧客に誤認させることにより，顧客の自由な選択を歪め，競争者の顧客を奪い，自己と取引するように不当に誘引すること。**不当な表示（虚偽，誇大広告など）**が代表的行為である。

⑨ 不当な利益による顧客誘引

正常な商慣習に照らして不当な利益を提供することで，価格や品質，サービスという競争の本来的な要素とは別の要因によって，競争者の顧客を自己と取引するように誘引すること。**過大な景品付き販売**が代表的行為である。

⑧と⑨については，独占禁止法の特別法である**景品表示法**の対象となっている。同法は，2009年の**消費者庁**発足とともに管轄が移管されたため，規制権限は基本的に消費者庁にある（詳細はSec.15参照）。

⑩ 抱き合わせ販売等

相手方に対し，不当に商品または役務の供給に併せて，他の商品または役務を自己または自己の指定する事業者から購入させ，その他自己または自己の指定する事業者と取引するように強制すること。

この行為の違法性は，顧客の自由な選択を歪めるおそれがある不公正な競争手段として用いられているかどうか，行為の対象者の量的な広がり，反復性，継続性などで判断される。

⑪ 排他条件付取引

排他条件を付けること自体が違法ではなく，不当に，相手方が競争者と取引しないことを条件として当該相手方と取引することで，競争者の取引の機会を減少させるおそれがある場合，違法となる。例えば，市場における有力なメーカーによる卸売業者や小売業者との専売店（競争品の取扱い制限）契約や，総代理店（一手販売権）契約などがあげられる。

図表 3 - 5　排他条件付取引の概念図

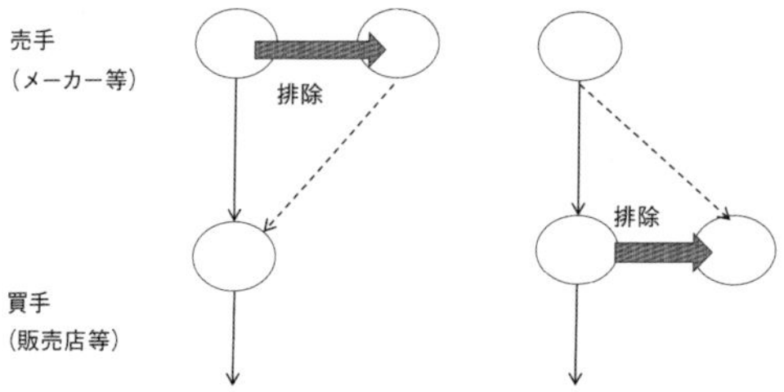

売手
（メーカー等）

排除

買手
（販売店等）

排除

⑫ 拘束条件付取引

拘束条件を付けること自体が違法ではなく，相手方とその取引の相手方との取引，その他相手方の事業活動について，不当に拘束する条件を付けて，当該相手方と取引すること。例えば，メーカー等が相手方（卸売業者等）の販売先（小売業者等）を拘束する一店一帳合制や，相手方の販売地域を拘束するテリトリー制，相手方の販売方法（対面販売，陳列，チラシ等）を拘束することなどがあげられる。相手方の販売価格を拘束する場合，独占禁止法 2 条 9 項 4 号（再販売価格の拘束）に該当する。

なお，⑪と⑫については，メーカー等による流通の組織化・系列化としてSec.11であらためてとりあげる。

図表 3 - 6　拘束条件付取引の概念図

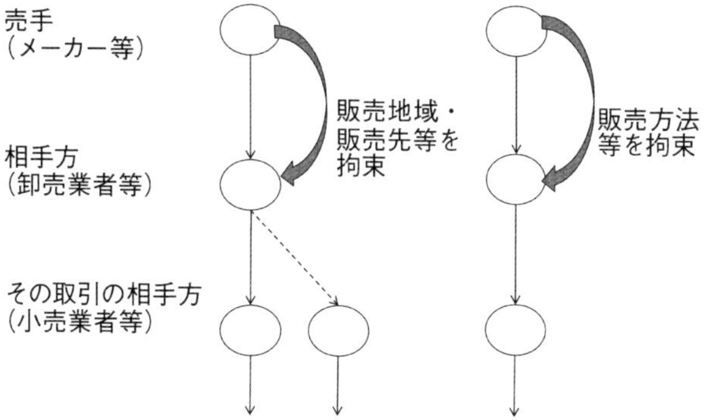

⑬　取引の相手方の役員選任への不当干渉

　自己の取引上の地位が相手方に優越していることを利用して，正常な商慣習に照らして不当に，取引の相手方である会社に対し，当該会社の役員の選任についてあらかじめ自己の指示にしたがわせたり，自己の承認を受けさせたりすることをさす。

⑭　競争者に対する取引妨害

　自己または自己が株主もしくは役員である会社と，国内において競争関係にある他の事業者とその取引の相手方との取引について，契約の成立の阻止，契約の不履行の誘引や，その他いかなる方法をもってするかを問わず，その取引を不当に妨害することをさす。

⑮　競争会社に対する内部干渉

　自己または自己が株主もしくは役員である会社と，国内において競争関係にある会社の株主または役員に対し，株主権の行使，株式の譲渡，秘密の漏えい，その他いかなる方法をもってするかを問わず，その会社の不利益となる行為をするように，不当に誘引したり，そそのかしたり，強制することをさす。

　⑭と⑮の行為類型は，私的紛争として民法，会社法等で争われたり，刑法上の事件として違法となるものとは別に，競争手段として不公正，または自由な競争を制限したりするおそれがある場合，独占禁止法上の問題となる。

⑵ 法定化された行為類型と一般指定との関係

　以上の一般指定15項目と独占禁止法に法定化された行為類型との関係をあらためて整理すると，**図表3-7**のようになる。

　これらのうち，**共同の取引拒絶**および**再販売価格の拘束**は行為の外形で**原則違法**となる。その他は，個別の事案ごとに，公正競争阻害性の有無（自由な競争が制限されるおそれがあるか，競争手段が公正といえるか，競争の基盤を侵害するおそれがあるか），正当な理由の有無，取引相手に対して不当な不利益を与えるかどうか，競争事業者を市場から排除するおそれがあるかどうか等が吟味され，ケース・バイ・ケースで違法性が判断される。

　また，これらの違反行為に対しては，排除措置命令と課徴金納付命令が下される（排除措置に至らない場合は警告）。課徴金は，すでに述べたように，2009年の独占禁止法改正で不公正な取引方法にも適用されるようになり，法定の行為類型である不当廉売，差別対価，共同の取引拒絶，再販売価格の拘束（以上は同一の違反を繰り返した場合），優越的地位の濫用が対象となっている。

図表3-7　法定化された行為類型と一般指定との関係

法定化された行為類型	一般指定
共同の取引拒絶（原則違法）	①共同の取引拒絶　②その他の取引拒絶
再販売価格の拘束（原則違法）	⑪排他条件付取引　⑫拘束条件付取引
差別対価	③差別対価　④取引条件等の差別取扱い　⑤事業者団体における差別取扱い等
不当廉売	⑥不当廉売　⑦不当高価購入
	⑧ぎまん的顧客誘引　⑨不当な利益による顧客誘引　→景品表示法は消費者庁が管轄
	⑩抱き合わせ販売等
優越的地位の濫用	⑬取引相手の役員選任への不当干渉
	⑭競争者に対する取引妨害　⑮競争会社に対する内部干渉

⑶　さまざまなガイドラインの存在

　独占禁止法では，違法となる行為類型や違法性の判断基準について具体的に示すために，公正取引委員会の告示による指定に加えて，独占禁止法の運用の考え方に関する**指針（ガイドライン）**が多数策定されている。不公正な取引方法にかかわるものとして，例えば以下があげられる。

1）流通・取引慣行
2）返品
3）不当廉売
4）酒類
5）ガソリン
6）家電製品
7）フランチャイズ・システム
8）デジタルプラットフォーム事業者と個人情報等を提供する消費者との取引における優越的地位の濫用

　ガイドラインは，独占禁止法の内容をわかりやすく解説することによって，事業者等の違法行為を未然に防止するという効果を有している（**予防行政**）。ただし，ガイドライン等に頼り過ぎると，公正取引委員会の**行政裁量権**の増大という問題も生じる。公正取引委員会の行政裁量権に一定の枠をはめる有効な手段の１つは，**判例**の積み上げである。しかし，わが国では独占禁止法上の問題が法廷で争われ，司法判断が示されたケースの数はまだ限られている。このような状況の中で，法運用の透明性や公平性の向上，情報公開の促進をいかに図るかが問われているといえよう。

Sec. 11 　流通の組織化・系列化と独占禁止法

(1)　流通の組織化・系列化

　不公正な取引方法の多くは，流通の垂直的関係において，従来，主導的な地位にあったメーカー等が卸売業者や小売業者（両者の総称として流通業者の語が使われることがある）を組織化・系列化する行為を主要な対象にしている。メーカー等はマーケティング計画に基づいて，流通業者の活動等を管理・統制することによって，自らの目標を実現しようとしてきた。競争政策の分野では，そうした行為をかねてから**流通系列化**の問題としてとらえてきた。

　流通系列化の萌芽的形態は，一部の商品について第二次大戦前からみられたが，それが本格的に展開されたのは第二次大戦後のことである。すなわち第二次大戦後，大量生産体制を確立した寡占的メーカーが，それに見合った大量販売ネットワークを整備するために，流通業者の組織化を進めたのである。

　流通系列化の具体的形態は多様であるが，それらを類型化するならば，**図表3-8**に示すように，卸売段階までを組織化するものと，小売段階を含めて組織化するものとに分けられる。

　メーカー等の流通業者に対する管理・統制水準は，組織化の方法によって異なる[7]。卸売段階については，特約店・代理店，販売会社，卸売部門としての内部組織化の順に，管理・統制水準は高くなる。また小売段階については，系列小売店やディーラー等よりも直営小売店としての内部組織化の方が管理・統制水準は高い。

　こうした流通系列化は，1960年代後半からインフレーションが急速に進展し，さらに1970年代後半になるとスタグフレーション（不況下の物価上昇）が深化するに伴って，物価上昇の元凶の1つとして社会的に批判されることが多くなった。

(2)　流通系列化に対する規制

　そのため公正取引委員会は，1977年のカルテル規制の強化を目玉にした独占

図表 3 - 8　流通系列化の代表パターン

	卸売段階までの組織化		小売段階までの組織化		
	管理型	企業型	企業型+管理／契約型	企業型+契約型	企業型
〈生産段階〉	メーカー	メーカー	メーカー	メーカー	メーカー
〈卸売段階〉	特約店 代理店	販売会社	販売会社	卸売部門	卸売部門
〈小売段階〉			系列小売店	ディーラー 系列販売店 特約小売店	直営小売店
代表的分野	加工食品 菓　子 日用雑貨品 医薬品	日用雑貨品	家　電 化粧品	自動車 新　聞 楽　器 医薬品	高級ブランド品

（低）←　　メーカー等の流通業者に対する管理統制水準　　→（高）

禁止法改正を経て，物価問題との関連で，本格的に流通系列化への対応を検討し始めた。その成果としてとりまとめられたのが，1980年の独占禁止法研究会（公正取引委員会の諮問機関，独禁研と略されることがある）の報告書「流通系列化に関する独占禁止法上の取扱い」である。そこで整理された考え方は，先述した1982年の不公正な取引方法に関する一般指定の改定内容に反映され，公正取引委員会の基本的立場として現在も基本的に継承されている。

　独禁研の報告書はまず，流通系列化が，流通チャネルの効率化や専門的知識に基づく消費者への販売などのメリットを持つことを確認している。しかしその反面で，メーカーと卸売業者や小売業者との間に支配・従属の関係が生じるなどによって，競争を阻害する不公正な取引が行われやすいといったデメリットもあると指摘する。そこで，そうしたデメリットを解消するための規制が必要と提言した。

　そのうえで，流通系列化の具体的行為類型として，次の8つを指摘し，それぞれの違法性の判断基準を示した。

　① **再販売価格維持行為**：再販売価格の拘束は行為の外形自体で原則違法。

② **一店一帳合制**：メーカー等が小売業者などの仕入れ先を特定の卸売業者などに制限する行為で，行為の外形から原則違法とされる。

③ **テリトリー制**：メーカー等が販売店の販売地域や顧客を制限する行為で，そのうちクローズド・テリトリー制（メーカー等が指定した地域や顧客以外への販売を認めない厳格な地域制限）は行為の外形から原則として違法とされる。それ以外のオープン・テリトリー制やロケーション制は，有力なメーカー等が行う場合，公正競争阻害性が強いと判断されることがある。

④ **専売店制**：複数メーカー等の商品を取り扱う併売店を不当な手段で専売店化した場合，原則違法となる。また有力なメーカー等による場合，原則違法となる。

⑤ **店会制**：メーカーが販売店を組織化する行為で，個々の事案ごとに判断される。

⑥ **委託販売制**：買い取り仕入れでなく，委託仕入れによって販売が行われるときであっても，それによって価格拘束が行われる場合，行為の外形それ自体で違法となる。ただし相手方を独立の競争単位と認められない場合は除かれる。

⑦ **払込制**：販売店の利益の一部をメーカーがプールする等の行為であり，行為の外形から原則として違法とされる。

⑧ **リベート**：リベートとは取引の一定期間後に卸売業者や小売業者に対して，その仕入れ額に応じて支払われる金銭のことで，販売促進や流通業者のマージン補償，流通業者のコントロールなどを目的としている。リベートがきわめて高額・累進的である場合，恣意的・差別的である場合，独占禁止法上の違法性が問われる目的のために行われる場合等には，競争阻害性が強いと判断される。

　流通系列化は，系列内の競争，すなわち**ブランド内競争**を抑制する効果があるが，反面で系列間の競争，すなわち**ブランド間競争**は維持ないし促進する効果がある。こうした点に注目して，流通系列化によっても，市場全体における競争は確保されるので，独占禁止法上の問題はないとする見解もある。

　しかし，現在の独占禁止法運用の立場は，市場における競争はブランド間競争だけでなく，ブランド内競争があってはじめて確保されるというところにあ

る。そのためブランド内競争を抑制するような流通系列化の行為類型は，上記のように独占禁止法上の違法性が問われる。

(3)　流通系列化問題から取引慣行問題へ

これまでみてきたように，流通系列化に対する独占禁止法上の規制方針は，1980年代前半に明確化された。しかし，皮肉なことにその後，流通系列化の問題性が薄れていくことになった。それは，1960年代に勃興した大規模小売業が1980年代に入って急成長を遂げていったことに起因している。つまり，小売段階における**大規模小売業の成長・上位集中化**（小売業の総販売額に占める大規模小売業の販売額の比率の上昇）と，**中小小売商の衰退**である（Sec.17参照）。

大規模小売業は大量仕入れ・大量販売の力（**バイイングパワー**）と，POSシステム等による情報力を背景にして，流通における主導権をメーカー側から小売側に移行させていった。これを**流通におけるパワーシフト**という。

その結果，メーカー主導で形成されてきた流通系列化の仕組みが，岐路に立たされるようになった。そうした状況が典型的に現れている業界としては，卸売段階を販売会社化することをテコにして流通チャネルの組織化を行ってきた家電，化粧品や日用雑貨品の一部があげられる。これらいずれの分野においても，メーカーは自らの管理・統制が及ぶ一般小売店（そのほとんどが中小小売商）ではなく，それが及びにくい大規模小売業との取引関係を重視せざるを得ない状況にある［⇒**関連事例2**を参照］。

こうして流通系列化に代わって，焦点があてられるようになったのが取引慣行（ないし商慣行）の問題である。**取引慣行**とは，取引に慣習的に付随するさまざまな私的なルールやマナーの集合体である。それは，既存の市場参加者にとっては，なかば常識的な内容といえるが，わが国に特有のものや，それぞれの業界に固有のものなどが含まれることから，新規参入者には市場の閉鎖性や不透明性として映ったとしても不思議ではない。そのため，新規参入者が増えるに伴って，取引慣行のあり方が問題になることになる。

今回の場合，それが競争政策上の課題として浮上したのは，グローバル化の進展を背景にして，国家間の問題となったからである。すなわち，1980年代後

半から，日本市場の閉鎖性や不透明性などとの関連で，日米構造協議の場などにおいて取引慣行のあり方に対して，厳しい注文がつけられることになった。

⑷ 流通・取引慣行ガイドラインの策定

　日米構造協議などにおいて諸外国から問題とされたのは，独占禁止法の規定そのものや，一般指定の内容のあり方というよりも，その運用が産業界寄りであることについてであった。つまり，**日本市場の閉鎖性や不透明性**の要因の1つに取引慣行の特殊性があるにもかかわらず，それを放置ないし容認するようなかたちで独占禁止法が運用されていることから，既存市場参加者には有利に，新規参入者には不利になっているとの批判である。

　こうした批判を受けて，1991年7月，公正取引委員会は，一般指定の内容をより具体的に示した**流通・取引慣行ガイドライン**（正式には「流通・取引慣行に関する独占禁止法上の指針」）を策定・公表した。その目的は，消費者利益および市場の対外的な開放性・透明性の確保という観点から，独占禁止法の運用を明確化ないし強化することによって，流通・取引慣行の閉鎖性・排他性を除去し，市場メカニズムの機能を十全なものとすることにおかれている。

　公正取引委員会では，ガイドライン策定に伴って，企業が独占禁止法に抵触しないように行為規範をわかりやすくマニュアル化した**独占禁止法遵守マニュアルないしコンプライアンス・プログラム**を作成するようあらためて呼びかけた。これは独占禁止法遵守の観点から，企業の経営トップから営業の第一線までの，それぞれのレベルにおける具体的な行為・活動の規範を社内向けに解説するとともに，対外的に宣言するものである。これを受け，多くの企業にマニュアル制定と法務部門強化の動きが広まった。

　その後，流通・取引慣行ガイドラインは何度か改正されており，近年では2015年，2016年，2017年と続けて改正されている。現行の構成は次のとおりである。

第1部　取引先事業者の事業活動に対する制限
　第1　再販売価格維持行為
　第2　非価格制限行為

　　　　1　考え方

　　　　2　自己の競争者との取引等の制限

　　　　3　販売地域に関する制限

　　　　4　流通業者の取引先に関する制限

　　　　5　選択的流通

　　　　6　小売業者の販売方法に関する制限

　　　　7　抱き合わせ販売

　　第3　リベートの供与

　第2部　取引先の選択

　　第1　顧客獲得競争の制限

　　第2　共同ボイコット

　　第3　単独の直接取引拒絶

　第3部　総代理店

　　第1　総代理店契約の中で規定される主要な事項

　　第2　並行輸入の不当阻害

　これらのうち，再販売価格維持行為と非価格制限行為とを合わせた垂直的制限行為は，**競争阻害効果**もあれば，**競争促進効果**もあることを確認し，公正な競争を阻害するおそれがある場合，不公正な取引方法として禁止される。競争阻害効果や競争促進効果があるかどうかは，①ブランド間競争の状況，②ブランド内競争の状況，③垂直的制限行為を行う事業者の市場における地位，④取引先事業者の事業活動に及ぼす影響，⑤取引先事業者の数および市場における地位を考慮する必要があるという。

　垂直的制限行為のうち，再販売価格維持行為は通常，競争阻害効果が大きく，原則として公正な競争を阻害するおそれがある行為といえる。そのため「正当な理由」がないのに再販売価格の拘束を行うことは不公正な取引方法として違法となる。これに対して，再販売価格の拘束によって，実際に競争促進効果が生じてブランド間競争が促進され，それによって当該商品の需要が増大し，消費者の利益が図られ，当該競争促進効果が，再販売価格の拘束以外のより競争阻害的でない他の方法によっては生じないものである場合においては「正当な

理由」があるとして，必要な範囲および必要な期間に限り再販売価格の拘束を行うことが認められる。

さらに，メーカーの直接の取引先が単なる取次ぎとして機能しており，実質的にみてメーカーが販売していると認められる場合には，メーカーが当該取引先に対して価格を指示しても，通常，違法とはならないといった趣旨の規定があることも注目される（第1部第1‐2(7)）。この規定を利用して，メーカーが小売業者に価格指示（指定）を行うケースが，すでにあらわれている（Sec.12参照）。

また，非価格制限行為に関しては，「安売り業者への販売禁止」，「価格に関する広告・表示制限」等は原則として公正な競争を阻害するおそれがある行為として違法となる。その他の非価格制限行為については，「市場における有力な事業者」によって行われた場合であって，「市場閉鎖効果が生じる場合」や「価格維持効果が生じる場合」に違法となる。

もう1つの特徴として指摘できるのが，インターネットを利用したオンライン取引に関連する垂直的制限行為についての考え方が明記されたことである。すなわち，インターネットを利用した取引は，実店舗の場合と比べ，より広い地域やさまざまな顧客と取引することができるなど，事業者にとっても顧客にとっても有用な手段となっていると評価する一方で，インターネットを利用した取引か実店舗における取引かで，違法性の基本的な考え方が異なるものではないことが明記された。また，プラットフォーム事業者による垂直的制限行為についても，基本的な考え方は同じであり，その違法性判断にあたっての考慮事項として，ネットワーク効果を踏まえた市場における地位等が含まれることが明記された。

なお，策定当初の本ガイドラインでは，小売業者と納入業者との関係にかかわる優越的地位の濫用行為に関する項目が設けられていたが，この点は2010年制定の「優越的地位の濫用に関する独占禁止法上の考え方」に委ねられ，削除されている。また，同じく主として小売業による行為である不当廉売については，もともと本ガイドラインの対象とはなっておらず，2009年制定の「不当廉売に関する独占禁止法上の考え方」等を参照すべきことが明記されている。

⑤　排除型私的独占と合併に関するガイドライン

①　排除型私的独占に関するガイドライン

先に述べたように，2009年6月の独占禁止法改正（2010年1月施行）によって，排除型私的独占が課徴金の適用対象となった。**排除型私的独占**とは，事業者が他の事業者の事業活動を排除する行為（排除行為）により，公共の利益に反して，**一定の取引分野における競争を実質的に制限**するものである。

排除型私的独占は，これまでわが国で法的措置がとられた事例は必ずしも多くなく，問題となる行為の態様も多様かつ不定形といえる。そこで公正取引委員会は，2010年10月，ガイドラインとして「排除型私的独占に係る独占禁止法の指針」を公表した（その後，2020年12月改正）。本ガイドラインは，流通・マーケティングとの関連が深いため，ここで簡単に紹介する。その内容は以下の3項目から構成される。

第1は，公正取引委員会の執行方針についてである。事件の審査を行うか否かの判断にあたって，行為者が供給する商品のシェアがおおむね2分の1を超え，かつ市場規模等を総合的に考慮して，国民生活に与える影響が大きいと考えられる事案を優先的に審査するという。なお，審査の結果，排除型私的独占と認められない場合でも，**不公正な取引方法**等として問題となる場合がある。

第2は，**排除行為**についてであり，まず，他の事業者の事業活動の継続を困難にさせたり，新規参入者の事業開始を困難にさせたりする蓋然性（確実性）の高い行為は，排除行為に該当することが確認される。そのうえで，次の4つを典型的な排除行為として類型化している。

①　商品を供給しなければ発生しない費用を下回る対価設定

②　排他的取引（排他的リベートの供与を含む）

③　抱き合わせ

④　供給拒絶・差別的取扱い

第3は，**一定の取引分野における競争の実質的制限**の考え方についてであり，「一定の取引分野」および「競争の実質的制限」の内容が整理されている。

②　合併に関するガイドライン

　株式保有や合併等の**企業結合**に関しては，かつて小売業に特有の要素（市場の地域性等）を考慮した独自の合併ガイドラインが存在したが（1981年制定），1998年独占禁止法改正（1999年施行）で合併全般を対象にする規制が緩和されたのに伴って，すべての業界に共通するガイドラインが策定された。

　その後，2004年5月，合併審査の透明性をいっそう確保する等の観点から，「企業結合審査に関する独占禁止法の運用指針」（現・**合併ガイドライン**）が策定された（前ガイドラインは廃止）。そして，2009年独占禁止法改正を経た2011年7月，審査手続きの透明化を目的に事前審査制度を廃止する，企業の国際競争力強化を目的に国際市場でのシェアを重視して判断するなどの趣旨で合併ガイドラインの改正が行われた。

　合併ガイドラインでは，審査基準として**寡占度指数**（HHI）が用いられる[8]。すなわち，合併後の寡占度指数1,500以下の場合，同2,500以下で合併による増分250以下の場合，同2,500超で増分150以下の場合は，独占禁止法上問題なしとされ（ほぼ無審査），合併後のシェア35％以下で寡占度指数2,500以下の場合，問題となるおそれは小さいとされる（簡易審査）。そして，それ以上の場合，本格的な審査の対象となる。

　以上の合併に関する公正取引委員会の一連の措置は，主として製造業の分野において，グローバルな規模での競争激化に対応した企業の合併・買収等をしやすくすることに狙いがあるといわれる。小売業界においても，合併・買収等による業界再編成が急速に進展しており，公正取引委員会の姿勢はそうした傾向を加速する方向に作用しよう。

┌─ **第3章　ワークショップの課題** ─────────────────┐

1．独占禁止法の違反事件は，毎年多数発生している。それらへの公正
　　取引委員会の対応については，同委員会ウェブサイトに逐次公表され
　　ている。不公正な取引方法の関係で法定化されている5つの行為類型
　　に関する，実際の排除措置命令や課徴金納付命令等を調べ，それぞれ
　　の事件が独占禁止法のどの規定に違反しているのか，どのような背景
　　があって発生したのか，違反行為によってどのような影響があったの
　　か等について検討しよう。

2．再販売価格の拘束や拘束条件付取引，排他条件付取引がブランド内競
　　争とブランド間競争に及ぼす影響について，実際の事例に基づいて整
　　理しよう。

3．企業が実際に策定している独占禁止法遵守マニュアル（コンプライア
　　ンス・プログラム）について調べ，それぞれの共通点や相違点などに
　　ついて比較検討しよう。

└──────────────────────────────────┘

【注】

1)　アメリカにおける独占禁止法は，19世紀後半に強大となったトラストという信託
　　方式による企業結合体の競争制限的な行動を規制することを目的に，連邦法として
　　最初に制定されたシャーマン法（1890年）に起源を持つことから，反トラスト法と
　　呼ばれる。その後，1914年にクレイトン法と連邦取引委員会法が制定され，これら
　　を合わせて反トラスト法体系が構成される。また州政府の中には，連邦法よりも厳
　　しい独自制度を有するところがある。

　　　これらのうち流通・マーケティング分野に関連が深いのは，シャーマン法の取引
　　制限と独占を意図した行為を違法とする規定と，クレイトン法の不当な価格差別と
　　排他条件付取引を違法とする規定である。とりわけクレイトン法の第2条（価格差
　　別の禁止）は，当時急成長してきたスーパーマーケットなどの大規模小売企業のバ
　　イイングパワーを規制することを目的に，1936年に改正されており，ロビンソン・
　　パットマン法と呼ばれる。これは，コストの差異が正当に考慮されない価格差別等
　　を違法とするもので，現在ではメーカーなど売り手の価格差別行為を規制する役割
　　を果たしている。法運用主体である司法省は同法の積極的運用を停止しているが，
　　私訴は存在する。

2) 海外の競争政策にかかわる根拠法等については，公正取引委員会のウェブサイト（http://www.jftc.go.jp/kokusai/worldcom/index.html）を参照。

3) 以下は公正取引委員会ウェブサイト（http://www.jftc.go.jp/dk/dkgaiyo/gaiyo.html）による。

4) 以下については，公正取引委員会の各種資料の他，岸井大太郎・向田直範・和田健夫・大槻文俊・川島富士雄・稗貫俊文（2015）『経済法〔第7版補訂〕』有斐閣アルマ；金井貴嗣・川濱昇・泉水文雄　（編著）（2015）『独占禁止法〔第5版〕』弘文堂を参考にしている。

5) リベートとは，販売促進のための販売価格からの割戻金をさす。公正取引委員会の警告（2012年8月）によると，ビールメーカー等は，一定の基準を満たす酒類小売業者向けリベートをその納入元である酒類卸売業者にいったん支払い，酒類卸売業者は，通常，酒類小売業者への納入価格を値引くことによりリベートを供与している。

6) 4)の文献を参照。

7) メーカー等による流通チャネルの組織化の態様については，開放的チャネル，選択的チャネル，閉鎖的チャネルといった分類や，管理型，契約型，企業型といった垂直的マーケティング・システム（VMS）の分類などがある。詳しくは，原田・向山・渡辺（2001）『ベーシック流通と商業』（第3章）；渡辺・原・遠藤・田村（2008）『流通論をつかむ』（第3章）を参照されたい。

8) 寡占度指数（HHI）とは，業界全体の競争状態を測る指標で，同一市場内で競争する事業者のシェアを二乗して足し合わせて求める。例えば，100社がそれぞれ1％であればHHIは100，1社が突出して100％近いシェアを握っているのであればHHIは10,000に近くなり，0＜HHI≦10000の範囲で，数字が大きいほど寡占度が高く競争制限効果が大きいと判断される。

関連事例 2　加工食品業界における特約店制度の形成と動揺

　加工食品業界の特約店制度は，明治期に，近代的生産システムを導入したばかりで，流通チャネルの整備に手が回らない一部のメーカーが，販路の確保のために有力卸売商と一手販売契約を結んだことに起源がある。それが業界全体に普及していったのは，第二次大戦後，とりわけ高度成長期のことである。

　すなわち当時，大量生産技術を確立し大規模化しつつあったナショナルブランド（NB）・メーカーは，需要が供給を上回る売手市場と小規模分散的な小売構造という環境条件の下におかれていたことから，全国的配荷をチャネル戦略上の最重要課題としていた。そこで継続的で安定的な商品販路網を効果的かつ効率的に形成するために，各地の有力卸売商に対して商品・地域ごとの優先的販売権を設定し，代金回収を委ねるかたちで，特約店を組織化していったのである。

　この**商品別・地域別の特約店制度**によって，メーカーは垂直的流通システムを形成し，ブランド間競争を推進する一方で，商品・地域ごとの擬似独占状態を人為的につくりあげることをつうじて，ブランド内競争すなわち特約店間競争をある程度制御することが可能になった。また特約店制度は，全国的な販売網を自らの内部的な投資によってではなく，既存の外部資源を活用して構築したものであり，これによってメーカーは流通段階への投資を節約し，限られた経営資源を生産拡大や研究開発などの生産面へと集中的に投下していったのである。

　これに並行して多くのメーカーは，**建値制**（希望小売価格をベースに，その何割掛けというかたちで設定される流通段階ごとの垂直的価格体系）や，**リベート制**（市場における価格競争に柔軟に対応し，チャネル構成員のマージン補償やマーケティング目標への誘導を目的としたメーカーからの割戻金）などの制度を整備し，一連の取引制度の相互補完的な体系を確立した。しかしこうした構造は，総合スーパーや食品スーパーなどのチェーン小売企業の成長によって動揺し，その制度的限界を迎えることになった。

　とりわけ商品別・地域別の特約店制は，小規模分散的な小売構造を前提として形成されてきたものであるがゆえに，小売企業が地域をまたがった店舗展開を加

速化し，全国チェーンないし広域チェーンに成長してきた段階で，流通チャネルにおける特約店の地位は揺らぎ始めた。こうした事態に対処するために，特約店の中でも一部の有力卸売商は，チェーン小売の店舗展開に合わせて自らの商圏を拡大していき，特約店制度の下で形成されていた卸売段階の擬似独占的な均衡状態はなし崩し的となり，それまである程度制御されていたチャネル内競争すなわち特約店間競争に火がつくこととなった。その結果，建値制やリベート制も当初のメーカーの意図から離れて運用されるようになり，取引制度全体の形骸化が進んだ。こうした事情をまとめたのが**図表3-9**である。

そのため加工食品業界では，1990年代以降，いくつかのメーカーが大手小売企業への対応に主眼を置くかたちで，**抜本的な取引制度改定**と**営業体制の再構築**に取り組んでいる。例えば，同業界のリーダー企業の1つである味の素では，家庭用食品と外食産業用食品を担当する得意先（大手小売企業）別の営業組織（広域営業本部）の発足や，業務用食材に関する取引制度改訂に引き続いて，1994年11月，冷凍食品とギフト用品を除く，家庭用ドライ食品全製品を対象に概略以下のような「新取引制度」を導入し，1995年4月から実施に移している（冷凍食品に

図表3-9　特約店―建値―リベートの相互補完的構造の動揺

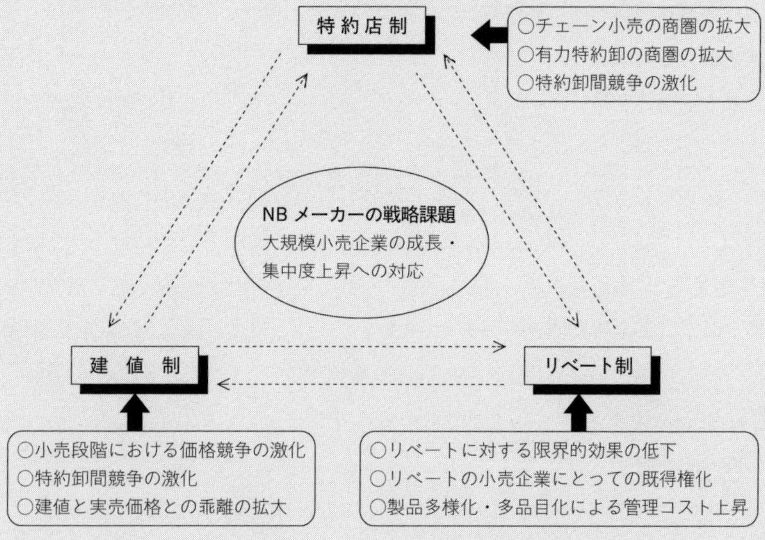

（出所）　渡辺達朗（1997）『流通チャネル関係の動態分析』千倉書房，130頁。

ついても，1996年４月からほぼ同様の取引制度に移行）。

　１）メーカー仕切り価格，希望卸売価格，希望小売価格という三段階の建値制
　　を廃止し，特約店への仕切り価格に一本化する（**オープンプライス化**）。こ
　　れは大手小売による安売りに端を発した，建値・希望小売価格と実売価格と
　　の乖離の拡大への対応といえる。ただし新製品など一部製品については，特
　　約店や小売企業からの要望があったこともあって，従来の希望小売価格に代
　　えてガイドプライスを付すことがあるという。

　２）取引量に応じた累進リベートや特約店の物流機能に対応した定率リベート
　　等を廃止し，**メーカー仕切り価格をネット化**する。これは一方で特約店の利
　　益保証的な性格をもつとともに，実売価格の値崩れの原資となってきた販売
　　手数料（リベート）による事後調整方式から，インボイス段階での即引き方
　　式への転換を意味する。また同時に，同社の家庭用ドライ食品は品目が多様
　　で１品あたりの単価が低く，リベートの種類が多岐にわたったため，販売管
　　理コストの増大が問題になってきており，その削減を図ることがめざされて
　　いる。ただし，主として大手小売向けの販売促進費については，従来のまま
　　残されている。

　３）これまで商品別・地域別に設定していた特約店を，**全商品・全国一律の特**
　　約店制に再編する。これは幅広い品揃えを行う大手小売の店舗展開エリアの
　　広域化・全国化傾向に，特約店制度を対応させようとするものといえる。

　こうした制度改訂によって特約卸や小売サイドは，自己のコスト条件や必要と
する利益に応じて販売価格を設定する方式（コスト・プラス・マージン）への転
換を迫られたのである。

第4章

競争の維持・促進に関する政策(II)
──再販制度と小売業の行動を中心に──

　競争政策の中軸を担う独占禁止法は，私的独占の禁止，不当な取引制限の禁止，不公正な取引方法の禁止という3つの実体規定を持っている。このうち，不公正な取引方法の禁止が，流通・マーケティング分野との関連が最も深い。本章では不公正な取引方法の各論として，メーカー等の行為のうち最も問題となることが多い再販売価格維持行為とその適用除外制度，大規模小売企業による優越的地位の濫用行為やデジタルプラットフォーマーに対する規制，その他の競争政策に関連する制度について検討する。

Sec.12　再販制度に関する独占禁止法の運用

(1)　再販売価格維持行為と再販制度

　メーカー等にとって，卸売業者や小売業者に自社製品をいくらで販売するかという問題は，マーケティング戦略の重要な意思決定領域となっている。同時に，卸売業者の小売業者への販売価格や，小売業者の消費者への販売価格についても，メーカー等は多大な関心を払うことが一般的である。というのは，自社製品が頻繁に安売りされるようになると，ブランド・イメージが傷つけられたり，卸売業者や小売業者の利益が低下したりすることによって，サービス水準の低下や取扱い業者の減少といった問題が生じるおそれがあるからである。

　そのためメーカー等は，卸売業者の小売業者への販売価格（卸売価格）や，小売業者の消費者への販売価格（小売価格），すなわち流通業者の**再販売価格**に影響力を行使し，何らかのかたちでコントロールしようとすることがある。

　しかしメーカー等が，卸売業者や小売業者にいったん販売した商品について，その販売価格を拘束・維持する行為（**再販価格の拘束**ないし**再販売価格維持行為**）は，流通系列化の有力な手段の１つと位置づけられ，独占禁止法上，原則違法とされている（2009年独占禁止法改正で法定化）。

　制定当初の独占禁止法は，こうした再販売価格維持行為を例外なく違法としていた。だがその後，産業界からの強い要望を受けて，1953年の独占禁止法改正によって，一部の商品について独占禁止法の適用が除外された[1]。これは一般に**再販適用除外制度**ないし**再販制度**と呼ばれる。これは，あくまでも再販売価格の拘束が例外的に許されるという制度であり，再販売価格を拘束しなければならないということではないことに注意する必要がある。その対象商品は，独占禁止法自体の規定によって再販売価格維持行為が認められる**法定再販品**と，公正取引委員会の指定により認められる**指定再販品**とに分けられる。

　法定再販品は「**著作物**」である。これまで公正取引委員会は書籍，雑誌，新聞，レコード盤，音楽用テープなどが，この「著作物」に該当するとしてきた。また指定再販品は，「一般消費者により日常使用されるもの」であり「自由な競争が行われていること」を条件に，公正取引委員会によって指定されるものとされている。その結果，1953年に化粧品，染毛料，家庭用石鹸，歯磨き，1954年に雑酒，キャラメル，医薬品，1955年にカメラが再販品目に指定され，さらに1959年に既製えり付ワイシャツが追加された。

(2)　再販制度の縮小

　指定再販品の再販売価格維持行為は，公正取引委員会によって指定されるだけで，独占禁止法の適用除外となるわけではない。当該商品を取引する事業者間で再販売価格の決定が行われ，これを維持するための契約（再販契約）がなされ，それを公正取引委員会に届け出てはじめて適用除外となる。

　上記の指定再販品目の事業者のほとんどは，指定後ただちに再販契約を締結し届け出たのではなく，1960年代中頃以降に届出を行った。その主な要因としては，再販契約を実効性あるものにするためには，契約を結ばない販売店（アウトサイダー）への供給ルートを遮断する必要があり，そうした管理された流通チャネルによって全国に配荷する体制を築くのに時間がかかったことがあげ

られる。

　しかしちょうどその頃から，物価上昇との関連で，再販制度をはじめとする
独占禁止法の適用除外制度に対する社会的批判が高まるとともに，正規の手続
きを経ないで行われたり，指定を受けていない業種・商品で行われる「ヤミ再
販」や「ヤミ・カルテル」が問題とされたりするようになった。実際1960年代
前半に，日本写真機工業会の小売価格の決定（共同再販）事件の審決（1961
年），軽金属板製品協会家庭日用品部会の小売価格の引き上げの決定（共同再
販）事件の審決（1963年），日本水産の再販事件の審決（1964年），花王石鹸の
再販事件の審決，ヤクルト本社の再販事件の審決（ともに1965年）などをはじ
めとした，再販制度に関連する事件に対する行政処分が多数行われた。

　そのため公正取引委員会は，指定再販品の縮小の方向に転じた。すなわち
1966年に雑酒，キャラメル，既製えり付ワイシャツの指定が取り消され，カメ
ラについても海外旅行者向けの免税カメラに限定されたのを皮切りに，相次い
で指定品目の縮小が行われた。また「ヤミ再販」に対する取り締まりも強化さ
れ，明治商事，森永商事，和光堂による粉ミルク再販事件などの摘発が行われ
た（1968年審決，1971年高裁判決を経て1975年最高裁判決によって独占禁止法違反
が確定）。

　さらにその頃，主婦連や地婦連などの消費者団体によるヤミ再販商品のボイ
コット運動（カラーテレビなど）や，再販商品の不買運動（化粧品など）が広
がるとともに，日本チェーンストア協会などの小売業サイドによる再販制度撤
廃運動も開始された。

　その結果，1973年，公正取引委員会は「再販制度の改正について」を公表し，
練り歯磨き，石鹸・洗剤の指定が取り消されるとともに，化粧品については
1,000円以下（3％の消費税導入後は税込み1,030円以下）の24品目（シャンプ
ー，リンス等を含む），一般用医薬品については26品目に限定される措置がと
られた（1974年より施行）。

⑶　再販制度の見直し：指定再販の廃止

　1973年の措置以降，再販制度については，およそ20年間にわたって手が付け
られることがなかった。しかし1980年代末から，市場における競争を抑制する

ものとして，あらためて国内外から問題とされたことから，再販制度の全面的改革が行われた。ただし業界団体などからの見直し反対の声が根強く，公正取引委員会と政府・与党との折衝の結果，改革スケジュールは当初の予想よりも漸次的，段階的なものとなった。

　まず指定再販品については，過当競争による品質悪化の防止などを理由に最後まで指定品目として残されていた化粧品と医薬品に関して，すでに制度存続の合理的理由がなくなったとの判断が下された。その結果，**図表4-1**に示すように，1993年4月に化粧品13種類，一般用医薬品10種類の指定が，1994年末には混合ビタミン剤（いわゆるビタミン剤）と総合代謝性製剤（いわゆるドリンク剤）の指定が取り消された。さらに1997年4月に，残りすべての指定が取り消された。こうした再販制度のスタートから40有余年を経て，指定再販品目のすべてが指定取消しされることになったのである。

　ただし，高級化粧品をはじめとするいくつかの業界においては，メーカー等が指定再販の廃止後も，自社製品の**ブランド内競争**をできるだけ抑制し，ブランド価値を保持しようするマーケティング戦略を展開する企業が少なくなかった。そうした戦略に基づく取引関係で司法の場で争われた事例の代表として，1990年代における資生堂東京販売と富士喜本店との紛争や，花王化粧品販売と江川企画との紛争があげられる。

　ここで，メーカー側は「対面販売」を条件に小売業者と特約店契約を結んでいたが，小売業者側はこれを行わず，カタログによる「職域販売」によってメーカー商品を値引き販売していた。そのためメーカー側は，小売業者を契約違反として契約解除，**出荷停止**した。小売業者はメーカーの行為を安売りを理由にした出荷停止であり，再販売価格の拘束にあたると公正取引委員会に申し立てを行ったが，公正取引委員会が違反行為は認められないと判断した。そのため，小売業者は特約店契約に基づき商品の引き渡しを受けるべき地位にあることの確認等を求めて民事訴訟を起こした。この訴訟は最終的に最高裁までいき，小売側の主張は退けられた。ここで重要なことは，対面販売といった販売方法の制限がマーケティング戦略上の必要性からなされ，かつ他の取引先との同等性が確保されている場合には，独占禁止法違反にならないことが確認されたことである。

図表 4 - 1　「指定再販品」の取消しプロセス

	化粧品（税込み小売価格1,030円以下）	一般用医薬品
93年 4 月 指定取消品目①	シャンプー，養毛料（うちリンス），つめ化粧料	抗ヒスタミン剤，混合ビタミン剤（ビタミンA，D混合製剤を除く）(*)，総合代謝性製剤(*)
指定取消品目②	香水，オーデコロン，白粉・化粧粉，ほほ紅，まつげ化粧料，パック剤，日焼け止め化粧品，脱毛剤，化粧用油，ひげそり用化粧料，はだ洗い粉	鎮うん剤，鎮けい剤，耳鼻科用剤，動脈硬化用剤，鎮咳去たん剤，消化性潰瘍用剤，創傷保護剤，化膿性疾患用剤，駆虫剤
97年 4 月 指定取消品目	養毛剤（リンスを除く），整髪料，ヘアラッカー，染毛料，クリーム，ファンデーション，化粧水，口紅，リップクリーム，眼用化粧品，まゆ墨	解熱鎮痛剤，総合感冒剤，眼科用剤，強心剤，歯科口腔用剤，健胃消化剤，下剤・浣腸剤，整腸剤，総合胃腸剤，痔疾用剤，外皮用殺菌消毒剤，鎮痛・鎮痒・収斂・消炎剤，寄生性皮ふ疾患用剤，その他の外皮用薬

（注）　1．指定取消品目①は「メーカー段階における寡占の程度がきわめて高く，かつ，再販契
　　　　　約の対象となっている商品の出荷額の割合が高い品目については独占禁止法の適用除外
　　　　　とする弊害が大きいこと」が指定取消理由とされた。
　　　　2．指定取消品目②は「再販契約の対象となっている商品の出荷額が小さい品目は指定取
　　　　　消による影響が小さいとみられること」が指定取消理由とされた。
　　　　3．表中＊印の 2 品目は94年12月31日まで存続が認められた。
（出所）　公正取引委員会資料より作成。

⑷　再販制度の見直し：法定再販の縮小

　法定再販品の見直しは，法改正を必要としない独占禁止法における「**著作物**」の範囲の変更という方法で進められた。まず，着手されたのは，国産の音楽用コンパクトディスク（CD）の位置づけからであった。すなわち，国産の音楽用CD は，かねてから独占禁止法における「著作物」に含まれるかどうかあいまいなまま，再販売価格維持が「黙認」されてきたのであるが，結局，発

売後2年間に限っての**時限再販品**という制度が新たに設けられ，国産音楽用CDはレコード盤や音楽用テープとともに，時限再販品の範ちゅうに含められることになった（1992年11月）。

さらに書籍・雑誌・新聞に関しても，一時は全面的な見直しを視野に入れて検討された。しかし公正取引委員会は，1998年3月，競争促進という競争政策の観点からは廃止の方向で検討されるべきだが，文化の振興・普及の関係する面もあるとの指摘もあり引き続き検討を行う，との最終結論を先送りする見解を表明した。同時に，時限再販等などによる再販制度運用の弾力化，割引制度の導入等による価格設定の多様化など，著作物再販制度の運用の弊害を是正するための「6点の是正措置」を業界に求めた。

そして2001年3月，公正取引委員会は，著作物がもつ文化・公共的な役割を重視する立場から，著作物の再販制度を当面存続させるとの結論を公表するに至った。これは，一般国民や日本新聞協会をはじめとする業界団体等からの意見聴取の中で，再販制度が廃止されて値引きが広がると，書籍・雑誌および音楽用CD等については，それらの発行企画の多様性が失われるおそれがあり，新聞については，戸別配達制度が衰退し，国民の知る権利を阻害する可能性があるとの見解が多数を占めたからという。つまり，廃止には国民的な合意が得られていないとの判断である。

こうした公正取引委員会の判断には，競争政策を後退させるものとの批判があるのも事実である。たしかに，**著作物の文化・公共性**については十分配慮する必要があるが，それをどう市場経済のメカニズムの中に位置づけていくのかについては，さらに継続して広範な議論を続けていくべきであろう。

なお公正取引委員会は，1999年7月，**新聞業特殊指定**を改定・告示し，日刊新聞の発行業者（新聞社）は学校教育教材用や大量一括購読者向けなど正当かつ合理的な理由がある場合，相手によって異なる定価をつけたり，定価を割り引いて販売したりすることができること等を明記した（1999年1月施行）。これによって，従来全国一律だった新聞価格に，定価割引制度を導入することが可能になった。この特殊指定は，2006年の特殊指定見直しで4つの告示が廃止された際に，見直しの対象とされたが，検討の結果，当面維持されることになった。

　ちなみに，近年，音楽用 CD と DVD オーディオ，雑誌と DVD ビデオ，ムック本（雑誌と本の中間）とアクセサリーやバッグ，プラモデルなどといったように，**再販対象商品と非対象商品とがセット**で売られるケースがある。しかし，公正取引委員会では，セットであたかも再販商品であるかのように販売するケースを問題視して，非対象商品を含めて再販契約の対象とすることは，原則として独占禁止法上問題となること，および非対象商品も含めて再販対象にしてほしいと流通の側から要請することも問題となる，との考え方が公正取引委員会から示された（公正取引委員会「第 4 回著作物再販協議会について」2004 年 7 月 9 日）。とはいえ，再販対象商品の付録（おまけ）という位置づけで非対象商品を組み合わせる販売方法は，現在も広く行われている。

　また，この間，急速に普及している**電子書籍**について，公正取引委員会は，ネットワークを通じて情報が配信されるオンライン型，CD-ROM 等に情報が記録されているパッケージ型，紙媒体と CD-ROM 等の複合型のいずれについても，再販制度の対象にならないとの見解を示した（2014 年 8 月）。

　以上のように，再販売価格の拘束が原則違法（正当な理由なく相手方に当該商品の販売価格を定めて維持させることは禁止）とされる一方で，その適用除外制度として設けられた再販制度は縮小され，指定再販は取り消し，著作物の法定再販は限定的に運用されるようになった。また，再販売価格の拘束を原則違法とする例外規定として設けられた「正当な理由」については，流通・取引慣行ガイドライン（2017 年改正，第 1 部第 1 - 2 (2)）に整理されている（Sec. 11 参照）。

　さらに，メーカーの直接の取引先が単なる取次ぎとして機能しており，実質的にみてメーカーが販売していると認められる場合には，メーカーが当該取引先に対して価格を指示しても，通常，違法とはならないといった趣旨の規定があることも注目される（第 1 部第 1 - 2 (7)）。2022 年 10 月には，家電メーカーのパナソニックが，この規定を利用して，小売業者に値引き不可の「メーカー指定価格」という制度の導入を発表している。今後，こうした動きが広がるかどうか注意が必要である。

　ところで，アメリカにおいては，再販売価格維持行為（厳密には「最低」再販売価格）は，1911 年の Dr. Miles 事件最高裁判決によって「**当然違法**」（個々

の事情等を考慮することなく，その行為自体が即違法）とされて以降，1世紀近くにわたってその考えが維持されてきた。しかし，2007年6月28日のLeegin（リージン）事件最高裁判決によって従来の判例を覆す重要な判断が下された。

Leegin事件とは，革製品やアクセサリーのデザイン・製造・販売を行うLeegin社が，自社ブランド製品「Brighton」を20%引きで販売するアパレル小売店Kay's Klosetを展開するPSKS社に対して，安売りを止めるように要求し，それが拒否されたことから同ブランド製品の販売を停止させたことに起因する紛争である。合衆国地方裁判所では，Dr.Miles判決の当然違法の原則の下で判断が下され，控訴審においても地裁判決が支持された。それが最高裁判決では，「**合理の原則**」（シャーマン法第1条に違反する取引制限にあたるかどうかをケース・バイ・ケースで判断）に基づいて判断すべきものとし，原判決を破棄し差し戻すこととしたのである。その背後には，再販売価格維持行為は，ブランド間競争を阻害する場合もあるが，逆にそれを刺激することもあるとの考え方（経済学におけるいわゆる「シカゴ学派」）がある。

この判決は，アメリカにおけるメーカー等のマーケティングやディスカウントストアの経営，さらには日本における違法性の判断基準にも影響を及ぼすと予想されることから，今後が注目される。

また，ヨーロッパにおいても，EU競争法によって（最低）再販売価格維持行為は，複数の企業間における競争制限の合意として，価格カルテル等の水平的な競争制限行為の場合と同様に禁止されている。なお，垂直的制限行為について，商品の生産・販売の改善，または技術的・経済的進歩の促進に役立ち，かつ消費者に対しその結果として生ずる利益の公正な分配を行う等の一定の条件のもとで「一括適用免除」とする制度が存在するが，価格制限を目的とする垂直的協定については対象外とされている。

Sec.13　小売業の企業行動に関する規制－バイイングパワー行使問題

(1)　小売業による優越的地位の濫用に対する規制

　不公正な取引方法に含まれる小売業の企業行動に関する規制は，バイイングパワー行使による優越的地位の濫用と，不当廉売がある。これらのうち，まずバイイングパワー行使問題をみていこう。

　小売業によるバイイングパワー行使にかかわる問題は，内部成長や合併・買収などをつうじて，大規模小売企業が成長したことに関連している。すなわち，大規模小売企業は大量仕入れ，大量販売を背景にしたバイイングパワーに基づいて，メーカーや卸売業者などの納入業者に対して，より有利な取引条件などを求めて，さまざまな要求をするようになる。

　大規模小売企業の行動は，流通系列化などを行う大規模メーカーに対する**拮抗力（カウンタベリングパワー）**となり，市場における競争を促進するという側面がある。一般に，ある事業者がどのような条件で取引するかは基本的には取引当事者間の自主的な判断に委ねられるものである。しかし，小売業者が納入業者に対して取引上優越した地位にある場合，取引条件にかかわる要求が公正競争を阻害し，優越的地位の濫用行為として独占禁止法上の問題が生じやすい。

　この問題の先駆けとなったのが，第二次大戦後いち早く復興を遂げた百貨店による納入業者に対する優越的地位を利用した行為である。前述したように，公正取引委員会は1954年に**百貨店業特殊指定を告示**し，納入業者に対する，不当な返品，事後値引き，委託販売，買いたたき，特別商品の納入拒否，派遣店員，支払い遅延等について，公正な競争を阻害する不当な要求を禁止する基準を示した。

　ここで百貨店業は，政令指定都市と東京特別区においては3,000㎡以上，その他では1,500㎡以上の売場面積を有する同一の店舗において一般消費者により日常使用される多種類の商品の小売を行う事業と定義された。他方，納入業者は百貨店業者が自ら販売し，または委託を受けて販売する商品を百貨店業者

に納入する事業者であって，取引上の地位が百貨店業者に対して劣っているものと定義された。

しかし，百貨店に限らず，総合スーパーなどの新しい小売業態を含めた大規模小売業のバイイングパワーに基づく不当な行為は，表面的にはともかく，実際の取引の場面ではしばしば行われ続けたといわれている。それが独占禁止法に基づく排除勧告として表面化したのが，1979年の**三越事件**（1982年同意審決）であり，組織的な協賛金要求や押し付け販売（おすすめ販売）の実態が明らかにされた。

そのため公正取引委員会は，1982年に告示した不公正な取引方法に関する**一般指定の14項**（旧・一般指定）において，取引上有利な地位にある事業者が，正常な商慣習に照らして取引先に対して不当な要求をする行為は，独占禁止法上の違法性が問われることがあることを示した。さらに，1991年に策定された流通・取引慣行ガイドラインにおいて，多頻度小口配送の要請などの新たなバイイングパワーの行使形態を含めて，優越的地位の濫用行為について独占禁止法上の考え方を整理した（第2部第5項）。

こうした動きと並行して，百貨店業特殊指定から大規模小売業全般に対する特殊指定への全面見直しが行われた。次に，この点についてみていこう。

⑵　大規模小売業特殊指定の告示

1990年代以降，多様な小売業態が成長・発展する中で，大規模小売業による納入業者に対するバイイングパワー行使が目立つようになった。そこで，公正取引委員会は，一般指定による優越的地位の濫用行為の規制だけでなく，特殊指定による規制の抜本的な見直しを行った。すなわち，2005年5月，百貨店業特殊指定を廃止し，「大規模小売業者による納入業者との取引における特定の不公正な取引方法」（**大規模小売業特殊指定**）を告示したのである（同年11月1日施行）。

一般指定においては，優越的な地位にあるかどうかをいくつかの基準にしたがって判断することになっているのに対して，特殊指定では，こういう関係にあれば優越的地位にあるというように，外形的な基準が明らかにされる。そのため，特殊指定を時代にふさわしいものにあらためることによって，より機動

的な法運用がめざされた。

　大規模小売特殊指定にかかわる外形的基準は，適用対象となる大規模小売業者および納入業者の範囲として，次のように定められている。

　大規模小売業者の定義：「一般消費者により日常使用される商品の小売業を行う者」（コンビニ等のフランチャイザーを含む）であって，前年度の総売上高が100億円以上，または一定以上の店舗面積（東京都特別区および政令指定都市では3,000㎡以上，その他では1,500㎡以上）を有するもの。

　納入業者の定義：大規模小売業者またはその加盟者が自ら，または委託を受けて販売する商品を，当該大規模小売業者等に納入する事業者で，取引上の地位が当該大規模小売業者に対して劣っていないと認められる者を除く。「劣っていない」と認められるかどうかの具体的な判断は，納入業者の売上高，取引依存度，取引先としての重要性，納入業者の扱う商品の需給関係等を総合的に勘案して行われる。

　このように定義される大規模小売業者と納入業者との取引において禁止される行為は以下のとおりである（公正取引委員会「『大規模小売業者による納入業者との取引における特定の不公正な取引方法』の運用基準」2007年6月29日による）。

　①　**不当な返品**：大規模小売業者が，納入業者から購入した商品の全部または一部を当該納入業者に返品することは，例外として明示されるケースを除いて，原則として禁止される。

　②　**不当な値引き**：大規模小売業者が，納入業者の責めに帰すべき事由がある場合を除いて，当該納入業者から商品を購入した後において，当該商品の納入価格の値引きを納入業者にさせることは禁止される。

　③　**不当な委託販売取引**：大規模小売業者が納入業者に対して，正常な商慣習に照らして納入業者に著しく不利益となるような条件で委託販売取引をさせることは禁止される。

　④　**特売商品等の買いたたき**：大規模小売業者がセール等を行うために購入する商品について，自己等への通常の納入価格に比べて著しく低い価格を定めて納入させることは禁止される。

　⑤　**特別注文品の受領拒否**：大規模小売業者がプライベートブランド商品な

ど特別な規格等を指定したうえで，納入業者に商品を納入させることを契約した後において，商品の受領を拒むことは，納入業者の責めに帰すべき事由がある場合，または納入業者に通常生ずべき損失を大規模小売業者が負担する場合を除いて，禁止される。

⑥　**押し付け販売等**：大規模小売業者が取引関係を利用して，正当な理由がある場合を除き，納入業者が購入等を希望しないにもかかわらず，自己の指定する商品を購入させ，または役務を利用させることは禁止される。

⑦　**納入業者の従業員等の不当使用等**：大規模小売業者が，自己の業務のために納入業者に従業員等を派遣させて使用すること，または自らが雇用する従業員等の人件費を納入業者に負担させることは，一定の例外を除いて（あらかじめ納入業者の同意を得る等），原則として禁止される。

⑧　**不当な経済上の利益の収受等**：大規模小売業者が，納入業者に対して，決算対策協賛金など本来当該納入業者が提供する必要のない金銭等を提供させること，および納入業者の商品の販売促進に一定程度つながるような協賛金や，納入業者のコスト削減に寄与するような物流センターの使用料等であっても，納入業者が得る利益等を勘案して，合理的であると認められる範囲を超えて，これらを提供させることは禁止される。

⑨　**要求拒否の場合の不利益な取扱い**：上記の要求を拒否した納入業者に対し，代金の支払い遅延，取引停止等の不利益な取扱いは禁止される。

⑩　**公正取引委員会への報告に対する不利益な取扱い**：納入業者が公正取引委員会に対し，上記の事実を知らせ，または知らせようとしたことを理由として，当該納入業者に対して，代金の支払い遅延，取引停止等の不利益な取扱いをすることは禁止される。

⑶　**優越的地位の濫用の規定の法定化**

さらに，バイイングパワー問題への対応を強めるため，公正取引委員会は，2009年の独占禁止法改正において，優越的地位の濫用の規定（旧・一般指定14項に相当）を**法定化**するとともに（2条9号5号），課徴金の適用対象とした（Sec. 9 を参照）。これを受けて，何が違法行為となるのかを具体的に示すために，2010年11月，ガイドラインとして「優越的地位の濫用に関する独占禁止法

上の考え方」を公表した。本ガイドラインは，次の 4 項目から構成される。

　第 1 は，優越的地位の濫用規制についての基本的考え方についてである。すなわち，**自己の取引上の地位が相手方に優越していることを利用して，正常な商習慣に照らして不当に**，取引の相手方に不利益を与えることは，当該取引の相手方の自由かつ自主的な判断による取引を阻害するとともに，当該取引の相手方はその競争者との関係において競争上不利となる一方で，行為者はその競争者との関係において競争上有利となるおそれがある。このような行為は，公正な競争を阻害するおそれがあることから，不公正な取引方法の 1 つである優越的地位の濫用として規制される。

　どのような場合に公正な競争を阻害するおそれがあると認められるのかについては，問題となる不利益の程度，行為の広がり等を考慮して，個別の事案ごとに判断される。

　第 2 は，「自己の取引上の地位が相手方に優越していること」の解釈についてである。すなわち，取引の一方の当事者 A が他方の当事者 B に対して，取引上の地位が優越しているというためには，市場支配的な地位またはそれに準ずる絶対的に優越した地位である必要はなく，取引の相手方との関係で相対的に優越した地位であれば足りると解される。いいかえれば，A が B に対して優越した地位にあるとは，B にとって A との取引の継続が困難になるということが事業経営上大きな支障を来すため，A が B にとって著しく不利益な要請等を行っても，B がこれを受け入れざるを得ないような場合である。その判断にあたっては，B の A に対する取引依存度，A の市場における地位，B にとっての取引先変更の可能性，その他 A と取引することの必要性を示す具体的事実が総合的に考慮される。

　第 3 は，「正常な商習慣に照らして不当に」の考え方についてである。この要件は，優越的地位濫用の有無が，公正な競争秩序の維持・促進の観点から，個別事案ごとに判断されることを示すものである。

　第 4 では，法定化された次の 3 つの規定ごとに問題となる行為類型を整理し，どのような場合に優越的地位の濫用として問題となるかが説明されている。

　① 継続して取引する相手方（新たに継続して取引しようとする相手方を含む。以下同様）に対して，当該取引に係る商品または役務以外の商品また

は役務を購入させること。⇒**購入・利用強制，いわゆる押し付け販売**など。

② 継続して取引する相手方に対して，自己のために金銭，役務その他の経済上の利益を提供させること。⇒**協賛金等の負担の要請，従業員等の派遣の要請，その他経済上の利益の提供要請**など。

③ 取引の相手方からの取引に係る商品の受領を拒み，取引の相手方から取引に係る商品を受領した後当該商品を当該取引の相手方に引き取らせ，取引の相手方に対して取引の対価の支払いを遅らせ，もしくはその額を減じ，その他取引の相手方に不利益となるように取引の条件を設定し，もしくは変更し，または取引を実施すること。⇒**特別契約商品（プライベートブランドなど）の受領拒否，返品，支払遅延，取引の対価の減額，取引の対価の一方的決定，取引のやり直しの要請**など。

なお，以上の大規模小売業特殊指定告示，および優越的地位の濫用の法定化に伴う「独占禁止法上の考え方」の提示を踏まえて，現行の流通・取引慣行ガイドラインでは優越的地位の濫用に関する規定が削除されている（Sec.11参照）。

また，大規模小売企業と納入業者との取引は，独占禁止法の補完法として1956年制定された**下請法**（下請代金支払遅延等防止法，直近の改正は2009年6月）の規制対象とされることがある。下請法では，次のような親事業者と下請事業者との関係について規制対象としている。すなわち，資本金3億円超の親事業者と3億円以下の下請事業者，または1千万円超3億円以下の親事業者と1千万円以下の下請事業者との間における，①製造委託，②修理委託，③情報成果物作成委託，④役務提供委託の関係である。下請法の運用の基本的な考え方は，「下請代金支払遅延等防止法に関する運用基準」（2022年改正）に示されている。そこでは違法性が問われ得る具体例として，大規模小売業者（百貨店，スーパー，ホームセンター，専門量販店，ドラッグストア，コンビニエンスストア本部，通信販売業者等）が，自社のプライベートブランド商品（PB商品）の製造を食品加工業者等に委託する際に，代金等の取引条件を一方的に決めることがあげられている。

⑷　農林水産省「適正取引推進ガイドライン」の策定

　農林水産省では，2018年10月，農林漁業者と一般消費者とをつなぐ重要な役割を果たしている食品等の流通の合理化と取引の適正化を図ることを目的に**食品等流通法**（食品等の流通の合理化及び取引の適正化に関する法律）を制定した。この法律に基づいて，食品小売事業者（百貨店，総合スーパー，食品スーパー，コンビニエンスストア，ディスカウントストア，ドラッグストア，生協，ホームセンター，その他）と取引がある食品等流通事業者（納品事業者）を対象に食品等流通調査（アンケート調査とヒアリング調査）が行われている。2020年のアンケート調査では食品小売事業者と取引がある流通事業者1,677件から有効回答が得られた。結果の概要は，次のとおりである[2]。

　すなわち，有効回答の半数以上の891事業者（53.1％）が小売事業者との取引で課題があると回答しており，とくに多い課題は「取引価格や単価」，「物流コストの負担」，「納品時間・期限等の指定」であった。こうした課題が発生する要因としては「取引関係において対応を断ることが困難」，「業界全体の課題等であるため，個々の事業者では改善が困難」，「昔からの商慣習により担当者は改善が必要という認識が低い」といった課題があげられ，買い手優位で，売り手の理解をなかなか得られない状況という。

　以上の結果を受けて，農林水産省では，2021年12月に**適正取引推進ガイドライン**（正式には「食品製造事業者・小売業者間における適正取引推進ガイドライン」）を策定した。そこでは，合理的な根拠のない価格決定，**物流センター使用料**（センターフィー）等の負担，協賛金（リベート）の負担，物の購入強制，従業員の派遣・役務の提供，客寄せのための納品価格の不当な引下げ，ＰＢ商品をめぐる不利な取引条件の設定など13項目にわたって問題と望ましい取引形態が示され，その他留意事項があげられている。

　これらのうち，従来に増して具体的に事例や考え方が示されたことで注目されたのが，センターフィーの負担についてである。**センターフィー**とは，小売業者が運営する物流センターに納入事業者が納品すると，そこから店舗への配送は小売側が担うことで，納入側は店舗納品のコストや手間を節約できることから，その見返りとして小売側が納入側に負担を求めるものである。本ガイド

ラインでは，問題となり得る事例として，「合理的な根拠が示されることなく，著しく高額なセンターフィーやコンテナリース料を徴収された」などがあげられている。

　このように納入側の利益との関係が明らかでないセンターフィーなどを提供させることは，下請法の「不当な経済上の利益の提供要請」に該当するおそれがある。また，センターフィーだけでなく，協賛金（リベート）などを提供させることにより，受託事業者の利益を不当に害することは，下請法の「不当な経済上の利益の提供要請」に，委託事業者が，正当な理由がないのに，自己の指定する役務の利用を強制することは，下請法の「購入・利用強制」に該当する。さらに，下請取引に該当しない場合であっても，独占禁止法上の優越的地位の濫用における「購入・利用強制」，「その他経済上の利益の提供の要請」，大規模小売業告示における「不当な経済上の利益の収受等」に該当するおそれがあると指摘している。

　こうした違法性が問われないようにするため，センターフィーなどについて，納入側と小売側が十分に協議を行い，下請代金の本体価格と混同しないように，別に料率を決定することや，料率の設定にあたって，あらかじめ合理的な算定の手法，積算根拠等を明確に示しておくことが望ましいという。

Sec.14　優越的地位の濫用事件：大規模小売企業とプラットフォーマー

(1)　2000年代中盤以降の摘発事件増加

　1979年の三越事件（Sec.13参照）以降，小売業の優越的地位の濫用に係る違反事件は，1991年から2002年にかけて８件にとどまった（いずれも一般指定14項適用）。このうち勧告まで至ったのは，1998年の**ローソン事件**のみで，日用雑貨品の納入業者に対する１円での商品納入を要求したことや，短期リベートとしてリベート増額を要求したことなどが問題とされた。その他の７件は，地方都市を拠点とする食品スーパーやホームセンターによる，押し付け販売，協賛金の負担要請，従業員等の派遣要請などに関して警告が出された。

　さらに，2004年から2005年にかけての２年間で，次の７件に百貨店業特殊指定の不当な返品，事後値引き，販売業務のための従業員等派遣要請などに抵触するとして排除勧告が出された。すなわち，北海道を地盤にする総合スーパーの**ポスフール**への勧告（2004年３月25日），岡山を地盤にする総合スーパーの**山陽マルナカ**への勧告（同年３月26日），福岡を本拠にする総合ディスカウントストアの**ミスターマックス**への勧告（同年10月22日），大阪府堺市に本拠を置くホームセンターの**コーナン商事**への勧告（同年11月11日），総合スーパー大手の**ユニー**に対する勧告（同年12月９日），総合ディスカウントストアの**ドン・キホーテ**への勧告（2005年３月９日），愛媛に本拠を置く食品スーパーの**フジ**への勧告（同年４月15日）である。なお，以上のうちドン・キホーテのみが勧告を不服として審判で争ったが，公正取引委員会は2007年６月22日，違反行為の事実を認定し，再発防止などを求める同意審決を出している。

　この２年間はいわば過渡期であり，公正取引委員会は，これら事件を踏まえて，百貨店業特殊指定を抜本的に見直し，2005年５月13日「大規模小売業者による納入業者との取引における特定の不公正な取引方法」（大規模小売業特殊指定）を告示した（同年11月１日施行）。これによって，公正取引委員会の違反摘発への姿勢はより積極的なものとなった。

　大規模小売業特殊指定に基づく第１号の摘発事件となったのが，東海・北陸

で食品スーパーとホームセンターを展開する**バロー**であった。同社は2006年10月,押し付け販売,従業員等の不当使用等,経済上の利益の収受(協賛金)等などによって排除措置命令(2005年独禁法改正により排除勧告に代えて導入)を受けた(一般指定14項および大規模小売業特殊指定が適用)。

　その後,いくつかの小売企業が摘発を受けているが,それらのうち特徴的な事件として次の2つがあげられる。

　1つは,**ヤマダ電機事件**である。これは,2008年6月30日,家電量販店トップのヤマダ電機が,優越的地位を利用して納入業者に「ヘルパー」という従業員の派遣を強要したとの理由から,「従業員等の不当使用」として排除措置命令を受けたというものである(大規模小売告示7項が適用)。これによって,家電量販店業界の慣行となっていたヘルパー制度が見直しを余儀なくされ,家電量販店の出店戦略や店舗デザイン,人事政策に大きな影響が及んだ。

　もう1つは,**セブン-イレブン事件**であり,先にも簡単に触れた本部と加盟店との関係について規定する「フランチャイズ・ガイドライン」に関連する。コンビニエンスストア業界トップのセブン-イレブン・ジャパンは,フランチャイズ・チェーンの加盟店で廃棄された商品の原価相当額の全額が加盟店の経営者の負担となる仕組みの下で,加盟者側が消費期限の近づいた弁当等デイリー商品について見切り販売(値引き販売)を行おうとする,または行っていることに対して,そのとりやめ(値引き制限)を強制した。この行為は「取引の条件・実施における相手方への不利益」(一般指定14項4号)の規定に違反するとして,2009年6月22日,排除措置命令が出された[⇒**関連事例3**を参照]。

　値引き制限の行為が優越的地位の濫用に問われたことで,フランチャイズ・チェーン方式のコンビニエンスストアの運営方式や商品政策は大きな影響を受けた。セブン-イレブン・ジャパンでは,消費期限切れで廃棄ロスとなる商品の原価の一部を本部が負担することや,廃棄ロスを少なくするために消費期限の長い弁当やレトルト総菜などの品揃えを強化するなどの対応策をとった。

　なお,コンビニエンスストアに対しては,2020年9月,本部による加盟店に対する24時間営業の強制が優越的地位の濫用にあたると,公正取引委員会から自主改善と報告の要請が出された。その結果,コンビニエンスストアにおける非24時間営業店が増加したという。

⑵　2009年の優越的地位濫用行為「法定化」以降

2009年独占禁止改正によって優越的地位の濫用行為に関する規定が法定化され，課徴金の対象となった（2010年施行）。

その最初の対象となったのが，2011年６月の**山陽マルナカ**への排除措置命令と課徴金納付命令である。同社は岡山を本拠に中国・近畿地方で総合スーパー，食品スーパー等を約70店展開しており，その取引上の地位を利用して従業員等の派遣，協賛金の提供，不当な返品などを行ったことが，独禁法の規定に違反するとして摘発され，２億2,216万円の課徴金の納付が命令された。

さらに，2011年12月には，玩具等の専門量販店チェーンの**日本トイザらス**が，不当な返品，事後値引きに対して排除措置命令と３億6,908万円の課徴金納付命令を，12年２月には家電量販店チェーンの**エディオン**が，従業員等の派遣要請に対して排除措置命令と40億4,796万円の課徴金納付命令を受けた。また，2013年７月には北海道を拠点とする食品スーパーの**ラルズ**が，従業員等の派遣要請，協賛金の要請に対して排除措置命令と12億8,713万円の課徴金納付命令を受けた。2014年６月には佐賀県を本拠とするディスカウントストアの**ダイレックス**（サンドラッググループ）が，従業員等の派遣要請，協賛金の要請等に対して排除措置命令と12億7,416万円の課徴金納付命令を受けた。

なお，この審決で公正取引委員会は，従来から「優越的地位の濫用」の認定ポイントとしてきた優越的地位と濫用行為の有無の２点のうち，優越的地位の有無について，「取引の相手方が受け入れる合理性のないような」濫用行為を行い，相手方が「これを受け入れている事実が認められる場合」，優越的地位にあるといえるとの判断を示した。これは違法性認定のハードルを下げる判断であり，今後，摘発事例がさらに増える可能性があるといわれる。

2011年以降の大規模小売業者による優越的地位濫用事件を整理すると，**図表４－２**のようにまとめられる。

しかし，以上のうち日本トイザらスに関しては，不服申立ての審判の結果，取引先のうち２社については優越的地位の濫用はなかったとして排除措置命令と課徴金納付命令を取り消し，取引先のうち６社については2010年以降に違反はなかったとして課徴金納付命令を取り消す審決が，公正取引委員会によって

出された（2015年6月4日）。その結果，課徴金の額は1億4,690万円減額され，2億2,218万円となった。また，山陽マルナカに関しては，東京高裁が2020年12月，違反行為について具体的内容の記載がない等の理由で，排除措置命令と課徴金納付命令を取り消す旨の判決をしたことから，これらの命令は全部取り消された。さらに，エディオン，ラルズ，ダイレックスも不服申立てを行い，エディオン，ダイレックスはその主張の一部が認められ，排除措置命令の一部取消しや課徴金の減額などが行われた。

　ここから次の2点が示唆される。第1は，2010年代前半における優越的地位の濫用行為に対する，公正取引委員会による積極的な罰則適用姿勢のうち，課徴金の算出方法については，見直しが必要であることである。すなわち，課徴金は違法行為によって得た不当な利益を徴収するものであるが，対象となる小売業者の売上高のうち，どの範囲までを「違法行為から得た不当な利益」と見なすかという問題である。第2は，当初の課徴金納付命令の内容が，その後，修正されたことに関するマスコミ等でのとりあげ方についてである。すなわち，当初の命令時点でマスコミ等は大きくとりあげていたのに対して，その後の展開については，とりあげ方が極端に小さくなっていることである。たしかに，一般にはわかりにくいニュースかもしれないが，政府機関の当初の判断に変更が加えられた事案については，丹念に報道することが求められよう。

図表 4 - 2　大規模小売業者による優越的地位の濫用事件（2011年代以降）

措置年月日	企業名／［業態］	行為類型	関係法令等
2011.6.22 排除措置命令	㈱山陽マルナカ［総合スーパー］（岡山県）	優越的地位の濫用 ・従業員等の派遣要請 ・協賛金等の負担の要請 ・不当な返品	独占禁止法 2 条 9 項 5 号
		課徴金 2 億2,216万円	独占禁止法20条の 6
2011年12月　排除措置命令	日本トイザらス㈱［玩具等の専門量販店］（神奈川県）	優越的地位の濫用 ・不当な返品 ・事後値引き	独占禁止法 2 条 9 項 5 号
		課徴金 3 億6,908万円，不服申立て審判の結果 2 億2,218万円に減額	独占禁止法20条の 6
2012年 2 月　排除措置命令	㈱エディオン［家電量販店］（大阪府）	優越的地位の濫用 ・従業員等の派遣要請	独占禁止法 2 条 9 項 5 号
		課徴金40億4,796万円	独占禁止法20条の 6
2013年 7 月　排除措置命令	㈱ラルズ［食品スーパー］（北海道）	優越的地位の濫用 ・従業員等の派遣要請 ・協賛金の要請	独占禁止法 2 条 9 項 5 号
		課徴金12億8,713万円	独占禁止法20条の 6
2014年 6 月　排除措置命令	ダイレックス㈱［ディスカウントストア］（佐賀県）	優越的地位の濫用 ・従業員等の派遣要請 ・協賛金の要請等	独占禁止法 2 条 9 項 5 号
		課徴金12億7,416万円	独占禁止法20条の 6

（出所）公正取引委員会資料より作成。

⑶　優越的地位の濫用行為の意味

　以上，優越的地位の濫用行為に関する事件についてみてきた。ここでそうした行為の意味について，やや発展的に考えてみよう。まず，議論の出発点になるのは，いくらバイイングパワーを有する大規模小売業者からの要請であるとはいえ，なぜ納入業者はそれが不合理な要求であってもしたがうことがあるのかという疑問である。

　そこに含意されているのは，大規模小売業者の要請と納入業者の対応という双方の行為は，たとえ小売業者側が優越的な地位にあるにしても，一方的な強制のみによって成り立っているのではないということである。つまり，両者の関係には，双方にメリットがあるギブアンドテイクの側面があるのである。こ

こでは，優越的地位濫用にかかわる行為類型のうち，とくに問題になることが多い，返品を例にして，納入業者と小売業者の双方にとっての意味についてみていこう。

　商品の仕入れ形態には，**買取仕入れ**，**委託仕入れ**，**売上仕入れ（消化仕入れ）**がある。買取仕入れでは，売り手（納入業者）から買い手（小売業者）に商品の所有権が移転するが，委託仕入れでは，売り手が買い手に商品の販売を委託し，買い手は一定期間商品を消費者等に販売し，売れ残りを売り手側に返品する。また，売上仕入れは，買い手側で商品が消費者などに売れた時点で，はじめて買い手に仕入れが計上され，所有権が売り手から買い手に移転される。

　これらのうち委託仕入れと売上仕入れは，売り手側が危険（リスク）を負担する仕組みであるが，買取仕入れは，本来，買い手側が危険を負担する仕組みといえる。さらに，買取仕入れは，返品について事前に一定の条件を定める**返品条件付買取り**と，返品を原則として認めない**完全買取り**とに分類できる。しかし，完全買取仕入れにおいても，売り手に責任がある欠陥やキズ等による返品とは別に，仕入れの見込み違い等，買い手側に責任があるにもかかわらず，いったん仕入れた商品を売り手に**返品**するという取引慣行が存在する。例えば，アパレルや加工食品，日用雑貨品の納入業者と大規模小売業との取引においては，返品条件付買取りや完全買取りが並存しており，さまざまなタイプの返品が行われてきている。

　これは返品が，売り手側の納入業者にとっても，買い手側の小売業者にとっても，少なからぬメリットがあるからである。すなわち，納入業者側のメリットとしては，返品を認めることで，新製品の市場導入の促進（販売実績のない新製品等の市場導入を容易にする），地域的な需給の偏りへの対応（返品をつうじて需要の少ない地域から多い地域への商品移動を可能にする），あるいは自社製品の値引き販売の抑制（売れ行きが悪い商品が値引き販売されるのを抑制する）などがあげられる。また，小売側のメリットとしては，需要の不確実性が高い中で，少ない危険で品揃えの幅や深さを広げることで，消費者のバラエティシーキングに対応する（返品が可能であれば，売れ残る可能性がある商品でも仕入れられる）という点などがあげられる。

　以上のように，返品は納入業者，小売業者の双方にとってメリットがある場

合があり，いわゆる弱者と強者との関係というようなステレオタイプ的にとらえるのではなく，両者が合理的な選択の結果とった行動として理解すべきことが示唆される。このことは，そうした行為が単独で行われているのではなく，現実の取引関係において，相互補完的な取引慣行の束として実施されていることを意味する。それは小売業者側にとってのみ好都合というわけではない。納入業者側にとっても，たんに取引先を失いたくないという消極的な理由だけでなく，他の納入業者との競争のため，あるいは自社の信用ないし暖簾（のれん）の維持・拡大のための戦略的行動として実施されていることが少なくない。

　しかし，納入業者と小売業者の行動が合理的な選択だとしても，それが社会的な望ましさを表しているわけではない。望ましさの判断は消費者利益を基準になされるべきであり，政策的な介入（公正取引委員会による摘発）は事業者の利益によって消費者利益が損なわれたときになされるべきといえる[3]。

⑷　デジタル・プラットフォーマーに対する規制

　近年，政策対象として注目されているのは，**デジタル・プラットフォーマー**（以下ではプラットフォーマー）である。ここで，プラットフォーマーは「インターネットを通じ，人と人，人と企業，企業と企業といったあらゆる活動の主体を結びつける場を提供している」巨大ICT企業をさす[4]。グローバル企業ではGAFAM（Google, Apple, Facebook, Amazon, Microsoft）を代表例としてあげることができる。

　プラットフォーマーは流通のさまざまな機能のうち，主として需給マッチング機能と物流機能を分離・特化した事業内容に特徴があり，規模の経済性，ネットワーク効果，範囲の経済性が効くことから寡占化，独占化しやすい傾向がある。ただし，寡占化すること自体が問題ではなく，プラットフォームへの参加者である消費者や企業を囲い込んだり，競争関係にある他のプラットフォーマーの活動を排除等したりする場合に，競争阻害行為として問題になる。なお，プラットフォーマーに関する政策課題としては，競争阻害行為の他に，個人情報保護や，グローバルな企業活動に対する国際課税があげられる[5]。

　公正取引委員会，経済産業省，総務省では，2018年7月から「デジタル・プラットフォーマーを巡る取引環境整備に関する検討会」を開催し，同年12月，

プラットフォーマー型ビジネスの台頭に対応したルール整備の基本原則を公表した。その骨子は以下のとおりである。

① デジタル・プラットフォーマーに関する法的評価の視点

② プラットフォーム・ビジネスの適切な発展の促進

③ デジタル・プラットフォーマーに関する公正性確保のための透明性の実現

④ デジタル・プラットフォーマーに関する公正かつ自由な競争の実現

⑤ データの移転・開放ルールの検討

⑥ バランスのとれた柔軟で実効的なルールの構築

⑦ 国際的な法適用の在り方とハーモナイゼーション

　これを踏まえて，公正取引委員会は，2019年12月，「デジタル・プラットフォーム事業者と個人情報等を提供する消費者との取引における優越的地位の濫用に関する独占禁止法上の考え方」を策定した[6]。ここで対象とされているのは，デジタル・プラットフォーム事業者が提供するデジタル・プラットフォームにおける個人情報等の取得または当該取得した個人情報等の利用における行為である。また，優越的地位は次のように定義される。すなわち，消費者がデジタル・プラットフォーム事業者から不利益な取扱いを受けても，消費者が当該デジタル・プラットフォーム事業者の提供するサービスを利用するためにはこれを受け入れざるを得ないような場合に，デジタル・プラットフォーム事業者が消費者に対して「優越的地位」にあるとされる。

　そして，優越的地位の濫用となる行為類型として，個人情報等の不当な取得，および個人情報等の不当な利用の2つが示されている。このうち，不当な取得については，利用目的を消費者に知らせずに個人情報を取得すること，利用目的の達成に必要な範囲を超えて，消費者の意に反して個人情報を取得することなどがあげられている。また，不当な利用については，利用目的の達成に必要な範囲を超えて，消費者の意に反して個人情報を利用すること，および個人データの安全管理のために必要かつ適切な措置を講じずに，個人情報を利用することなどがあげられている。

　なお，この間の公正取引委員会による主な事件審査は，**図表 4 - 3** に示すとおりである。

図表4-3　デジタル分野における公正取引委員会による主な事件審査

事件名	行為の概要	公取委の対応
アマゾンジャパン合同会社に対する件	取引上の地位が自社に対して劣っている疑いのある納入業者（本件納入業者）に対し，在庫補償契約を締結することにより，当該契約で定めた額を，本件納入業者に支払うべき代金の額から減じるなどの行為を実施。	公正取引委員会が確約手続通知を行ったところ，アマゾンジャパンから確約計画の認定申請があり，当該計画が独占禁止法に規定する認定要件に適合すると認められたことから，当該計画を認定 なお，当該計画が実施されることにより，本件納入業者のうち約1,400社に対し，総額約20億円の金銭的価値の回復が行われる見込み（令和2年9月10日）
楽天株式会社に対する件	「楽天市場」において，1回の合計の注文金額が税込み3,980円以上（沖縄，離島等宛ては税込み9,800円以上）の場合に商品の販売価格とともに「送料無料」と表示する施策を実施しようとした。	公正取引委員会は，楽天に対する緊急停止命令の申立てを東京地方裁判所に対して実施（令和2年2月28日） その後，楽天が，いわゆる「共通の送料込みライン」と称する施策について，出店事業者が参加するか否かを自らの判断で選択できるようにすること等を公表し，東京地方裁判所における緊急停止命令に係る手続においてもその旨を表明したことを受け，緊急停止命令の申立てを取り下げたが，本件違反被疑行為に対する審査については，継続中（令和2年3月10日）
楽天株式会社に対する件	宿泊施設の運営業者との契約において，楽天トラベルに掲載する部屋の最低数の条件や宿泊料金及び部屋数について他の販売経路と同等又はより有利なものとする条件を定めていた。	公正取引委員会が確定手続通知を行ったところ，楽天から確約計画の認定申請があり，当該計画が独占禁止法に規定する認定要件に適合すると認められたことから，当該計画を認定（令和元年10月25日）
アマゾンジャパン合同会社に対する件	出品者との間の利用規約を変更し，出品される全ての商品について最低1パーセントのポイントを付与し，当該ポイント分の原資を出品者に負担させる旨の内容とした。	当該利用規約を修正したため調査終了（平成31年4月1日）

（出所）公正取引委員会「デジタル市場における公正取引委員会の取組」2021年2月17日による。

　また，2020年5月，経済産業省が所管する「特定デジタルプラットフォームの透明性及び公正性の向上に関する法律」（デジタルプラットフォーム取引透

明化法）が制定された。この法律では，デジタル・プラットフォーム提供者が透明性および公正性の向上のための取り組みを自主的かつ積極的に行うことを基本とする一方で，デジタル・プラットフォームのうち，とくに取引の透明性・公正性を高める必要性の高いプラットフォーム提供者を「特定デジタルプラットフォーム提供者」として指定し，規律の対象とするものである。この指定を受けると，取引条件等の情報の開示および自主的な手続き・体制の整備を行い，実施した措置や事業の概要について，毎年度，自己評価を付した報告書を提出することが求められる。さらに，利用者に対する取引条件変更時の事前通知や苦情・紛争処理のための自主的な体制整備などが義務づけられる。

2021年4月1日時点で指定を受けたのは，物販総合オンラインモールの運営事業者として，アマゾンジャパン，楽天グループ，ヤフーが，アプリストアの運営事業者として，Apple Inc.およびiTunes，Google LLCがあげられる。

なお，EUにおいては，2022年3月，欧州委員会が提案していたデジタル市場法の制定で合意した。これによって，競争法での事後規制に加えて，一定の要件を満たすプラットフォーマーに対して，事前に違反行為を明示し，違反した場合，課徴金だけでなく企業分割等を行うこととなった。これに対して，アメリカでは，反トラスト法による事後的規制を基本としている。

Sec.15 　競争政策に関するその他の制度

(1)　不当廉売に対する規制

　不公正な取引方法に含まれる小売業の企業行動に関する，もう1つの代表的な規制である不当廉売についてみていこう。

①　不当廉売規制の考え方

　1980年代以降，大規模小売企業の成長や，新興のディスカウントストアの登場によって，既存の中小小売商の経営への圧迫が顕著になるに伴って，不当廉売に関する中小小売商などからの申告が，公正取引委員会に多数行われるようになった。しかし，廉売，すなわち低価格販売は消費者の利益に直接つながるものであるため，不当廉売の規制は競争をいたずらに抑制することにならないよう，慎重に行われる必要がある。

　そのため公正取引委員会では「不当廉売に関する独占禁止法上の考え方」（**不当廉売ガイドライン**）によって法運用基準の明確化を図っている。本ガイドラインは，2009年独占禁止法改正によって，不当廉売のうち「違法な原価割れ供給」が法定化されたのに伴って，1984年策定の旧ガイドラインを廃止し，2009年12月18日に制定されたもので，2011年6月23日に改正されている。そこで示されている要件は，廉売の態様，他の事業者の事業活動を困難にさせるおそれ，正当な理由の3つである。

　第1にあげられている廉売の態様の要件は，価格・費用基準と継続性の2つ，すなわち商品または役務をその供給に要する費用（総販売価格）を著しく下回る対価で継続して供給することである。しかし，これだけでは違法性は問われない。違法性が問われるのは，第2の要件である他の事業者への影響として，廉売によって他の事業者の事業活動を困難にさせるおそれがある場合である。つまり，2つの要件を満たす廉売によって，競争相手が市場から締め出され，公正な競争秩序に影響が及ぶ場合に，違法となるということである。ただし，生鮮食料品や季節商品のように，その商品特性から見切り販売が必要な場合などは，廉売を正当化する特段の理由があると認められる。こうした正当な理由

があるかどうかが，第3の要件である。

　以上が独占禁止法に法定化された違法な原価割れ供給であり，典型的なケースとして違法になるのは次のようなものがあげられる。

1）　事業を多角的に展開している企業，あるいは複数地域で事業展開している企業が，他部門や他地域の利益を原資にして，原価を相当程度下回る値引き価格を設定し（いわゆる**内部補助**），その価格による販売を相当の期間，繰り返し実施することによって，競争者などの事業活動を困難にさせるおそれがある場合。

2）　総合的な品揃えをする大規模小売企業が，特定の商品を顧客を引き付ける目玉商品（**ロスリーダー**）として，専門的な品揃えの小売業者には真似のできない著しい値引き販売をすることによって，競争者などの事業活動を困難にさせるおそれがある場合。

　また，その他の不当廉売，すなわち不当に商品または役務を低い対価で供給し，他の事業者の事業活動を困難にさせるおそれがある行為については，一般指定6項として規制される。

②　不当廉売に関する違反事例

　公正取引委員会は，かつては再販売価格維持行為など物価高の原因となる行為についての監視に力を入れてきたこともあって，その逆方向の低価格販売にかかわる不当廉売に対する規制には，あまり積極的に取り組んでこなかった。しかし，上述のように大規模小売企業の成長とともに，不当廉売をめぐる事例が急増してきた。

　大規模小売企業に不当廉売の規定が最初に適用されたのは，食品スーパーのマルエツとハローマートに関するケースである（1982年勧告審決）。これは，マルエツとハローマートとが交互に対抗的に牛乳の販売価格の引き下げを2ヵ月近く継続して行い，牛乳専売店などの事業活動を困難にさせたことが，違法性を問われることになったものである。また，不当廉売の基準に関して，司法の見解が最初に示された事件としては，東海3県に新規参入した新聞社による新聞の低価格販売をめぐる中部読売新聞事件（1975年東京高裁判決）があげられる。こうした法適用事例を踏まえて，1984年に旧・不当廉売ガイドラインがまとめられた。

　不当廉売は共同の取引拒絶，差別対価と並んで，大規模事業者と中小事業者との格差が大きく，異業態間および同業態間での競争が激しいという特徴がある酒類，家電，ガソリンといった業種で，事件が発生しやすい（Sec. 9参照）。そのため，公正取引委員会は，2009年の不動廉売法定化を契機に，これら 3 業種を対象に次のガイドラインを策定した。

1)　酒類分野：「酒類の流通における不当廉売，差別対価等への対応について」（**酒類ガイドライン**），2009年策定（2011年改正）。2012年には酒類卸売業者 3 社に対する警告がなされている。

2)　家電製品分野：「家庭用電気製品の流通における不当廉売，差別対価等への対応について」（**家電製品ガイドライン**），2009年制定（2011年改正）。

3)　石油製品分野：「ガソリン等の流通における不当廉売，差別対価等への対応について」（**ガソリン等ガイドライン**），2009年策定。

　近年の傾向として，排除措置命令や警告等の事件化したケースはほとんどなく，不当廉売につながるおそれがあるとの「注意」件数も，**図表 4 - 4** に示すように大幅に減少している。過去最多は2008年度の合計3,654件で，そこから継続的に減少していることから，ガイドライン策定が影響しているものとみられる。

図表 4 - 4　不当廉売事案の注意件数の推移

（注）注意件数は，下から①酒類，②石油製品，③家電製品，④その他の順に記載。
（出所）公正取引委員会「令和 2 年度における独占禁止法違反事件の処理状況について」令和 3 年 5 月26日による。

⑵　景品表示法による規制

①　景品表示法の概要

　景品表示法（不当景品類及び不当表示防止法）は，独占禁止法の特例法として1962年に制定された[7]。そのため，もともとは不公正な取引方法に関する一般指定における，表示にかかわるぎまん的顧客誘引（8項）と，景品等にかかわる不当な利益による顧客誘引（9項）に対応するものであった。

　しかし，2009年の**消費者庁**の発足に伴って，同庁が所管することとなり，同年，景品表示法の改正が行われた。その結果，法の目的として，従来は独占禁止法の特例法として公正競争阻害性に注目していたが，一般消費者による自主的かつ合理的な選択を阻害するおそれのある行為を制限および禁止することに重点を置くようになった。

②　表示に関する規制

　商品やサービスの販売にあたっては，価格，品質，特徴などを消費者に十分理解してもらうことが重要であり，一般的には広告，ラベル，容器，包装などの表示をつうじて，売り手側と消費者とのコミュニケーションが行われている。しかし商品やサービスの内容の表示が消費者に誤認を与えるようなものである場合には，消費者の利益が損なわれることになる。そのため，消費者利益の保護の観点から，以下のように表示に関するルールが定められている。

1)　**優良誤認表示**：商品または役務の品質，規格その他の内容についての不当表示

　　1-1　内容について，実際のものよりも著しく優良であると一般消費者に示す表示

　　1-2　内容について，事実に相違して競争事業者に係るものよりも著しく優良であると一般消費者に示す表示

　　※**不実証広告規制**：消費者庁は，商品・サービスの効果や性能に優良誤認表示の疑いがある場合，期間を定めて，その事業者に表示の裏付けとなる合理的な根拠を示す資料の提出を求めることができる。当該資料が提出されない場合，当該表示は不当表示とみなされる。

2)　**有利誤認表示**：商品または役務の価格その他の取引条件についての不当表示

2-1　取引条件について，実際のものよりも取引の相手方に著しく有利であると一般消費者に誤認される表示

2-2　取引条件について，競争事業者に係るものよりも取引の相手方に著しく有利であると一般消費者に誤認される表示

※**不当な二重価格表示**の例：実際の価格が10,000円程度のものを9,000円で販売するときに，「市価20,000円の品を10,000円で提供」，「市価の半額」などと表示する場合等

3)　商品または役務の取引に関する事項について一般消費者に誤認されるおそれがあると認められ内閣総理大臣が指定する表示

※現在指定されているもの：無果汁の清涼飲料水等，商品の原産国，消費者信用の融資費用，不動産のおとり広告，おとり広告，有料老人ホーム等

以上が表示に関する規制の基本的な枠組みであるが，この間の注目すべき動きとして次のようなことがあげられる。

消費者向け電子商取引（BtoC取引）が急速に普及してきたことに対応して，その健全な発展と消費者取引の適正化を図る観点から，「消費者向け電子商取引における表示についての景品表示法上の問題点と留意事項」が公表された（2002年6月制定，2003年8月改正）。そこでは，事業者がBtoC取引において求められる表示上の留意点が整理されている。

2013年秋以降，ホテルが提供する料理等のメニュー表示に関して，表示と異なる食材が使用される事実が相次いで表面化した。そのため，消費者庁は違反事業者に対して措置命令を行うとともに，「メニュー・料理等の食品表示に係る景品表示法上の考え方について」を公表した（2014年3月28日）。

2014年には2回にわたって景品表示法の改正が行われた。1回目の法改正では，事業者が講ずべき必要な措置（事業者内での表示等の情報の共有，表示等を管理するための担当者の設置など）が定められるとともに，都道府県知事への措置命令権限等の付与，事業所管大臣等への調査権限の委任によって行政の監視指導態勢の強化が図られた。

2回目の法改正では，景品表示法に**課徴金制度**が導入された（2016年4月施

行）。例えば事業者が不当表示で5,000万円以上を売り上げた場合，最長3年分の売上高の3％を納付させることになった。ただし，事業者が違反行為を自己申告すれば課徴金は半額となる。また，消費者被害の回復を促進する観点から，消費者に自主返金を行った場合に，返金相当額を課徴金額から減額する，または返金相当額が課徴金額を上回るときは課徴金の納付を命じない，という**減額制度**が採用された。

　なお，消費者庁のウェブサイトには年度別，月別で執行状況がまとめられており，そこに表示に関する措置命令の事案が掲載されている。ここから，表示に関する事件が多数発生していることがわかる。

③　その他の表示規制

　表示にかかわる制度には，すべての商品を対象にする景品表示法以外に，消費者庁所管の食品一般を対象にする食品表示法（2013年6月に食品衛生法，JAS法，健康増進法の表示に関する規定を統合して制定）がある。さらに，健康食品のうち健康への影響を表示できる「**保健機能食品**」として，次の3つがあげられる。

1)　**特定保健用食品**：商品ごとの試験により安全性と有効性を国が審査して表示を許可する食品で，いわゆるトクホのこと。

2)　**栄養機能食品**：ビタミンやミネラルなどの栄養成分量が，国が定める規格基準に適合している場合，その栄養成分の機能を表示できる食品。

3)　**機能性表示食品**：事業者の責任で科学的根拠を基に商品パッケージに機能性を表示するものとして消費者庁に届け出られた食品，2015年4月スタート。

　また，2015年6月から，**地理的表示法**（特定農林水産物等の名称の保護に関する法律）に基づく地理的表示保護制度（GI）がスタートしたことも注目される。これは，地域で育まれた伝統と特性を有する農林水産物食品のうち，品質等の特性が産地と結びついており，その結びつきを特定できるような名称（地理的表示）が付されているものについて，その地理的表示を知的財産として保護し，生産業者の利益の増進と需要者の信頼の保護を図ることを目的とする。

④ 景品類に関する規制

景品類は消費者に対する販売促進の手段として広く用いられている。とりわけ新製品の市場導入や新しい顧客層の開拓，販売不振商品の拡販などを目的として活用されることが多い。しかし，例えば競争業者が景品による販売促進攻勢をかけてきた場合，それに対抗するために同等かそれ以上の景品を用意するなど，景品の内容がエスカレートしてしまう危険がある。その結果，競争の中心が価格や品質から景品に移り，かえって消費者利益が阻害されてしまう可能性がある。

そのため，景品類に関するルールを設け，消費者利益の保護を図っている。なお，景品表示法が対象とする景品類とは，顧客誘引の手段として，取引に附随して提供される，経済上の利益と定義される。ただし，値引き，アフターサービス，商品等に附属すると認められる場合は，景品に含まれない（会員カード等によるポイント還元制度は値引きと判断される）。

景品類の類型は総付景品，一般懸賞，共同懸賞の 3 つであり，それぞれの景品類の最高額等の範囲は**図表 4 - 5**に示すとおりである。

1) 一般懸賞：商品・サービスの利用者に対し，くじ等の偶然性，特定行為の優劣等によって景品類を提供すること
2) 共同懸賞：商品・サービスの利用者に対し，一定の地域や業界の事業者が共同で景品類を提供すること
3) 総付景品：懸賞によらず，商品・サービスを利用したり，来店したりした人にもれなく景品類を提供すること

図表 4 - 5　景品類の範囲

景品の種類	取引価額	景品の最高額	景品の総額
a) 一般懸賞	5,000円未満 5,000円以上	取引価額の20倍 10万円	懸賞にかかわる売上予定総額の 2 ％
b) 共同懸賞	—	30万円	懸賞にかかわる売上予定総額の 3 ％
c) 総付景品	1,000円未満 1,000円以上	200円 取引価額の10分の 2	—

⑤　公正競争規約

　景品表示法の規定により，事業者または事業者団体が，消費者庁長官および公正取引委員会の認定を受けて，表示または景品類に関する事項について自主的に設定する業界のルールを**公正競争規約**という。事業者や事業者団体は，自らの業界の商品特性や取引の実態に即して，景品表示法だけでなく，他の関係法令も含めて，きめ細かく業界独自のルールを設けることができる。公正競争規約の運用は，各業界で**公正取引協議会**等を組織して行われる。

　公正競争規約には，表示規約と景品規約がある。2020年6月24日現在，表示規約は65（うち食品35，酒類7，家電・家庭用品等10，化粧品等5，出版・サービス2，自動車等4，不動産1，金融1），景品規約は37（うち食品11，酒類7，家電・家庭用品等2，化粧品等3，出版・サービス5，自動車等3，不動産1，医療4，金融1）の合計102規約が設けられている。とくに表示規約は多様な事項が定められており，例えば食品規約では，必要表示事項として，商品の名称，原材料名，内容量，賞味期限，保存方法，原産国名，製造業者名等を容器・包装に表示することが定められている。

⑶　特定商取引に関する法律

　この法律は訪問販売，通信販売（インターネット通販・オークションを含む），電話勧誘販売取引，連鎖販売取引（いわゆるマルチ商法），特定継続的役務提供取引（エステティックサロンや外国語会話教室等），業務提供誘引販売取引（いわゆる内職・モニター商法等）——これらを特定商取引という——を公正にし，購入者等が受ける損害を防止することによって，購入者等の利益を保護すること等を目的にしている。もともとは，1976年に訪問販売等に関する法律（訪問販売法）という名称で制定されたものである。

　2009年の**消費者庁**の発足に伴って，本法は消費者庁が所管することとなった。2021年6月の改正（2022年1月施行）では，従来，紙で渡すことが義務づけられていた契約書について，消費者の合意があればデジタル化できる，書面で行う必要があったクリーンオフ通知について，電子メール等で行える等の重要な変更が行われた。デジタル化と超高齢社会化が並行して進む状況における消費者保護のあり方として議論を呼ぶところである。

第 4 章　ワークショップの課題

1．メーカー等が小売業者の販売価格に対して影響力を行使している事例を調べ，メーカーの意図と小売業者の対応について検討しよう。逆に，メーカー等が影響力を行使できていない事例について調べ，行使できない理由や，メーカー等の対応について検討しよう。

2．大規模小売企業が納入業者に対してバイイングパワーを行使している事例について調べ，小売側の意図と納入業者の対応について検討しよう。

3．デジタル・プラットフォーマーの行為の規制に関して，EU，アメリカ，日本それぞれの考え方，制度，摘発事案の違いについて比較検討しよう。

4．不当な表示の具体的な事例について調べ，なぜ事業者がそうした行為をするのか，消費者はどのような対応を心がけるべきかについて検討しよう。

【注】

1)　再販制度の歴史については，木下修（1999）「日本の再販売価格維持の歴史」『生活基点』3 月号に詳細に整理されている。

2)　農林水産省食品産業局（2020）「令和 2 年度食品等流通調査に関する報告書」による。

3)　以上については，さらに，江尻弘（2003）『百貨店返品制の研究』中央経済社；倉澤資成（1991）「流通の『多段階性』と『返品制』：繊維・アパレル産業」三輪芳朗・西村清彦編（1991）『日本の流通』東京大学出版会所収；三輪芳朗（1991）『日本の取引慣行』有斐閣；成生達彦（1994）『流通の経済理論』名古屋大学出版会；丸山雅祥（1988）『流通の経済分析』創文社を参照されたい。

4)　総務省『令和元年版　情報通信白書』第 1 部第 3 節（1）による。

5)　以上は，大橋弘（2021）『競争政策の経済学－人口減少・デジタル化・産業政策－』日本経済新聞出版による。

6)　以下は，公正取引委員会「デジタル市場における公正取引委員会の取組」2021年 2 月17日による。

7)　以下は，消費者庁のウェブサイトによる。

関連事例 3　フランチャイズ・システムをめぐる問題

(1)　フランチャイズ・チェーンとボランタリー・チェーン

　フランチャイズ・システムは，流通の分野において成長性が高いビジネスの方式といえる。その分，政策的な課題も少なくない。ここでは，公正取引委員会と中小企業庁による加盟店保護のための規制についてとりあげる。

　小売業のチェーンストアの方式（本部と店舗の関係）には，企業型（コーポレート）チェーンと契約型チェーンがある。**フランチャイズ・チェーン（FC）**は，**ボランタリー・チェーン（VC）**と並んで，契約型チェーンに含まれる。それらは，本部が小売店を法人格としては独立したまま，契約によって組織化して形成するチェーンをさしており，契約の内容は，目標の共通化や経営技術・ノウハウの提供方法，仕入れや保管・配送，販売促進の方法，利益の配分方式などからなる。これらをつうじた共同事業によって，大規模小売業と同様の規模の利益を享受することがめざされる。

　FCは，本部（フランチャイザー）が加盟店（フランチャイジー）に対して特定の商標，事業経営のフォーマットやノウハウなどの使用を認めるというもので，小売業の分野で最も広範に採用されている業態はコンビニエンスストアである。FCの仕組みを導入することによって，本部は外部資金の活用や立地の確保が可能となり，限られた経営資源で急速な事業拡大ができるようになる。これに対して加盟店の側は，本部に一定のロイヤリティ（例えば，粗利益や売上げの数10％というように定率で設定されることが多い）を支払うことによって，本部企業の知名度や店舗運営ノウハウが利用できるようになる。つまり中小小売商のままでは実現困難な店舗運営が，経営の独立性を確保したまま可能になる。

　また，VCにおいては，本部は共同活動の計画立案，集中仕入れ，保管・配送，販売促進，商品開発，加盟店の指導・支援，金融などを担当し，加盟店は本部の計画立案過程に参画するとともに，催事など共同事業に参加する。VCは多様な業種・業態で採用されているが，組織数，加盟店数ともに多いのはミニスーパーなどの食品分野である。なお，アメリカ等では卸売業者が主宰するもののみを

VCといい，小売業者が共同して主宰する場合はコーポラティブ・チェーンと呼んでいるが，日本では，両者を区別する場合には前者を卸主宰のVC，後者を小売主宰のVCと呼ぶことが多い。

　一般に，FCの方が本部と加盟店の契約関係が厳格で，本部の統制力が強い。VCは本部の統制力が相対的に弱く，同士的紐帯が基本で，目標の共通化の範囲も限定的であることから，加盟店の自由度が高い。そのため，FCはVCに比して店舗運営や品揃えの標準化が徹底しており，統一的なチェーン展開がなされており，その業績は本部の能力に左右される度合いが高い。

⑵　FC契約をめぐる訴訟

　FCは，コンビニエンスストアの成長とともに，小売業分野で急速に普及した。普及期の1970年代後半から80年代前半に，加盟店が本部を訴える事件がいくつか発生したが，それらの中には契約内容についての理解不足や誤解など，新興業界につきもののトラブルに起因するものも含まれた。

　しかし，1990年代以降，コンビニ業界の競争激化で，チェーン間の業績格差が拡大してきた頃から，契約をめぐるトラブルが再び増加し，2000年代中盤に加盟店が本部を提訴するケースが複数みられた。そうした訴訟では，加盟店の実際の売上高が契約時に本部によって提示された売上高予想を大きく下回り，赤字となってしまったことなどの事実関係などが争われた。

　さらに近年では，本部が加盟店に対して24時間営業を「強制」することの是非が争点となり，公正取引委員会から優越的地位の濫用にあたるとの判断が示された（Sec.14参照）。

⑶　公正取引委員会による「フランチャイズ・ガイドライン」の改定

　公正取引委員会は，フランチャイズ・チェーンの普及期にあたる1983年に「フランチャイズ・システムに関する独占禁止法上の考え方について」（**フランチャイズ・ガイドライン**）を策定した。その後，本ガイドラインは訴訟の増加や独占禁止法の改正などを受けて，違法性の判断基準をより具体的に示す方向で，数度にわたって改正されている。直近の改正は2021年8月で，その概要は以下のとお

りである。

① 加盟者募集時の留意事項

　　実際のフランチャイズ・システムの内容よりも著しく優良または有利であると誤認させる行為は，ぎまん的顧客誘引に該当する場合がある。

② 契約締結後の留意事項

　　取引上優越した地位を利用して，加盟者に不当に不利益を与える行為は，優越的地位の濫用に該当する場合がある。

　　自己や自己の指定する事業者から商品，原材料等の供給をうけさせようとする行為は，抱き合わせ販売や拘束条件付取引に該当する場合がある。

　　加盟者の販売価格を拘束する行為は，再販売価格の拘束や拘束条件付取引に該当する場合がある。

③ 本部の加盟社募集に当たっての留意事項

1) 本部が加盟社募集に当たって開示すべき事項

・加盟後の商品等の供給条件（仕入先の推奨制度等）

・事業活動上の指導の内容，方法等

・加盟に際して徴収する金銭の性質，金額，その他返還の条件等

・加盟社が本部の商号等の使用，経営指導等の対価として定期的に支払う金額（「ロイヤルティ」等）の額，算定方法等

・決済方法の仕組み・条件等

・事業活動上の損失に対する補償の有無等

・契約の期間，更新，中途解除の条件・手続き等

・加盟後，加盟者の店舗の周辺の地域に，同一またはそれに類似した業種の店舗を本部または他の加盟者が営業すること（「ドミナント出店」という）ができるか否か等

2) 予想売上げ等を提示する場合の留意事項

　　加盟者募集に際して，予想売上げまたは予想収益を提示する場合には，合理的な算定方法等に基づくことが必要であり，本部は加盟希望者に，これらの根拠となる事実，算定方法等を示す必要がある，等。

3) 人手不足等の経営に悪影響を与える情報の提示およびその留意事項。

④　加盟希望者側の加盟に当たっての留意事項

・フランチャイズ・システムに加盟するには，加盟希望者の側において，相当額の初期投資を必要とすること

・今後，当該事業を継続して行うことを前提に加盟交渉が行われていること

・加盟後の事業活動は，一般的な経済動向，市場環境等に大きく依存するものであること

⑤　フランチャイズ契約締結後の本部と加盟者との取引における留意事項

・フランチャイズ契約または本部の行為が，加盟者に対して正常な商慣習に照らして不当に不利益を与える場合には，独占禁止法上の優越的地位の濫用に，また加盟者を不当に拘束するものである場合には，抱き合わせ販売等や拘束条件付取引に該当することがある。

⑷　中小小売商業振興法による規制強化

　以上の公正取引委員会の動きと連動して，中小企業庁も規制強化を進めた。**中小企業庁は，中小小売商業振興法施行規則**（1973年）において，ＦＣを**特定連鎖化事業**として，本部と加盟店との契約が適正に行われるよう，契約前に必要な説明や書面交付の内容を定めていた。この情報開示項目について，これまでの何度かの改正で強化（項目追加等）されてきた。直近の改正は2021年4月（2022年4月施行）である。

　情報開示項目は，例えば本部事業主の名称や住所，代表者の氏名，資本金や主要株主，ＦＣ事業の開始時期，本部の従業員数や役員の役職と氏名，子会社の名称と事業の種類，直近3年間の貸借対照表と損益計算書，直近3年間の加盟店数の推移，直近5年間に加盟店から起こされた訴訟数，加盟者の店舗のうち，周辺の地域の人口，交通量その他の立地条件が類似するものの直近の3事業年度の収支に関する事項などがあげられる。

第5章

流通活動の振興と調整に関する政策

　経営資源的にみて大企業に比べ劣位な中小商業者を，市場メカニズムに基づく公正な競争のルールの下で，**健全な競争主体として育成**し，自立を促したり，環境変化への適応を支援，促進したりするための政策を振興政策という。振興政策と表裏一体のかたちで実施されてきた調整政策は，競争条件の調整という観点から，大企業からの競争圧力を緩和することによって**中小商業者の事業機会を確保**することを目的としてきた。本章では，振興政策と調整政策の形成と展開について確認したうえで，振興政策が限界を迎え，拡充・強化された経緯，および調整政策の代表である大規模小売店舗法がいったん強化されながらも緩和から廃止に向かう流れについて明らかにし，商業まちづくり政策へと転換していく契機について検討する。

Sec.16 ｜ 振興政策の形成と展開

⑴　振興政策の基本的視点

　振興政策と調整政策は表裏一体的な関係にあるが（Sec. 6），当然それぞれ独自の目的を担っている。ここではまず，振興政策からとりあげよう。

　中小商業者に対する振興政策を方法という観点からみると，個々の店舗や企業に対する支援（**個別支援**）と，商店街活性化，店舗共同化，連鎖化（ボランタリー・チェーンの組織化），物流効率化などといった共同化事業に対する支援（**共同支援**）という2つの類型に大きく分けることができる。

　これらのうち従来，政策の重点は，後者の共同支援に置かれてきた。これは，

限られた政策財源（公的資金）の配分を費用対効果という観点から，より効率的，効果的かつ公平に行うという趣旨によるものといえる。ただし近年，振興政策の実効性の観点から，個別支援にも力が注がれつつある。

また，振興政策の主要な対象は中小小売商，中小卸売商などの機能や活動である。ただしこれまでの振興政策においては，こうした政策対象のうち，より零細性が強い中小小売商向け政策に重点が置かれてきている。この点が振興政策のもう1つの特徴として指摘できる。

ここでいう中小小売商などの政策対象の範囲は，中小企業政策全般の基本方針を定めた**中小企業基本法**において定義されている。中小企業基本法は，1999年の基本理念の見直し（中小企業の多様で活力ある成長発展）を含む大幅改正，小規模企業の意義を確認した2013年の改正などが行われた。同法では中小企業と小規模企業は，**図表5-1**のように定義されている。

図表5-1　中小企業基本法による中小企業と小規模企業の定義

業種	中小企業者 （下記のいずれかを満たすこと）		小規模企業者
	資本金の額または 出資の総額	常時使用する 従業員の数	常時使用する 従業員の数
製造業，建設業，運輸業，その他 （下記を除く）	3億円以下	300人以下	20人以下
卸売業	1億円以下	100人以下	5人以下
サービス業	5,000万円以下	100人以下	5人以下
小売業	5,000万円以下	50人以下	5人以下

（出所）中小企業庁による。

小規模企業に特化した政策を実施するため，2014年6月，**小規模企業振興基本法**が制定されている。そこでは，小規模企業の活力発揮の必要性が増大していることから，小規模企業の事業の持続的な発展を図るべきことが確認されるとともに，基本的施策として，需要に応じたビジネスモデルの再構築，新たな人材の活用による事業の展開・創出，地域のブランド化・にぎわいの創出等を推進することなどが掲げられている。

　振興政策の主体は，主として，中小企業基本法を所管する経済産業省（旧通商産業省）中小企業庁であるが，それ以外の省庁が関連することもある（例えば食品流通については農林水産省）。そこで以下では，経済産業省以外の省庁が関連する場合には，その旨明記することにする。

⑵　振興政策の原型確立期

　中小小売商業振興政策と調整政策の原点は，ともに1929年世界大恐慌の余波を受けて勃発した昭和恐慌後の不況期にある。振興政策については，この時期に唯一の近代的業態であった百貨店などとの競争に直面した中小小売商の多くが，経営困難に陥ったことに対応して制定された**商業組合法**（1932年）がそれにあたる［⇨**関連事例 1 を参照**］。

　商業組合法は，中小商業者が共同で組合を結成し，共同仕入れなどの共同事業や価格協定等の組合員の統制などによって，経営の合理化，事業基盤の強化を図ることを目的とするものであり，組合の共同事業等には低利融資などの資金的支援が行われることになっていた。なお，商業組合の目的の中に価格協定が含まれていることが注意を引くが，これは当時まだ，競争政策が流通政策の体系の中に位置づけを与えられていなかったことによる。

　この制度に基づいて，中小小売商は同業種が集まる組合を組織化し，共同仕入れや価格協定などの共同事業を展開した。また地域の異業種の集まりである商店街商業組合も組織され，共同販売事業などに取り組んだ。さらに1936年には中小企業を対象とする金融機関として**商工組合中央金庫**が設立されている。

　こうして，個別的には競争力の弱い中小商業者を組織化し，共同事業を展開するための各種の支援を行うことによって，大企業に対抗できる勢力（競争主体）に育成する，という振興政策の原型が確立されたのである。

⑶　保護政策から近代化政策へ

　以上のような第二次大戦前の枠組みは，1948年の**中小企業庁**の創設を経て，1949年制定の**中小企業等協同組合法**にまず受け継がれた。これは中小事業者の協同組合活動に対する資金的助成策などを定めたものであり，小売商を固有の対象にした制度ではないが，商店街が事業協同組合を結成することも可能であ

った。しかし，組合員に関する法律要件が厳しく，実際に組合結成が可能であったのは商店密度の高い商店街などに限られた。

　そのため，商店街を対象にした独自の制度を求める声が高まり，1962年に議員提案によって，商店街に立地する小売商を，振興組合として組織し法人化するための**商店街振興組合法**が制定された。これによって，商店街は**共同事業**（仕入れ，保管，運送，宣伝，チケット商品券の発行等）や**環境整備事業**（アーケードの設置等）などを行うことが認められ，そうした事業に対して政府から資金面等の支援が行われるようになった。

　この間，中小企業政策全般は1963年の**中小企業基本法，中小企業近代化資金助成法，中小企業近代化促進法，中小企業指導法**などの制定を機に，従来までの保護政策から近代化政策へと転換していった。これらのうち中心となる中小企業基本法において，国の中小企業政策の目標として，中小企業者の自主的な努力を助長することと，中小企業の生産性および取引条件を向上させ，中小企業の成長発展を図り，中小企業従業者の地位向上に資することがあげられている（1条）。

　こうした政策転換と軌を一にして，中小小売商に対する振興政策も，1950年代末からのいわゆる「**流通革命**」とよばれるスーパー等の勃興期を経て，高度成長期に入った1960年代中頃から，近代化政策としての性格を強めていった。ここで参考までに，1950年代から1970年代初頭までの大手スーパーの動向（設立・合併等）を**図表5-2**にまとめておこう。

⑷　流通近代化政策の展開

①　流通近代化政策の3本柱

1950年代末からのスーパーの登場を受けて，通商産業省の企業局長（当時）の諮問機関である**産業合理化審議会**の**流通部会**は，1962年から今後の流通政策のあり方等に関する審議を開始するとともに，スーパーの実態調査に取り組んだ。さらに，1964年に同審議会から改組された**産業構造審議会**の**流通部会**で審議が継続された。その結果，振興政策を**保護的観点から近代化の観点（健全な競争主体としての育成）**へと転換することが打ち出され，1960年代中盤以降，中小小売商を対象に次のような施策が展開されるようになった。当時，これら

図表 5 - 2　大手スーパーの動向（1950年代〜1970年代初頭）

年	動向（設立・合併等）
1953	日本初のセルフサービス店，紀ノ国屋が東京青山に開店。
1955	衣料品セルフサービス店第 1 号，ハトヤが開店（後のニチイ）。
1956	西武百貨店が西武ストアを設立（現西友）。丸和フードセンターが福岡小倉にスーパーマーケット開店。
1957	東急グループのスーパーマーケット部門として東光ストアが発足（現東急ストア）。兵庫の灘生協がセルフサービス導入。ダイエーが大阪千林に「主婦の店ダイエー」第 1 号店を開店。
1958	日本セルフサービス協会設立。ヨーカ堂設立（現イトーヨーカ堂）。ダイエーが本格的スーパーマーケット，三宮店を開店。
1959	いずみやがセルフサービス方式を導入。西武ストアがセルフサービス方式のひばりが丘店を開店。
1960	ヨーカ堂がセルフサービス導入。日本スーパーマーケット協会発足。
1961	カスミストア設立（現カスミ）。フタギ（現ジャスコ）がスーパー第 1 号店開店。
1962	灘神戸生協発足（現コープこうべ）。
1963	西友ストア設立（西武ストアから商号変更）。セルフハトヤなど 4 社が合併してニチイ設立（現マイカル）。
1965	ヨーカ堂がイトーヨーカ堂に社名変更。
1967	長崎屋がスーパーで初の東証 1 部上場。日本チェーンストア協会発足（参加72社）。
1968	岡田屋，フタギ，シロの 3 社によりジャスコ発足。住友商事が子会社のサミット・ストアのチェーン展開開始。ダイエーが大阪香里に初の郊外型ショッピングセンター開店。
1971	西川屋，ほていや，ユニーが合併してユニー設立。イトーヨーカ堂と紅丸商事がヨークベニマルを設立。ダイエーが大証 2 部上場。
1972	ダイエーが年商で三越を抜き小売業第 1 位になる。イトーヨーカ堂が東証 2 部上場。

を総称して**流通近代化政策**と呼び，その後も振興政策の 3 つの柱として位置づけられてきた。

1) **商店街活性化**を目的とした店舗ファサード（正面）やアーケード，カラー舗装などの施設整備，共同販売促進事業への支援

2) **店舗の共同化**事業への支援

3) 中小小売商のボランタリー・チェーンへの組織化を目的とした**連鎖化**事業への支援

　これらのうち商店街活性化と店舗共同化は，基本的に異業種の中小小売商の集まりを対象とした政策といえる。**商店街**とは，自然発生的に集まった小売商によって歴史的に形成されてきた商業集積であり，小売商間の共同行動をつうじて商店街としての魅力を高める行為——例えば互いに補完し合ってワンストップショッピングが可能で，快適な買い物空間にすること等——を商店街活性化事業という。

　また店舗共同化とは，中小小売商が集まって，寄り合い百貨店や寄り合いスーパーと呼ばれる**共同店舗**を計画的に形成することをさす。

　これに対してボランタリー・チェーンへの組織化は，同業種の中小小売商の集まりを対象にしている。ここでいう**ボランタリー・チェーン**とは，多数の同業者が個々の独立性は維持したまま連携して，仕入れや保管・配送，販売促進などを共同化することによって，大規模小売業と同様の規模の利益を享受することをめざす企業間組織をさしている。アメリカでは，すでに1930年代からボランタリー・チェーン形成の動きがはじまっているが，日本では，1960年代当時まだ本格的な普及段階には至っていなかった。そのため政策的な支援策を強化することによって，ボランタリー・チェーン化の推進が図られたのである。

②　商業の立地政策

　流通近代化政策とともに，小売業や卸売業の立地を適切な場所に転換することによって，彼らの活動や機能をより高度化することをめざす政策の必要性に関する認識が高まった。そのうち具体的な政策として展開されたのが，次の2つである。

　1)　卸売業の立地適正化

　2)　商業近代化地域計画

　卸売業の立地適正化については，卸商業団地と卸総合センターの開発がある。このうち**卸商業団地**とは，交通混雑，駐車場難などにより，卸売業の業務を適切に果たすことが困難な市街地に立地する中小卸売商（20社以上）が事業協同組合を結成し，そうした問題を克服するとともに，企業規模の適正化や事業の共同化等によって機能高度化を図ることを目的にして，郊外の立地に集団化して店舗等の施設を設置することをさしている。

　また**卸総合センター**とは，アパレルなど都心部での営業が向いている業種の卸売業者を対象に，大都市副都心部に高層ビルを建設し，企業規模の大小を問わず集団で入居することによって，機能合理化・高度化，規模の利益の享受，都市計画との整合性などを図ろうとするものであった。**大阪マーチャンダイズマート**（1969年）や**東京卸売りセンター**（1970年）などが開発された。

　他方，商業近代化地域計画とは，卸売業や小売業，さらには物流施設も含めて，市町村の都市計画をはじめとした地域計画等との調整を行いながら，地域全体としての商業近代化を図るための制度である。1970年に**商業近代化地域計画事業**として開始され，年度ごとに策定地域が順次選定された。

　すでに全国の主要な市町村の多くで計画が策定されたが，問題はこの事業の対象が計画策定への支援に限られ，計画の実施については支援の対象に含まれていないことにある。また計画に対する拘束力もほとんどない。そのため，地域商業の将来に関する青写真づくりに地域の関係者が主体的にかかわることの意義はあったにしても，策定された地域計画が現実的に実施に移される可能性はきわめて低く，そのまま放置されてしまうケースも多かった。とはいうものの，この計画と連動するかたちで鉄道駅前の商業開発が進められる事例も少なくなく，そこを核にして新しい商店街を整備するなどの事業が各地で行われた。

③　流通システム化政策

　流通近代化政策と並行して，通商産業省は，物流を含むさまざまな構成要素が一体的に結合した複合体として流通をとらえ，システム全体の生産性向上や機能高度化を図るという方向を打ち出した。これを**流通システム化政策**といい，1971年に1975年までの行程表を示した流通システム化計画が策定された。流通システム化政策は，**卸売市場の整備**とならんで流通基盤の整備に関する政策（**基盤政策**）に分類できるが，流通近代化政策との関連も深いことから，ここでとりあげることにした［⇒**関連事例 4 を参照**］。

　流通システム化政策の中心は，伝票統一化，取引条件標準化などシステム化の基礎となる標準化にあり，情報通信技術が未成熟な段階において，かなり先駆的で大胆な試みであった。具体的な成果として残したものは決して多くないが，その後の急速な **POS システムの普及**に代表される流通情報システム化や

物流システム化などを準備したという意味で，大きな意義があった。

　その後も，商品コード（バーコード等）の統一など取引にかかわるプロトコル（通信手順）の標準化や普及，POS システムの導入促進，EDI 化の推進，電子認証制度や電子商取引指針等による電子商取引の基盤づくりの推進など，流通システム化という方向での政策は継続的に取り組まれている。

⑸　中小小売商業振興法の制定

　高度成長期の1960年代は，総合スーパー，食品スーパーが成長する一方で，インフレが昂進し，ついに1971年のドル・ショックを契機に高度成長の終焉を迎えた。同時に，資本自由化の進展による外資系小売業の日本進出の脅威も高まった（Sec.17参照）。こうした時代背景の中で，流通近代化政策において展開されてきた，中小小売商振興のための施策が体系的に整理された。それが，1973年に制定された**中小小売商業振興法**（「小振法」と略される）である。

　ここで注意すべきは，本法の制定が調整政策の分野における大規模小売店舗法の制定と同時期に行われたことである。両法を合わせて制定することによって，上記のような事情で経営環境が悪化していた中小小売商の苦境に，政策的に対応しようとしたということができる。

　中小小売商業振興法の中心は，振興指針に基づいて進められる「**高度化事業計画**」にある。この高度化事業計画は，流通近代化政策の枠組みを受け継ぐものであり，次の３点によって構成される。これらは，いずれも中小小売商の共同化，協業化によって，より高度な事業活動の実現をめざすものといえる。

① **商店街整備事業**：既存商店街の活性化のための事業への支援
② **店舗共同化事業**：新たに共同店舗を建設するための事業への支援
③ **連鎖化事業**：ボランタリー・チェーンの組織化をめざす事業への支援

　こうした事業を実施するために，中小小売商業振興法では，中小企業政策の実施機関として国によって設立された中小企業事業団等による診断指導・人材育成，高度化融資や補助金等の資金面での支援，税制面での支援などが用意された。なお，**中小企業事業団**は，1999年７月に中小企業信用保険公庫，繊維産業構造改善事業協会と統合し**中小企業総合事業団**となり，さらに2004年７月に地域振興整備公団，産業基盤整備基金の業務を統合し，独立行政法人**中小企業**

基盤整備機構となった。

　また，フランチャイズ・チェーンについても**特定連鎖化事業**としてとりあげられている。しかしこれは支援措置ではなく，契約内容等について本部（フランチャイザー）に開示義務を課すなどによって，加盟店（フランチャイジー）が不利益を被ることがないよう，フランチャイズ・チェーンの運営を適正化することを目的とするものである［⇒**関連事例3**を参照］。

Sec.17 | 調整政策の形成と展開

(1) 調整政策の基本的視点

　流通分野における調整政策は，主として中小小売商の事業機会を確保するために，大規模小売業の事業活動を抑制する政策として実施されてきた。その前提には，振興政策によってもなお，中小商業者の中には競争主体としての自立が遅れる部分が存在し，自由な競争に委ねてしまっては市場の失敗が生じるおそれがあるとの判断がある。

　つまり調整政策は，たんに中小商業者の保護を目的とするのではなく，振興政策の成果がある程度でてくるまでの時間的猶予を稼ぐことによって，中小商業者の健全な競争主体への育成や環境適応力の向上等を後押しするという目的を担っている。その意味で，理念的には，**調整政策は振興政策とワンセットになって，競争政策を補完**していると位置づけることができる。

　現実の歴史を振り返っても，この後みていくように，調整政策は振興政策と表裏一体のかたちで実施されてきている。いわば，中小小売商にとってアメとムチが同時に行使されているような状況である。なお調整政策の主体は，主として経済産業省（旧通商産業省）である。

(2) 調整政策の原型確立期

　調整政策の原点は，第二次大戦前の1930年代に，成長著しい**百貨店**に対して，中小小売商が政府による規制を求める運動を展開した結果，1937年に制定された**百貨店法**にある［⇨関連事例１を参照］。

　同法は，**中小小売商保護の観点**から，当時唯一の近代的業態であった百貨店と，中小小売商との競争を調整することを目的とするとともに，百貨店同士の過当競争を調整するという目的をも担っていた。そのため百貨店の開業，支店・出張所等の設置，売場面積の拡張，出張販売などを主務大臣（当時は商工大臣，現在の経済産業大臣にあたる）の許可制とするとともに，閉店時刻と休日日数を法で定めた。

　また同法によって，百貨店は店舗面積1,500㎡以上（6大都市では3,000㎡以上）の小売業と定義された。この基準は，その後の調整政策においても基本的部分で踏襲されることになる。

　こうして百貨店は厳しい規制下に置かれることになったが，その数年後には日中戦争から第二次大戦へという激動の時代が始まり，わが国経済は戦時体制に組み込まれていくことになる。戦時経済下においては，生産も流通も統制下に置かれ，自由な企業活動はほとんど不可能となった。とりわけ商業は整理・縮小の対象とされ，政府の配給機関として位置づけられたことから，百貨店の活動は事実上休眠状態に陥った。

　それはともかく，ここで注意すべきは，百貨店法の制定が振興政策の原点といわれる**商業組合法**の制定（1932年）から，遅れることわずか5年のことであったことである。ここから，調整政策と振興政策は，当初から表裏一体的な関係にあったといえる。ただし，この時点では，競争政策は流通政策の体系の中に位置づけられていなかったことに留意が必要である。

⑶　百貨店法から第二次百貨店法へ

　第二次大戦後，百貨店法は独占禁止法の制定とほぼ同時に，いったん廃止された（1947年）。廃止の理由としては，百貨店法が営業の自由に対する重大な制限であるとともに，既存の百貨店業者の既得権益の擁護につながることや，百貨店の不当な取引方法や競争手段による中小商業への圧迫は，独占禁止法による規制によって十分阻止できることなどがあげられている[1]。この背景には，連合国軍総司令部（GHQ）の強い意向があったといわれる。その結果，これ以降しばらくの間，百貨店の事業活動に対する規制は，**独占禁止法の観点**のみからなされることになる。

　さて，敗戦直後は戦禍によって日本経済は麻痺状態にあり，小売業の活動も単独の中小小売商や露天商などを除けば，組織的なものはほとんどみられなかった。そうした中で，**生活協同組合**（職域生協および地域生協）が戦後まっさきに組織的な小売活動を開始することになる。さらに1950年頃から，経済復興に伴う消費意欲の高まりを背景に，**百貨店**の活動が活発化してくる。それに伴って，仕入先に対する返品や値引き要請，手伝い店員の派遣要請が横行すると

ともに，激しい安値販売も展開した。これが再び，再建途上の卸売商や中小小売商の経営を圧迫するようになったのである。

　こうした事態を受けて，百貨店の事業活動を規制するために，独占禁止法に基づいて，不当な返品や不当な派遣店員の禁止などを規定した，**百貨店業に対する特殊指定**（1954年）が告示された（Sec.13参照）。しかし，これだけでは納入業者に関する問題への対応にはなるが，中小小売商への影響を抑制することはできないとして，百貨店法復活に期待する声が高まった。その結果，産業合理化審議会（後の産業構造審議会）に設けられた商業部会における審議を経て，1956年に百貨店法が復活されることになったのである。

　第二次大戦後の百貨店法は，戦前のそれと区別するため，一般に**第二次百貨店法**と呼ばれる。第二次百貨店法は，百貨店法と同様に，開業や支店・出張所等の設置，売場面積の拡張，出張販売などに許可制をしき，閉店時刻と休日日数を定めた。

　ただし，許可の単位については，百貨店法では建物単位とされていたが，第二次百貨店法では企業単位とされた。店舗面積の基準は百貨店法と同様で，1,500㎡以上（指定都市では3,000㎡以上）とされている。また，諮問機関として百貨店審議会（百貨店法では百貨店委員会）が設置され，さらに百貨店の新・増設に際しては地元の商工会議所・商工会に設けられる**商業活動調整協議会（商調協）**の意見を求めることが，第二次百貨店法に関連する通達において新たに定められた[2]。以上から，第二次百貨店法の制度上の特徴は，**許可制**，**企業主義**，**地元重視**（商調協の意見重視）にあるといえる。

⑷　小売商業調整特別措置法

戦後復興期に活動を活発化したもう１つの小売業態に小売市場がある。**小売市場**とは，食料品を中心とした日常的な商品を扱う中小小売商が計画的に集まって形成する商業集積であり，1918年に大阪に**公設小売市場**が開設されたのを契機として，戦前から公設，私設の小売市場が各地に形成された［⇒**関連事例1を参照**］。戦時中の活動中断を経て，1950年代に入ると，小売市場は活動を再開し，日常的商品をワンストップ・ショッピングできる場として消費者の支持を集めた。

　こうした小売市場の存在もまた，中小小売商の経営を圧迫するようになるとともに，来店客のバスによる送迎やおとり販売などを含めて，小売市場間で激しい競争が繰り広げられた。また小売市場への出店希望者も多く，安普請の施設で高額な権利金や賃貸料を要求する，悪質な小売市場開設者もあらわれた。

　このような状況を受けて，小売市場の開設について政府の規制を求める声が高まった。その結果，事業者が従業員やその家族向けに行う購買会事業や，製造業者等の小売兼業などに関する規制を含めて，1959年に**小売商業調整特別措置法**（「商調法」と略される）が制定された（1977年改正，直近の改正は2014年）。主要な内容は，政令指定都市における小売市場の開設について知事の許可制とする，購買会事業については員外利用を禁止する，中小小売業と他の小売形態との紛争について知事に調整権限を与えるなどである。

　なお，1977年の同法改正は，同年制定の分野調整法との整合性をとるためのものである。**分野調整法**とは，中小企業の事業機会確保を目的に，小売業以外の特定事業分野（豆腐，ラムネなど）への大企業の参入を規制する制度である。同法では，大企業の参入に際しての事前調査や規模縮小・開始延期・一時停止の勧告などが規定されていることから，同様の制度が商調法にも加えられた。

⑸　大規模小売店舗法の制定

　1950年代末から始まったいわゆる**流通革命**の時期に勃興した総合スーパーや食品スーパー等は，1960年代をつうじて出店を繰り返し，急速に店舗網を拡大していった。いわば新興企業同士の陣取り合戦である。

　それを促したのは**国内企業間の競争**という要因が第 1 にあげられるが，それだけでなく，1960年代末以降に予定されていた**資本自由化の影響**もある。というのは，国内資本の小売業が，資本自由化が実行されれば，外資系小売業が日本に続々と参入してくるのではないか，との危機感を強く持ったことから，外資参入前にできるだけ店舗網を整備しようとしたからである。小売業における資本自由化は，他分野のスケジュールよりはやや遅れ，1969年と1970年の第二次および第三次資本自由化で開始され，1971年の第四次資本自由化で11店舗までの小売業について出資比率50％までが自由化され，さらに1975年の完全自由化で完了している。

総合スーパー等の急成長は，当然，中小小売商の経営に大きな影響を及ぼした。そのため，全国で総合スーパー等の出店に対する反対運動が頻発するようになった。また，第二次百貨店法（以下ではたんに百貨店法とする）の規制下にあった百貨店も，総合スーパー等の急速な出店を苦々しく思っていた。

それでは，当時，百貨店法の規制が存在するにもかかわらず，どうして総合スーパー等は出店が可能であったのであろうか。それは百貨店法が，基準以上の売場面積で小売業を営む企業を百貨店業と定義し，その事業活動を規制するという企業主義の立場をとっていたからである。

そのため，多くの総合スーパー等は，規制基準以下の面積で出店したり，建物全体では規制基準を上回る規模であっても，各階ごとに別会社とするなどの方法によって，それぞれの売場面積を規制基準以下にする，という企業主義の枠から免れる方法で出店を行っていった。これを「**擬似百貨店問題**」という。こうした事態に対して，中小小売商と百貨店の双方が規制見直しを強く求めたこともあって，産業構造審議会流通部会において百貨店法のあり方に関する検討がなされた。

その結果，資本の完全自由化を控えた1973年，第二次百貨店法が廃止され，代わって**大規模小売店舗法**（「大店法」と略される）が制定された（施行は74年）。なお，同年には中小小売商業振興法も制定されている。ここに，**調整政策と振興政策との表裏一体性**が典型的に示されている。

⑹ 大規模小売店舗法の目的と調整スキーム

① 大規模小売店舗法の目的と基本的仕組み

大規模小売店舗法の目的は，１条において次のように規定されている。

> この法律は，消費者利益の保護に配慮しつつ，大規模小売店舗における小売業の事業活動を調整することにより，その周辺の中小小売業の事業活動の機会を適正に確保し，小売業の正常な発達を図り，もって国民経済の健全な発展に資することを目的とする。

ここでは大規模小売店舗の出店や増床などの事業活動を調整する趣旨として，

1) 消費者利益の保護

2) 中小小売業の事業機会の確保

3) 小売業の正常な発達

という 3 つがあげられている。これらのうち実質的な狙いは，②の中小小売業
の事業機会の確保にある。

大規模小売店舗法においては，企業主義に代えて**店舗主義**が採用され，店舗
面積1,500㎡以上（政令指定都市等では3,000㎡以上）を大規模小売店舗と規定
し，この規準を満たすすべての店舗を調整対象に含めた。これによって擬似百
貨店方式の出店も法の網にかけられるようになった。

また調整の方法は，許可制から**事前審査付き届出制**にあらためられた。この
事前審査という一句がじつは曲者であった。というのは，審査の方法に関する
行政の裁量によって運用のあり方が大きく変化すること，つまり実質的な許可
制に近いかたちにすることも可能だし，たんなる届出制に近い内容で運用する
ことも可能になるからである。実際，1970年代末以降の規制強化期には，法改
正と並んで，事前審査のあり方を運用面で変えるという方法が用いられた。

調整の基準としては，出店予定地の**地元の意向重視**という百貨店法の枠組み
が継承された。すなわち，出店を認めるかどうかの判断に際し，通達によって
商工会議所・商工会に設けられる商調協に意見を求めるというかたちである。

つまり，百貨店法から大規模小売店舗法への転換の特徴は，**規制対象**につい
ては店舗主義の採用によって強化の方向に，**規制方法**については事前審査付き
届出制によって行政の裁量性を高める方向に，**規制基準**については地元重視の
立場の継承というようにまとめられる。

② 大規模小売店舗法の調整スキーム

大規模小売店舗法は，**図表 5 - 3** に示すように，1970年代末からの規制強
化・出店抑制時代，1980年代末からの規制緩和時代を経て，2000年 6 月に四半
世紀の歴史の幕を閉じた。その間の数次にわたる法改正や運用改正によって，
調整スキームに大小さまざまな変更が加えられてはいるが，基本的な調整プロ
セスは次のように整理できる（以下では煩雑となるので新規出店のケースで説
明する）。

1) 大規模小売店舗を出店しようとする者（建物設置者および小売業者）に

図表 5 － 3　大規模小売店舗法関連略年表

年月	事　項	内　容
1973. 10	大店法の公布 （74. 3 施行）	○百貨店法の許可制・企業主義から事前審査付き届け出制・店舗主義へ ○対象店舗免責：1,500m²以上 　（特別区・指定都市3,000m²以上）
----	〈規制強化の時代〉 ----	
1978. 11	改正大店法の公布 （79. 5 施行）	○調整対象の拡大・勧告期間の延長などによる規制強化 ○第1種大規模小売店舗：1,500m²以上 　（特別区・指定都市3,000m²以上） 　第2種大規模小売店舗：500m²超1,500m²未満 　（特別区・指定都市500m²超3,000m²未満）
1982. 1	「当面の措置」通達 （82. 2 実施）	○事前説明指導・特定市町村における出店自粛指導による運用強化・出店抑制
1983. 12	「80年代の流通産業ビジョン」	○82年措置の暫定性を確認しつつも実施状況について肯定的評価
1984. 2	「今後の運用」通達	○82年の継続
----	〈規制緩和への転換期〉 ----	
1986. 4 1987. 6 1988. 12 1989. 6	前川レポート 大店審議会長談話 新行革審答申 「90年代の流通ビジョン」	○大店法の運用適正化による規制緩和を提言
----	〈規制緩和の時代〉 ----	
1990. 4	日米構造協議中間報告	○大店法の3段階の規制緩和プログラムを公約
5	大店法運用適正化通達	○出店調整期間の短縮（1年半以内）・手続きの簡素化・透明化などによる規制緩和
6 1991. 5	日米構造協議最終報告 大店法関連5法の公布 （92. 1 施行）	○種別境界面積の引上げ・商調協の廃止・出店調整期間の短縮（1年以内）などによる規制緩和 第1種大規模小売店舗：3,000m²以上 　（特別区・指定都市6,000m²以上） 　第2種大規模小売店舗：500m²超3,000m²未満（特別区・指定都市500m²超6,000m²未満）
1994. 2	行革推進本部「行革大綱」	○経済規制は「原則自由・例外規制」，社会規制は「自己責任原則にもとづき必要最低限に」
4	大店法運用緩和通達 （94. 5 実施）	○店舗面積1,000m²未満の出店の原則自由化などによる規制緩和

4	対外経済改革要綱	○大型店の出店に伴う開業関連許認可などの手続きの簡素化・迅速化
6	行革推進本部「規制緩和策」決定	○当初検討されていた大店法の「段階的廃止」の方針を明示することは見送りとなり，中期的に見直していくことのみを確認
1995. 1		○WTO協定GATS（サービスの貿易に関する一般協定）発効 1996〜1997年に大店法がGATS違反として米国から問題とされる
1997. 5	大店法抜本見直しに着手	
1998. 5	まちづくり 3 法の制定	○大規模小売店舗立地法 ○改正都市計画法 ○中心市街地活性化法
1999. 6	大店立地法の運用指針策定	
2000. 6	大店立地法の施行・大店法の廃止	

　　　よる通商産業大臣への届け出

2)　通商産業大臣による，大規模小売店舗の出店が**周辺の中小小売業に相当程度の影響を与えるおそれ**があるかどうかについての**事前審査**

3)　「おそれあり」と認められた場合，通商産業大臣は**「調整 4 項目」**，すなわち**店舗面積，開店日，閉店時刻，休業日数**に関する届け出内容の変更を勧告

4)　勧告にしたがわない者に対して，通商産業大臣による変更命令

　以上の一連のプロセスにおいて調整権者となるのは通商産業大臣であるが，これはいわば形式的な権限であり，実質的な調整は，すでに述べたように，地元に密着した組織によって行われた。1991年の法改正以前においては，この実質的調整の場は，各地の商工会議所・商工会が事務局となって，市町村等に設置される**商業活動調整協議会（商調協）**であり，地元小売商代表，消費者代表および学識経験者の 3 者によって構成された。商調協は百貨店法時代からの実質的調整機関であるが，省令等によって行政的に設置されたものである。

Sec.18 振興政策の限界と拡充・強化

(1) 中小小売商の衰退と振興政策の限界

　中小小売商業振興法と大規模小売店舗法の制定にもかかわらず，中小小売商の経営環境は決して好転しなかった。そのため1970年代末以降，大規模小売店舗法の改正や運用強化などによって，大型店の出店を抑制する方向に調整政策はシフトしていったが，中小小売商の衰退や商店街の地盤沈下などという大局的状況に変化はなかった。

　とりわけ衝撃的だったのが，1985年商業統計における中小小売商を中心とした小売商店数の激減であり（1982年の172万店が1985年の163万店に激減し，1999年には141万店にまでなった），これ以降，中小小売商店数の減少傾向はとどまることなく現在も続いている。**図表5-4**は，1982年以降の小売業の事業所数，年間商品販売額，従業者数の『商業統計』前回調査比の推移をまとめたものである。

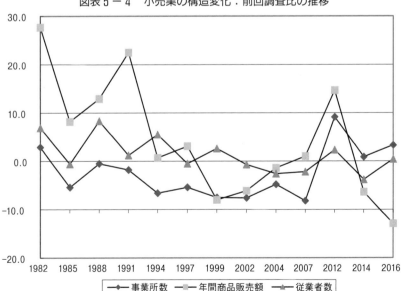

図表5-4　小売業の構造変化：前回調査比の推移

（出所）1982年から2014年は「商業統計」各年版，2016年は「経済センサス」に基づき作成。

　それでは，なぜそうした状況がもたらされてしまったのであろうか。それは，商店街整備，店舗共同化，連鎖化という 3 つの施策を柱とする振興政策そのものにかかわる，次のような限界ないし問題点と関連している。

①　商店街における共同事業：抜本的対策や柔軟な変化対応が困難

　商店街における共同事業は，一方で，個々の小売商の従来の立地や業種，品揃えを前提として行われることがほとんどのため，抜本的な対策は打ちづらい。また他方で，共同事業に対する意欲や，経営状況（売上げ，利益等だけでなく後継者の有無なども含む）は小売商によってばらつきがあり，そこに割ける経営資源も限られている。しかも，公的支援策を受けた施設（アーケード等）は長期間改修ができず，老朽化が進んでしまう（近年，老朽化したアーケードを撤去するケースが増えているが，その事業そのものに対する支援策は用意されていない）。そのため，競争環境や消費者行動などの変化に対応できず，衰退を続ける商店街が多くなる。

②　店舗共同化事業：運営ノウハウと変化対応力が不足

　共同店舗については，建設時の初期投資は公的な支援策が活用できるため多数形成されたが，その後の運営に必要な経営資源やノウハウが不足しがちになる。しかも，公的支援策を受けた施設は長期間建て替えや改修ができない（短いサイクルで行われる大規模小売業の店舗の建て替えや改修とは対照的）。こうした事情から，時間とともに品揃えの魅力の低下や施設の老朽化などが進み，環境変化に対応できないまま，厳しい経営状況におかれてしまうところが多くなる。

③　連鎖化事業：チェーン組織としての競争力の弱さ

　ボランタリー・チェーンは，仕入れや物流面の共同化は行われるものの，各店舗の独立性の維持を建て前とすることから，店舗や品揃えなどの標準化が進まず，規模の利益を十分上げられないところが少なくない。そのため，総合スーパーや食品スーパーなど大規模小売業との競争だけでなく，後発ながら強い本部コントロールの下に各店舗の標準化を進めたフランチャイズ・チェーンとの競争においても劣位に立たされることが多くなる。

④　事業主体としての組合組織における合意形成の難しさ

　3 つの施策に共通しているのは，組合組織（振興組合や協同組合）が事

業の推進主体（公的支援策の受け皿）とされていることである。組合組織は，中小商業者が個々の独立性を維持したまま共同事業を行うに適した組織特性を持つ反面，事業の迅速な推進という観点に立つとマイナス面もある。その最大の問題は，組合組織が多数決原理によってではなく，全会一致原則によって運営されることが多い，という合意形成の方法にかかわる[3]。というのは，たとえある事業の推進を多数決で決めたとしても，個々の商業者の独立性が維持されているため，その決定は反対者を拘束できないので，最終的に全会一致が必要になるからである。その結果，組合員の一部が主導して新規事業への取組みについて大半の組合員を説得できたとしても，少数の反対者がいると，ものごとが進まなくなってしまう。これでは，商業者の現状打破の「やる気」は失せ，現状維持のまま地盤沈下してしまう。

⑵　ソフト重視への転換と「まちづくり」

以上のような振興政策の限界を踏まえて，新たな政策方向が検討された。その結果，産業構造審議会流通部会と中小企業政策審議会流通小委員会の合同会議（以下では「**産構審・中政審合同会議**」）の答申「80年代の流通産業ビジョン」（1983年）において，**地域社会（コミュニティ）**における小売業の役割の重要性が強調されるとともに，商店街のように伝統ある商業集積は地域文化や地域社会の担い手であるとの考え方が提示された。

こうした考え方に基づいて**コミュニティ・マート構想**が立案され，1984年から対象地域を選定して実施された。これは商店街の周辺に小公園や公民館などの各種コミュニティ施設を設置し，イベントなどを開催することによって，商店街をたんなる買い物施設にとどまらない人々のふれあいや交流の場とするというものである。

コミュニティ・マート構想の背景には，従来の中小小売商向けの振興政策が，商店街のアーケード化やカラー舗装化などといった**施設整備（ハード）**面の支援に重点が置かれていたことへの反省がある。つまり，そうしたハード面への支援に重点を置いた施策では，中小小売商の衰退や商店街の地盤沈下に歯止めがかけられないとの反省である。

　しかも1980年代末からは，大規模小売店舗法をはじめとする規制緩和の流れが強まり，中小小売商の経営環境はますます厳しくなった。そうした中で，事業の継続・発展に対して意欲のある小売商と，そうでない小売商との意識面の格差がいっそう大きくなり，それらを一律に支援することの問題も指摘された。

　このような認識を踏まえて，中小小売商や商店街の役割を地域社会とのかかわりの中であらためて位置づけ直すとともに，**ソフト面**も含めた支援策を強化し，意欲ある小売商に対して集中的に行うという方向が打ち出された。そうした状況において，振興政策の展開にあたってのキーワードとして注目されたのが「まちづくり」という概念である。さらにこの概念は，大型店に対する出店規制のあり方を議論する際の視点としても重視されるようになった。

　その結果，1990年代以降の振興政策は「**まちづくり**」をキーワードに，**ソフト面の支援**と**地域社会とのかかわり**という２点を重視するかたちで，拡充・強化されていくことになる。こうした動きは，1990年代末にいわゆる「**まちづくり３法**」として結実する（第 6 章参照）。

⑶　中小小売商業振興法の改正

　ここでは，振興政策の拡充・強化を目的に実施された，1991年の**中小小売商業振興法の改正**についてみていく。この改正は，**大規模小売店舗法の規制緩和**のための改正，**特定商業集積整備法**の制定など５つの法律をワンセットにして実施されたため，それらを合わせて「**大店法関連５法**」と呼ばれた（Sec.19参照）。

　今回の中小小売商業振興法改正は，消費生活様式の変化，交通体系・都市構造の変化の進展，あるいは政府規制の緩和等といった，中小小売商を取り巻く経営環境の変化への対応を目的として実施された。その特徴は，まちづくりの観点に立った施策や，中小小売商の経営機能の高度化，イベント支援などソフト面の施策を新たに導入したところにある。

　こうした観点から，当初３本柱で進められてきた**高度化事業計画**に，店舗集団化計画，電子計算機利用経営管理計画，商店街整備等支援計画の３つの計画が新たに追加された。また，従来の計画のうち，店舗共同化計画と連鎖化事業計画の内容拡充も行われた。それぞれの概要は以下に示すとおりである。また

こうした政策メニューの整備とともに，資金面（補助金，融資，信用保証等）
や税制面の助成策の充実も図られている。

① **商店街整備事業**：基本的に従来の内容を継承

② **店舗集団化事業（新規に追加）**：商業に適する新たな立地における商店
街づくりのための事業であり，都市の構造変化や交通網の変化に対応して，
新しい商業適地へ中小商店が一団となって進出し，ショッピングセンター
等を形成することを支援する。

③ **共同店舗等整備事業（従来の店舗共同化事業を改称）**：共同店舗の設置
以外に，多目的ホールや駐車場，スポーツ施設，介護・育児施設などの店
舗以外のコミュニティ施設を共同店舗に設置する事業も支援対象に含めた。

④ **電子計算機利用経営管理事業（新規に追加）**：中小小売商が共同で電子
計算機を利用して，売上げ・仕入れ等の記帳，税務計算，共同倉庫管理，
POS，EOS などの導入を図ったり，商店街でポイントカード，プリペイ
ドカード，クレジットカードなどのカード事業を開始したりするといった
ような，中小小売商の情報化等による流通合理化を支援する。

⑤ **連鎖化事業（従来の事業の拡充）**：中小小売商が共同仕入れ・共同輸入
を実施するため倉庫，配送センター等の本部施設を整備する事業を支援す
る。

⑥ **商店街整備等支援事業（新規に追加）**：市町村と商店街組合が協力して
まちづくりを進めるために，共同出資（いわゆる第三セクター）や，公益
法人として「**街づくり会社**」を設置し，多目的ホール，駐車場，スポーツ
施設，介護・育児施設などを設置したり，共同店舗を設置したりするとい
った事業を支援する。

⑷ **振興政策における政策基調の変化**

　法改正によって導入された新しい制度のうち，まちづくりの観点から注目さ
れるのは，共同店舗を整備する際に各種の**コミュニティ施設を併設**すること に
も支援策が用意されたことと（従来は店舗のみが支援対象），**街づくり会社**に
対する支援策が正式に導入されたことである。

　とくに街づくり会社への支援策は，前のセクションで指摘した従来の組合組

織を母体にした振興政策の限界を踏まえて設けられたものである（もともとは
コミュニティ・マート構想を推進するための事業主体として1988年に提唱され，
1990年から支援対象として制度化とされていた）。

　つまり，ここでは**意欲ある商業者**が組合組織の枠にとらわれないで，まちづ
くりの観点に立った商店街整備事業を進めやすくすることが意図されている。
ただし，あくまでも公的支援策の対象となる組織であることから，特定の商業
者の個別利益を追求するような純粋な民間会社ではなく，市町村等が出資した
第三セクターの会社や，公益法人という組織形態をとることが求められている。

　また，今回の法改正に関連してもう１つ指摘すべき点は，全国の商店街組合
等を，政策対象として一律に扱うという，いわゆる**「護送船団方式」からの転
換**がめざされたことである。つまり，活性化の取り組みに積極的な商店街組合
や，意欲ある商業者の組織（街づくり会社など）をいわば選別して，そこに対
する支援を優先的に実施していこうという姿勢である。

　その背景には，財政状況の悪化という要因ももちろんあるが，それと同時に，
商店街の全国的な地盤沈下のさらなる進行のゆえに，積極性や意欲がないとこ
ろにいくら支援しても効果が期待しにくいという判断がある。そのためもあっ
て，資金的支援の内容についても，事業費の全額補助という方式が減少し，何
割かの自己負担を求めるという方式が増加した。こうして法改正以降，中小企
業庁によって，毎年度さまざまなアイディアに基づくモデル事業への支援が行
われてきた。

　以上から，中小小売商に対する振興政策における，政策基調の変化が読み取
れる。その変化は，1999年12月に改正された**中小企業基本法**に継承・発展され
ることになる。改正中小企業基本法では，自助努力する中小企業の支援と，創
業・経営革新等の前向きな事業活動を行う中小企業の支援（いわゆる**ベンチャ
ー支援**）が旗印とされることになり，こうした方向性が中小企業政策全般の基
本的方向として確認された。

⑤　特定商業集積整備法と「まちづくり」

　1990年代における振興政策の拡充として次にあげられるのは，地域社会にお
ける中小小売商や商店街の役割に注目して，中小小売商業振興法の改正と並行

して制定された**特定商業集積整備法**（「特集法」と略される）である。これは，中小小売商を含めた地域商業全体の発展，良好な都市環境の形成や「まちづくり」などの観点から，一定の要件を満たす商業集積（ショッピングセンターや商店街など）を整備することを目的としている。

① 特定商業集積整備法の内容

　特定商業集積整備法は従来の流通政策の枠組みにとどまらず，都市政策や地域政策の領域にまで部分的に踏み込んでいることから，通商産業省だけでなく，建設省，自治省の 3 省共同管轄体制がとられた。

　ここで特定商業集積とは，店舗など小売業務用施設とコミュニティホール，イベント広場，駐車場などの地域住民向け施設が一体的に整備されるものをいい，その周辺地域にも公共施設の整備を進めていくことを国や地方自治体が考慮すべきとされる。そのため特定商業集積の整備は，市町村による街づくりの「基本構想」（都道府県知事の承認が必要）に基づいて，道路整備事業，区画整理，公共駐車場，都市計画公園整備などの公共事業と一体的に進められる。

　特定商業集積のタイプには，当初，中小商業者が主体となる**地域商業活性化型**，中小小売店と大型店の共存共栄を図る**高度商業集積（ハイ・アメニティ）型**の 2 つのタイプが設けられていたが，その後，**中心市街地活性化型**が追加され合計 3 タイプとなった。

　ただし，後述する中心市街地活性化法の策定（1998年）に伴って，支援対象の重複を避け，法制度間の整合性をとるために，特定商業集積整備法による郊外型商業施設の建設や中心市街地の整備のための支援策の一部が凍結された。そして，最終的に2006年 6 月，同法は廃止された。

② 特定商業集積整備法の意義

　特定商業集積の開発は，1992年に第 1 号指定（山口県下松市の下松タウンセンター）が行われて以降，当初相次いで行われた。だが，特定商業集積整備法に基づいて開発された商業集積が，従来の高度化事業によって整備された商店街に悪影響を与える例などもあり，**政策間の不整合**という問題も指摘されている。また，特定商業集積整備法の指定を受けると，コミュニティホールなど小

売業の売上げに直接つながらない施設を併設しなければならなくなることを嫌って，あえて指定を受けずにプロジェクトを進めようとする案件もあるといわれる。こうしたことは，本法のあり方を再考する必要性を提起しているが，上述したように，中心市街地活性化法が制定された後，見直しはなされないまま廃止された。

　そうした問題はあるものの，本法は流通政策としてはじめて**都市政策・地域政策との連動**を真正面に掲げたものであることは，評価すべきであろう。その意味で本法は，街づくり会社への支援策をはじめとしたまちづくりの観点に立った諸施策を導入した中小小売商業振興法の改正と並んで，1990年代末以降のまちづくり政策の本格的な展開を前にした過渡的な制度として位置づけられる。

⑹　その他の分野での振興政策の充実

①　食品流通構造改善促進法の制定

　中小小売商業振興法や特定商業集積整備法が制定された1991年に，農林水産省は自らが所管する食品流通分野の中小小売商と中小卸売商を対象にした**食品流通構造改善促進法**を制定した。この法律の目的は，食品の生産から卸売，小売という流通の各段階までの流通コストを総体として削減することと，流通段階における高鮮度・高品質の維持，生産者や消費者への情報提供などによって，食品流通部門のさまざまな機能を高度化することにおかれている。近年の改正は2011年，2013年に支援策拡充のため実施されている。

②　中小物流法から流通業務総合効率化法へ

　中小卸売業を固有の対象にした振興政策としては，卸商業団地の建設や卸総合センターの開発への助成等が行われてきた程度で，包括的な法律は制定されたことがなかった。しかし，1980年代末のバブル経済期に，物流需要の飛躍的増大，多頻度小口配送の進展，労働力不足，道路混雑の激化などによって，中小卸売業の事業環境がますます厳しくなる一方で，物流業務の効率化，システム化が強く求められるようになった。そのため，1992年，物流業務を対象にした包括的な法制度として**中小企業流通業務効率化促進法**（通称は**中小物流法**）が制定された。

　しかし，その後，大企業を含めた流通業務の効率化をつうじて，環境負荷の低減，および産業の国際競争力の強化を図ることに対する社会的要請が高まった。そのため，2005年，中小物流法を廃止し，新法として流通業務の総合化及び効率化の促進に関する法律（通称は**物流総合効率化法**）が制定された（直近の改正は2016年）。

Sec.19 　大規模小売店舗法による規制：強化から緩和への転換

(1)　大規模小売店舗法の改正強化

　1973年に調整政策として大規模小売店舗法が制定されたにもかかわらず，総合スーパー等の出店意欲は，地方都市を中心に，依然として旺盛であった。また，その頃から小売業態の多様化も進み，専門量販店などさまざまな業態の出店が各地で相次いだ（以下では一括して「大型店」とする）。そこには，第一次石油ショック（1973年）を契機とした，物価高騰と不況の同時進行（いわゆるスタグフレーション）によって，低価格販売を売りものにした大型店を消費者がますます支持するようになったという事情も作用している。

　その結果，中小小売店・商店街や地方百貨店の経営環境を悪化させる一方で，大型店の出店計画に対する中小小売商・商店街や地方百貨店による**出店反対運動**が各地で頻発するようになった。同時に，大規模小売店舗法の規制基準をぎりぎり下回る店舗規模での出店が増加し，それが中小小売商・商店街や地方百貨店の反対運動を拡大させた。

　そのため，1978年，規制基準面積を引き下げることによる規制強化が大規模小売店舗法の改正によって実施された（施行は1979年）。これによって，大規模小売店舗法の対象として，500㎡以上1,500㎡未満の**第2種大規模小売店舗**が新設され（それに伴って1,500㎡以上は**第1種大規模小売店舗**とされた），その調整権限を都道府県知事に与えた。

　なお，規制基準以下での出店は，法改正後も新たな基準の下でも繰り返された。しかし，後に大規模小売店舗法が緩和に向かうようになると，かつて規制基準以下で出店した店舗は，その小売企業にとっての競争力低下要因へと転化してしまった。さらによりマクロ的なレベルでみるならば，そうした店舗が多数存在することが，わが国の小売業態の発展プロセスや，小売業態構造に独特な歪みをもたらす要因ともなった。

⑵ 法運用による規制強化

1978年の大規模小売店舗法改正による規制基準の引き下げにもかかわらず，中小小売商の状況は改善しなかった。他方で，中小小売商に対する振興政策も，なかなか効果を上げられない状況が続いていた（Sec.18）。そのため，出店反対運動は各地でますます激しくなり，それを背景にして，出店調整期間の**長期化**と，調整プロセスの**不透明化**が目立ってきた。

ここに，振興政策が成果を上げられないがゆえに，調整政策が強化されるといった，従来のわが国流通政策の特徴をみることができる。その結果もたらされた出店調整の長期化・不透明化という事態は，後に国内外から多くの批判を受けた。そうした事態を招いた制度的要因は，地元重視の立場から設けられた**商業活動調整協議会（商調協）**と，**事前審査付き届出制**という調整方法にあった。これらについて**行政の裁量**によって，大規模小売店舗法がもともと予定していた調整の形式と，実際とが乖離するかたちで，法運用が行われたのである。

大規模小売店舗法の正式の手続きでは，建物設置者の届出（3条届出）から，小売業者の届出（5条届出）を経て，最短で13ヵ月，延長された場合でも17ヵ月で，通商産業大臣の勧告・命令がなされることになっていた。しかし，個別の出店案件の調整を行う際，地元の意向を重視する立場がとられ，商工会議所・商工会に設けられた商調協の意見を聞く必要があったことから，実質的な調整，つまり「事前審査」は，商調協における意見集約によってなされた。

だが，はじめから利害が対立している出店者と地元小売商とが，商調協の場で正面から対峙したら，収拾がつかなくなる可能性が高いことから，それに先立つ非公式な調整の場で実質的な「事前審査」が前倒しされた。それが，5条届出前の事前商調協，3条届出前の事前説明であった。この非公式な調整の場こそが，調整期間の長期化と調整プロセスの不透明化をもたらした。

そうした法運用を公式に追認したのが、1982年の通商産業省産業政策局長通達「**大規模小売店舗の届出に係わる当面の措置について**」である。この通達では同時に、第1種大規模小売店舗の出店が相当程度に達していると認められる市町村と小規模市町村を「特定市町村」として**出店抑制地域**に指定し、当該地域への出店の自粛を要請した。しかも、出店抑制地域として指定される市町村

名やその選定基準は、通商産業省の内部資料として公表されず、大型店から出店の打診を受けた段階で照会に応じるという形式がとられた。出店抑制地域に該当する自治体は1990年当時およそ340程度であったという。なお、1982年通達では、出店抑制地域は 2 年間の暫定的な措置とされていたが、1984年の通商産業省産業政策局長通達「**大規模小売店舗法の届出に係わる今後の運用について**」で、出店抑制の行政指導の継続が表明された。

　これによって大規模小売店舗法は，1990年に運用適正化（緩和）措置がとられるまでの期間，法そのものは変更せずに，**行政の裁量**によって，実質的な許可制として運用されたのである。

⑶　自治体による独自規制

　こうした政府レベルでの規制強化に呼応するかのように，この時期，自治体レベルでも出店抑制のための動きが広がった。すでに1970年代後半から，都道府県や市町村のレベルで大規模小売店舗の出店を独自に調整・指導する**条例**や**指導要綱**が策定された。ここで指導要綱とは，議会の議決によって策定される条例とは異なり，自治体首長の権限に基づいて策定される行政的な取り決めをさす。さらに，1980年代になると多くの自治体や地域商業団体によって「**出店凍結宣言**」が出された。

　地方レベルの独自規制は，一般に「上乗せ規制」と「横出し規制」に分けられた。このうち「**上乗せ規制**」とは，地元との出店同意書や協定書などの締結がなければ 3 条届出を受理しないなど，大規模小売店舗法が定める以上の独自のルールを自治体が要請するものをさす。また「**横出し規制**」とは，大規模小売店舗法の対象とならない500㎡未満の店舗について自治体が独自に出店調整のルールを定めるものである。1989年 3 月の通商産業省の調査によれば，前者については全国で12都道府県，105市町村が採用し，後者については23都道府県，991市町村が採用していたという。

　こうして大規模小売店舗法の事前審査付き届出制は実質な許可制となり，1980年代はまさに**出店抑制の時代**といえた。

⑷　規制強化から緩和への政策転換

　大規模小売店舗法の運用強化の流れに変化が訪れたのは，1980年代後半からである。とりわけ1985年の日米貿易委員会以降，大規模小売店舗法を**非関税障壁**の代表例として批判する諸外国，とくにアメリカからの論調が強まったことが，出店調整制度のあり方を見直す契機の１つになった。

　また国内的にも，1982年通達以降の規制強化にもかかわらず，**1985年商業統計**を境にわが国の中小小売業が減少傾向を続けたことが，大規模小売店舗法の存在意義自体への疑問を助長した（**図表５－４**参照）。さらに，大規模小売店舗法は中小小売業の事業機会を確保するという役割とともに，すでに出店済みの大型店の周辺に別の大型店が新規出店してくることを阻止することによって，既存大型店の利益を保護する役割を果たしているという見方，すなわち「既存大型店の官製カルテル論」も強まった。

　こうした内外の批判を背景にして，臨時行政改革推進審議会（新行革審）などの公的な場面でも大規模小売店舗法の運用見直しに向けた議論が表面化し，規制緩和への転換が決定的なものとなった。その集大成といえるのが**産構審・中政審合同会議**の答申「**90年代の流通ビジョン**」（1989年）である。

　しかし「90年代の流通ビジョン」の提言は，あくまでも大規模小売店舗法の現行の枠組みの維持を前提として，法本来の趣旨に基づいた**運用の「適正化」**を図るというものであった。こうした運用「適正化」路線は，貿易不均衡がいっこうに改善されず不満を募らせていたアメリカを満足させるものではなく，**日米構造協議**（1989〜1990年）において，より抜本的な構造改革のための施策を求められることになった。大規模小売店舗法に関するアメリカ側の主張の要旨は次のようであった。

　すなわち大規模小売店舗法は，アメリカ製品を含む輸入品を相対的に多く扱うはずの大型店の出店を規制することをつうじて，日本の輸入拡大を阻害するとともに，外資系小売企業の日本市場への参入を困難にする，という**二重の意味で非関税障壁**の典型であり，制度そのものの廃止を含めた抜本的な改善が必要だというものである。

　その結果，1990年6月にまとめられた**日米構造協議最終報告**においては，運用適正化措置を第1ステップにとりこみながら，その後の法改正等を含む**三段階にわたる大店法緩和プログラム**が示され，順次実施された。その概要は次のとおりである。

①　運用適正化措置（1990年5月）

　法改正を伴わない行政レベルの通達によって，出店調整期間の1年半への短縮を中心に，法運用を適正化した。

②　「大店法関連5法」として規制緩和の法改正（1991年5月）

　大規模小売店舗法を改正して，商調協の廃止，出店調整の場を大規模小売店舗審議会とし，出店調整期間を1年以内とする等の規制緩和を実施した。同時に，輸入品専門売場特例法の制定，中小小売商業振興法の改正，特定商業集積整備法の制定，民活法の改正を実施し，当時あわせて「大店法関連5法」と呼ばれた（中小小売商業振興法の改正と特定商業集積法の制定についてはSec.18を参照）。

③　運用再見直し（1994年5月）

　大店法の基本的スキームを維持し，法改正を伴わない運用再見直しとして，1,000㎡未満の出店の原則自由化や，中小テナントの入れ替えや閉店時刻・休業日数に対する制限の緩和など，大型店の営業活動の自由度を高める措置を実施した。

　なお，大型店等の小売商業施設の出店等を対象にする規制は，わが国特有の制度ではなく，欧米主要国のほとんどにおいても実施されている。ただ，その規制は，わが国と異なり土地利用規制（アメリカなど）や都市計画（イギリス，ドイツなど）の枠組みにおいて行われていることが多い。大規模小売店舗法の緩和から廃止，新法の大規模小売店舗立地法の制定に至るプロセスでは，そうした諸外国の制度との比較研究がさかんに行われ，政策に反映された。

⑸ 経済的規制から社会的規制へ

　以上の大規模小売店舗法の緩和プロセスの背景には，1988年に閣議決定された「規制緩和推進要綱」における「**経済的規制については原則自由・例外規制に，社会的規制については自己責任原則に基づき必要最小限に**」という政策転換の基本理念が存在する（Sec. 6 参照）。こうした考え方は当時，社会的共感を呼び，大規模小売店舗法に限らず**政府規制全般の緩和**に対する機運を高めた。そのため，大型店の出店調整の現場においても，地元中小小売商の事業機会確保を名目にして，出店反対や店舗面積削減などを主張しても，消費者を含む地域の関係者の賛成を得にくくなった。

　それに代わって，調整の現場で頻繁に主張されるようになったのが，出店案件に関する**まちづくりや都市計画との整合性**の問題，**交通問題・騒音問題・廃棄物処理**などへの対応，あるいは**青少年の非行問題**などへの対応といった，**社会的規制**にかかわる論点である。こうした主張は自治体や消費者代表，学識経験者などからだけでなく，中小小売商サイドからもなされるようになった。

　これは，大型店の出店をめぐる対立関係が，この時期，かつての中小小売商の事業機会確保を目的とした**競争関係の調整**をめぐる対立から，大型店がもたらす生活環境悪化等の負の外部性の抑制をめぐる対立へと，大きく変化したことを意味する。その内容をまとめたのが，**図表 5 - 5** である。

　しかし，大規模小売店舗法の下では，その政策目的に規定されて，審査対象は「調整 4 項目」（店舗面積，開店日，閉店時刻，休業日数）に限定されていた。そのため，いくら上記のような社会的規制の観点に立った主張を展開したとしても，出店者側に実効性ある措置を求めることは現実的に難しかった。

図表 5 - 5　大型店出店をめぐる対立関係の変化

	1980年代まで	1990年代以降
対立軸	競争関係の調整	生活環境悪化等の負の外部性への対処
大型店に対する態度	中小小売商は出店反対 消費者の多くは出店歓迎	一部の中小小売商は大型店歓迎 消費者は条件付き賛成ないし反対
大型店が出店を希望する場所	中心部も郊外も	中心部より郊外を優先 （2000年代後半以降は中心部へ回帰）

　その結果，大規模小売店舗法の規制緩和が進むにつれて，多様な業態で出店
等が増加し，総合スーパー同士などの**同一業態内競争**だけでなく，総合スーパ
ーと専門量販店などの**異業態間競争**といった，多面的な競争が展開されるよう
になった。ちなみに，これによって，百貨店や総合スーパーなどの業態では，
店舗数や売場面積の増加率が年間販売額の増加率を上回り，逆に経営的に厳し
い状況に陥った。

　こうした大型店の出店増と競争激化によって，大規模小売店舗法の規制が厳
しかった時期には，あまり顕在化しなかった大型店による**負の外部性の問題**が
表面化してきたのである。

⑹　まちづくりと自治体の独自性

　大型店の出店調整において，まちづくりや都市計画との整合性が主張される
ようになったこの時期，振興政策の側面でもまちづくりの視点の重要性が指摘
されていた（Sec. 18参照）。地域独自のまちづくりを推進するためには，自治
体（とりわけ市町村レベル）が大型店立地のルールを策定する権限をある程度
有する必要がある。しかし，大規模小売店舗法の緩和に伴って，逆に**自治体の
独自規制**に関する裁量権は制限され，自治体は独自にまちづくりなどに取り組
むための規制を行うことが，かなり難しい状況におかれていた。

　そうした中で，社会的規制の観点から，自治体が独自に生活環境保持などを
目的とした規制を行おうとする動きが一部から出てきた[4]。ここではそれらの
先駆けとして，その後同趣旨の要綱を策定しようとする自治体から，モデルの
１つとしてみなされるようになった，政令指定都市・**横浜市の要綱**「横浜市大
型店舗出店指導要綱」について簡単にみていこう。

　この要綱は，もともと1977年２月に制定されたものであり，当初は中小小売
業者との競争調整と地域社会環境との調和という２つの**機能**を担っていた。し
かしその後，国からの「行き過ぎた独自規制是正」要請等を受けて段階的に再
編成され，最終的に1992年６月の改正によって環境対策に特化した要綱へと生
まれ変わった（1995年に横浜市行政手続条例にしたがって改正）。その内容は
図表5-6に示すとおりである。

　この要綱は他の自治体からモデルの１つとみなされるようになり，その後，

例えば川崎市（1996年10月），荒川区（1997年9月），飯田市（1997年10月），大垣市（1997年12月），泉南市（1998年1月），各務原市（1998年4月），杉並区（1998年8月），稲沢市（1998年10月），豊島区（1998年10月），練馬区（1999年1月）などが相次いで環境要綱の策定に踏み切った。

　これらの要綱はいずれも，さまざまな制約から，出店者の「**社会的責務**」に対する誠意に期待しつつ協議を行うという条文構成になっており，出店者に対して実効性ある措置をとらせる権限を持っていない。その意味で，自治体独自のまちづくりに向けた政策ツールとしての有効性は高くない。しかし，環境要綱の策定の広がりと運用実績の蓄積，各地の知識や経験の相互交流・相互作用は，新制度への過渡期において，地域の関係者がこれからのまちづくりの課題や方向性を考える格好の場を提供したと評価できる。なお，環境要綱のほとんどは，大規模小売店舗法の廃止に伴って廃止され，大規模小売店舗立地法の施行後（2000年6月）その趣旨にしたがって新しい要綱が制定されている[5]。

　以上にみてきたように，それまでの振興政策と調整政策を表裏一体とする制度はいよいよ限界を迎え，1990年代末から，商業まちづくり政策として大幅に再編成された。

図表 5 - 6　「横浜市大型店舗出店指導要綱」の概要

項　　目	内　　容
目的	消費者便益の増進と地域経済の振興を図るために，小売商業施設を適正に配置するとともに，地域社会の発展への貢献と調和のとれた都市づくりに寄与できるよう，大型店舗の設置者および小売業者の協力を得ながら，出店を指導する。
対象店舗	大型店舗の定義 1. 住居系地域：店舗面積1,000m²以上 2. 商業・工業系地域：店舗面積1,500m²以上
大型店舗設置者等の責務	大型店舗事業予定者（建物設置者および小売業者）は，地元中小小売業者との共存共栄，消費者利便の増進および地域経済の振興に貢献するとともに，都市計画等都市づくりとの整合を図り地域社会環境との調和を実現し，もって市民生活と地域社会の発展に貢献する社会的責務を有する。
出店計画の届出等	1. 大型店舗事業予定者は，出店計画届出書に基づき，市長に届け出る。 2. 届出の時期は，建築確認申請等の予定日の 6 ヵ月前，または開店予定日の12ヵ月前のいずれか早い時期までとし，出店予定地に標識を掲示する。
会議所等への通知	市長は，届出を受けたとき，届出書を添えて横浜商工会議所および横浜市商店街総連合会へ通知する。
市長の協議	1. 市長は，届出の内容について，良好な都市環境の形成を図るために必要があると判断したとき，大型店舗事業予定者に対して協議する。 2. 協議が整った場合，大型店舗事業予定者は，市長に協議同意書を提出する。
会議所の意見	市長は，会議所から，必要に応じて届出についての意見の報告を求める。
協議同意への努力	大型店舗予定者は，市長が協議を求めた場合，誠意を持って協議が整うよう努力する。
開店の届出	大型店舗事業者は，届出に基づく開店について，開店後すみやかに市長に届け出る。

第5章　ワークショップの課題

1. 商店街活性化のための共同事業の支援策がなかなかうまくいかない要因について，商店街組織の特徴に焦点を合わせて検討しよう。
2. 中小商業者の支援策のうち，ハード面の支援施策とソフト面の支援施策それぞれの長所と短所について検討しよう。
3. 1990年代初頭まで大型店の出店規制が行われていたことで，例えば大型スーパーマーケットの出店が制約された反面で，この頃から成長をはじめた小売業態もある。大型店の出店規制が及ぼしたマイナス面およびプラス面の影響について，小売業態別に検討しよう。

【注】

1) 鈴木幾太郎（1999）『流通と公共政策』文眞堂，123頁による。
2) 鈴木安昭（2001）『日本の商業問題』有斐閣，174〜175頁による。
3) この点はさらに，石原武政・石井淳蔵（1992）『街づくりマーケティング』日本経済新聞社；石原武政（2000）『まちづくりの中の小売業』有斐閣選書などを参照されたい。
4) 以下については，さらに渡辺達朗（1998）「大型店に対する地方自治体の『環境要綱』」『流通情報』第350〜353号；渡辺達朗（1999）「地方都市における大型店に対する『環境要綱』」『流通情報』第358号を参照されたい。
5) 横浜市でも，あらたに「横浜市大規模小売店舗立地法運用要綱」（2000年6月施行）が策定された。

関連事例4　卸売市場が抱える諸問題

　流通基盤の整備に関する政策のもう1つの柱として，卸売市場の整備があげられる。卸売市場は水産物，青果物，食肉といった生鮮食品や，花きの流通において重要な役割を果たしている[1]。それは，これらの商品が，必需性が高い反面で腐敗しやすい，商品の規格化が困難，生産への自然的条件の影響が大きい，生産期間が比較的長い，生産構造が小規模・分散的，といったような工業製品にはない特徴を共通してもっていることに関連する。

　そのため，売り手と買い手とが一同に会して，商品の現物を評価しながら迅速かつ公正に価格を決定し，商品引き渡しから代金決済までを行う卸売市場という制度が，日本だけでなく多くの国々で歴史的に形成されてきたのである。

　現在わが国には，**中央卸売市場法**（1923年）に代えて制定された**卸売市場法**（1971年）によって，中央卸売市場と地方卸売市場とが設けられている（水産物の産地市場など零細な市場を除く）。

　中央卸売市場は農林水産大臣の認可を受けて，都道府県または人口20万人以上の市が開設（建設・運営）するものであるのに対して，**地方卸売市場**は地方自治体，民間企業，農協，漁協をはじめいかなる組織でも開設できるが，都道府県知事の許可を必要とする。これらの卸売市場は，国（農林水産省）の規制・監督の下におかれ，取扱い商品範囲についても，開設にあたって青果物や水産物といったように限定されている。なお，2021年5月現在，中央卸売市場は，1998年の87市場から40都市に65市場に減少しており，地方卸売市場は，1998年の1,447市場から908市場（2018年改正後の認定市場数）に減少している。

　卸売市場における取引の仕組みは，卸売市場法に基づいて，**図表5−7**に示すようになっている。その基本的な考え方は，公正・公開・効率にある。ただし同法は，生鮮品などの卸売市場外での取引を制限しているわけではない。

　卸売市場において，売り手となるのは**卸売業者（卸売人または荷受）**である。卸売業者は，産地の出荷者（生産者，出荷団体，産地仲買人）から販売の委託を受けたり，買い付けたりする。その際，受託拒否や差別的取扱いなどを行うこと

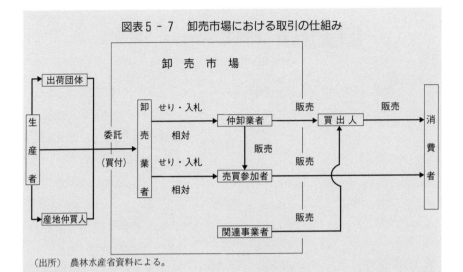

図表 5 - 7 　卸売市場における取引の仕組み

（出所）　農林水産省資料による。

は禁止されている。卸売業者の利益は，委託販売分については，売買差益によってではなく，**定率の手数料**によって計上される。その料率は，かつては市場開設者が条例等によって定める業務規程に規定されていたが，後述する1999年と2004年の卸売市場法の改正を経て，2009年 4 月から，卸売業者が自ら定めて届け出る制度（自由化）となった。2017年 4 月以降の東京都中央卸売市場の手数料率は，水産物5.5％，野菜8.5％，果実 7 ％，鳥肉類1.5％，鳥肉を除く肉類3.5％，花き9.5〜10％などで，ほぼ自由化前と同水準のままである。また卸売業者は，出荷の奨励等のため，市場開設者が定める範囲内で，出荷者に対して出荷奨励金を支払うことができる。

　買い手となるのは，**仲卸業者**や**売買参加者**（市場の開設者から認められた小売商や業務用需要家など）であり，彼らは**セリ**または**入札**，あるいは**相対取引**（一対一の売買取引）によって卸売業者から購入する。仲卸業者等は購入した商品を小分けし，小売商などの買出人に販売する。

　卸売市場の仕組みは，近年，形骸化がめだっている。とりわけ，大規模小売業や外食産業などの大口需要家が，セリ開始時間前に商品を納入させ事後に決済する「**先取り**」という方法を多用するようになるとともに，卸売市場外での商品調達（**市場外流通**）を拡大していることの影響が大きい。その背景には，生産技術

や冷凍・冷蔵など保存技術が進歩したことによって，上述した生産特性や商品特性が変化し，生鮮品を加工食品などの工業製品と同様に取り扱うことが可能になったことや，円高や国際化によって輸入品が急増したことなどがあげられる。

そのため，こうした環境変化に対応するために，市場関係者の経営体質の強化や，取引方法の改善，卸売市場の再編の推進などの観点から，規制緩和の方向で制度改定の検討が進められた。その結果，委託出荷原則・セリ取引原則・商物一致原則の見直しを中心とする1999年改正，委託手数料自由化・卸売市場の再編促進を中心とする2004年改正を経て，2018年，いっそうの規制緩和を図る**卸売市場法改正**が行われた（2020年 6 月施行）。その骨子は以下のとおりである。

① 　中央卸売市場の開設を許認可制から，地方卸売市場と同様に認定制へ移行し，民間業者でも開設可能にした。
② 　生鮮食料品等の公正な取引の場とするための「 6 つの共通の取引ルール」
　⑴ 　売買取引の方法の公表
　⑵ 　差別的取扱いの禁止
　⑶ 　受託拒否の禁止（中央卸売市場のみ）
　⑷ 　代金決済ルールの策定・公表
　⑸ 　取引条件の公表
　⑹ 　取引結果の公表
③ 　以下については原則廃止（自由化）
　⑴ 　第三者販売の禁止（卸売業者は，市場内の仲卸業者，売買参加者以外に卸売をしてはならない）
　⑵ 　直荷引きの禁止（仲卸業者は，市場内の卸売業者以外から買い入れて販売してはならない）
　⑶ 　商物一致の廃止（卸売業者は，市場内にある生鮮食料品等以外の卸売をしてはならない）

これらについての運用は自治体に委ねられており，東京都においては，原則禁止ではなくなるが，取引について毎月都に報告すると定められている。

【注】
1) 卸売市場の基本的な仕組みについては，原田英生（1997）「卸売業の機能と構造」
（田島義博・原田英生編著『ゼミナール流通入門』日本経済新聞社所収）；生鮮食品等
流通問題研究会（1999）『卸売市場の新しい展開と活性化に向けて』；卸売市場法研究
会（1999）『改正卸売市場法のすべて』日刊食料新聞を参考にした。

第6章

商業まちづくり政策の展開

1990年代に入って，大規模小売店舗法の緩和が段階的に進められるとともに，中小小売商業振興法の改正などによって振興政策の強化が図られた。しかし，振興政策を強化した成果は目に見えるかたちで上がらず，他方で大規模小売店舗法緩和による「弊害」が地域住民から指摘されるようになった。こうした事態を受けて，1990年代末以降，振興政策と調整政策は**商業（を軸にした）まちづくり**という方向に大きく転換した。その中心となる法制度が「まちづくり3法」と呼ばれる，中心市街地活性化法，大規模小売店舗立地法，改正都市計画法であった。本章では，まず流通政策の転換の経緯と意義を検討したうえで，これら3つの法制度の枠組みと運用状況を整理する。さらに，2006年に行われたまちづくり3法の抜本的な見直しについて，経緯と内容を明らかにする。

Sec.20 商業まちづくり政策への転換

(1) 流通政策と都市政策

1990年代の規制緩和の全般的な流れの中で，流通政策は大きな転換点を迎えた。その狙いは，事業分野ごとに設けられている参入規制や営業規制を緩和の方向で見直す一方で，競争政策の強化と，振興政策および調整政策の再編成を図ることにあった。その際，振興政策と調整政策の分野で重要なテーマとなったのが「商業（を軸にした）まちづくり」である[1]。

中小小売商の支援・振興や大型店の出店調整・規制に，都市計画やまちづくりの観点を盛り込んで，**流通政策と都市政策の連動性**を高めるべきとの考え方

は，かねてから繰り返し指摘されてきている。**振興政策**の分野における，その萌芽は，1970年から開始された「商業近代化地域計画」にみられる（Sec. 16）。また，その後まとめられた産業構造審議会流通部会の第9回中間報告「70年代における流通」（1971年）においても，そうした方向性が確認されている。

　しかし，それが法制度として具体化されたのは，特定商業集積整備法（1992年施行）からであり（Sec.18），その成果と反省を踏まえて1990年代末から，いよいよ本格的なまちづくり施策への取り組みがはじまった。

　他方で**調整政策**の分野においては，日米構造協議を契機にした大規模小売店舗法の段階的緩和によって，大型店の出店に対する規制は大幅に緩和された。しかし，大規模小売業と中小小売商との競争関係の調整という観点から，大型店の出店を規制するという基本的な考え方については従来のまま残されていた。

　そのため，経済的規制の緩和ないし撤廃という方針を掲げる政府は，97年から大規模小売店舗法の抜本的見直しに着手し，まちづくりや生活環境保持等の負の外部性への対処の観点を主眼にした新制度への転換を図った。その背後には，一段の規制緩和を求めるアメリカなどからの圧力があった。

⑵　都市と市場

①　都市の役割と特徴

　さてそれでは，なぜこの時期，**商業まちづくり**が重要な政策課題の1つとして注目されるようになったのであろうか。その説明の前提として，そもそも都市（ないし"まち"）とはいかなるものかについて確認しておこう。

　都市とは何かについては，さまざまな立場からの議論があるが，ここで強調したい点は，都市が地域の経済活動や市民の生活の基盤であり，過去の投資の蓄積として，地域や市民の共通財産であることである。その意味で都市は，自然環境（大気，緑，水，河川，海，土壌など），社会的インフラストラクチャ（電気，ガス，上下水道，公共交通機関，道路，情報通信ネットワークなど），制度資本（金融，教育，医療，司法など）を重要な構成要素とする「**社会的共通資本**」（social overhead capital）として位置づけられ[2]，一方的に市場に委ねてしまってはならない存在ということができる。

　もう1つ参考にすべき考え方は,「**ソーシャル・キャピタル**」（社会関係資本）であり,都市はソーシャル・キャピタルの基盤としてとらえられる。ソーシャル・キャピタルは非常に多義的な概念である。その代表的論者の1人であるR．パットナムは,ソーシャル・キャピタルを人々の水平的つながりとしての社会的ネットワークとそれに結びついた規範の集合として限定的にとらえているが3),ここでは世界銀行のソーシャル・キャピタル・イニシアティブ（1996年）の定義にしたがって,次のようにより包括的な概念として理解する。

　「ソーシャル・キャピタルとは,社会の内部的および文化的結束性,人々の間の相互作用を左右する規範および価値,そして人々が組み込まれている諸制度を意味する。ソーシャル・キャピタルは社会を結束させる接着剤であり,それなしには経済的成長も人間の福祉もあり得ないものである」4)。

　しかも,都市はいったん壊滅的な打撃を受けてしまうと,それを元の状態に戻すことはきわめて困難になるという特性を有する。これは土地という資源の有限性や移動不可能性,あるいは土地利用にかかわる資本の拘束性ないし移動障壁の高さに由来している。その意味で,都市のあり方と農村のあり方——農地もいったん非農業用途に転換してしまうと,農地として再利用することには,不可能とはいわないまでも,かなりのコストと時間を要する——は相通ずるところがあるといわねばならない。こうした特性を**都市の非可逆性**と呼ぶ5)。

②　都市の論理と市場の論理

　以上のような社会的共通資本としての都市の位置づけと,非可逆的存在としての都市の特性こそが「**都市の論理**」の核心をなすのであり,それは市場における競争こそが資源の社会的な最適配分をもたらすとする「**市場の論理**」とは両立できない面が多い。

　というのは,都市に「市場の論理」が貫徹することは,社会的共通資本としての機能の低下・喪失をもたらし,しかもそれはとりかえしがつかない事態——その回復には莫大なコストと時間がかかる——になる可能性が高いからである。つまり,「市場の論理」と「都市の論理」との相克の中で,前者が後者を圧倒することは,市場メカニズムにのみ依拠することによって,最適な資源配分や社会全体の効率性を損なう事態,すなわち**市場の失敗**を招くことにつな

がるということである。

　そのため，社会的共通資本としての都市の健全性や活力を保持するには，そうした市場の失敗を未然に防いだり，発生してしまった市場の失敗を補正したりすることが求められる。ここに，まちづくりを公的な政策として展開していくことの必要性が確認できる。

(3)　都市と商業の関係

①　都市と商業の相互作用

　以上を踏まえて，次に都市と商業の関係についてみていこう。都市の社会的・経済的活力は，その地域の商業機能の強弱と密接不可分の関係にある。いわば両者は**相互規定的な関係**を持っており，地域の商業機能が活性化されれば，その都市そのものの活力も高まるし，それによってさらに商業機能の活性化につながるといった相乗効果も生じることになる。

　とりわけ，小売業は直接の買い物客以外にも，じつに多様な人々を引きつける魅力を持つことから，都市ににぎわいをもたらし，地域の活力の源の１つとなっている存在である。その意味で，小売業は都市に対して**外部経済**──同時に交通混雑などの周辺環境の悪化といった**外部不経済**をもたらす可能性も持っているが──をもたらしているといえる。逆に，都市に活力・活気があれば，そこに立地する小売業の経営にもプラスに作用する。

　つまり，都市と商業が健全な状態にあれば相乗効果的に好循環がもたらされるということであるが，このことはまた，いったん問題状況が発生すると，相乗効果的に悪循環に陥る可能性があることをも意味している。

②　都市中心部の衰退

　都市における小売商業機能は，一般に，中心から周辺までの**階層的な構造**を持ち，それぞれは多様な主体によって担われている。例えば，中小小売商を中心として自然発生的に形成されてきた商店街，百貨店や総合スーパー，食品スーパーといった大型店，あるいは計画的に開発されたショッピングセンターなどが代表的な存在である。かつて**都市中心部（中心市街地）**は，こうした商店街や大型店等が多様に集積していることから，その都市を代表する買い物中心

地（センター）——いわば都市の「顔」——として位置づけられるとともに，都市の活力を象徴する存在であった。

　しかし，1990年代中盤以降，都市中心部に立地する商店街や大型店の多くが，疲弊し沈滞した状況に陥った。そのうち中心部商業にとっての**外部要因**として，高速道路等の交通網の整備，モータリゼーションの進展，郊外における住宅および大型店・ショッピングセンター開発の進展——これらを一括していえば都市構造の郊外化——などがあげられる。他方，中心部商業自身の**内部要因**として，消費者ニーズへの対応の遅れ，後継者不足などをあげることができる。

　当然，そうした状況は上述したように，都市中心部の活力の低下をもたらし，さらにそれが商店街の衰退や大型店の不振・撤退に拍車をかけるという悪循環を各地にもたらした。しかも，これにさらに追い討ちをかけるように，国の出先機関や県庁，市役所をはじめとした官公庁，総合病院等の医療施設，博物館・美術館・図書館等の文化施設，大学・高等学校・専門学校等の教育機関など，これまで都市の核として機能し，不特定多数の人々の来街を促してきた，**大規模な公共施設**等もまた，都市中心部から郊外に転出するケースが増えた。

　それらの郊外転出には，老朽化したり手狭になったりした施設を刷新する必要があるといった，それなりの正当な理由があるのであろう。しかし，そうだとしても，それは部分最適な正当性であって，よりひろい視点からみると，外部経済を及ぼしてきた諸施設の転出は，都市に負の外部性をもたらしたのである。こうした転出には，自治体や国の機関が関与していることがほとんどなので，都市にとってマイナスとなることに，政策が力を貸したことを意味する。

⑷　まちづくり法制の必要性

①　商業まちづくり政策が重要課題に

　これまでみてきた状況の大半は，消費者・住民の選択の結果，あるいは企業の合理的な市場対応行動の結果としてもたらされたものであり，**「市場の論理」**の帰結と表現できる。しかし，このような状況が継続すれば，社会的な快適さや安心，安全といったソフト面での生活基盤が脅かされかねない。また，都市中心部の経済活動の停滞は，当該地域の自治体の税収減につながることから，市民や企業に対して必要な政策を打つこともままならなくなってしまう。

　いいかえれば，都市に外部経済をもたらしていた商店街や大型店が衰退することは，たとえそれが「市場の論理」の結果であったとしても，都市に対してさまざまな外部不経済をもたらす可能性があるということになる。これは一方で市場の失敗ということができるが，他方で市場の失敗の背景には，国が政策的に推進してきた規制緩和がある。いわば，**市場の失敗**と**政府の失敗**が複合的に発生している状態であり，至急対応が求められる状況といえよう。

　以上から，都市と商業の悪循環的な衰退に対処するための**商業まちづくり政策**が，都市中心部に立地する大型店や商店街にとってだけの課題としてではなく，都市あるいは社会そのもののあり方にかかわる重要な政策課題として浮上してきたのである。

②　商業まちづくり政策の方向

　振興政策の分野においてソフト面の施策とまちづくりの視点を重視する方向がめざされる一方で（Sec.18），調整政策の分野においては大規模小売店舗法の規制緩和が進められる中で，生活環境保持等の負の外部性への対処の必要性が指摘された（Sec.19）。商業まちづくり政策の制度設計においては，こうした問題への対応が重要な課題となった。

　1990年代後半の実際の政策過程では，大規模小売店舗法を廃止して，新法を制定することが主要な争点となった。しかし，それはそれ自体で完結するものではなく，関連する諸制度に大きな影響を与えた。これを，商業まちづくり政策をめぐる関係という視点から整理すると，まず**図表6－1①**に示すように，かつて大規模小売店舗法は関連諸制度――その代表が中小商業支援制度，都市計画制度，地方自治制度――との間に補完的関係を形成していた。それが大規模小売店舗法の緩和から廃止の流れの中で，**図表6-1②**に示すような方向で制度改定がめざされ，制度的補完性の再構築が図られた。

図表 6-1　商業まちづくり政策をめぐる制度的補完性

① 大規模小売店舗法を軸にした制度的補完性

② 制度的補完性の再構築

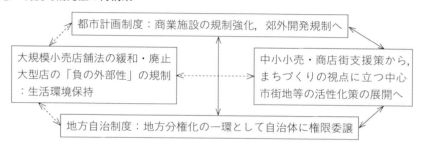

（出所）　渡辺達朗（2014）『商業まちづくり政策』有斐閣，p.55に加筆修正して作成。

　すなわち，大規模小売店舗法に代えて，大型店がもたらす負の外部性の問題に対処するために新法制定がめざされた。ただし，外部性の範囲は，最終的に生活環境保持というかなり限定的な対象に絞られることとなった。都市計画制度については，従来，大型店の立地を規制・誘導する有効な手段が織り込まれていなかったが，徐々にその立地の規制や誘導，さらには郊外開発規制が施行されるようになった。ただし，それが本格的に制度化されていくのは，2000年代に入ってからであった。また，中小小売・商店街支援策については，まちづくりの視点に立つ中心市街地活性化策の展開がめざされた。さらに，地方自治制度についても，全般的な地方分権化の中で，商業まちづくり政策の実施主体としても自治体の主導性や権限を強める方向が志向された。以上を受けて，1998年にいわゆる「まちづくり 3 法」が制定されたのである。

⑤ 「まちづくり３法」の制定

流通政策と都市政策との連動を眼目として，1998年5月末から6月初頭にかけて，次の法律から成るいわゆる「まちづくり３法」が制定された。

① **中心市街地活性化法**（1998年7月施行）：市町村等（市町村および東京特別区）が中心市街地の活性化を目的とした関連施策を総合的に実施するための諸制度を体系化した法律。同法の正式名称は「中心市街地における市街地の整備改善及び商業等の活性化の一体的推進に関する法律」であったが，2006年改正により「中心市街地の活性化に関する法律」となった。

② **大規模小売店舗立地法**（大店立地法，2000年6月施行）：店舗面積1,000㎡超の大型店の出店を生活環境の保持という観点から規制する法律。

③ **改正都市計画法**（1998年11月施行）：小売業を含む諸施設の立地のコントロールをある程度可能にするために，特別用途地区制度等を改正する法律（その後，2006年5月改正，2007年11月改正法施行）。

これらのうち，中心市街地活性化法はまちづくりにおける活性化の側面にかかわる制度であり，残りの2つの法律はまちづくりにおける規制的側面にかかわる制度である。

なお，中心市街地の衰退傾向は，欧米諸国の多くに共通する現象となっている。そのため，そうした状況を前にして，アメリカやイギリスをはじめとする，欧米のいくつかの国々の政府・自治体は，とりわけ90年代に入って以降，中心市街地の再活性化のためのさまざまな施策——ただし，支援対象は既存の商業者ではなく，あくまでも中心部商業という社会的機能である点は，わが国以上に明確に意識されている——を実施するようになった。わが国における「まちづくり政策」の展開は，こしたグローバルな潮流を背景に持っていることを確認する必要がある［⇒**関連事例5**を参照］。

Sec.21　中心市街地活性化法と大規模小売店舗立地法

(1)　中心市街地活性化政策の展開

①　中心市街地活性化法の制定

　1998年に制定された中心市街地活性化法の特徴は，中心市街地の活性化にかかわる政策を総合的に実施する態勢を整えたことにある。そのため，本法は通商産業省，建設省，自治省，警察庁，国土庁，文部省，厚生省，農林水産省，運輸省，郵政省，労働省という**11省庁の共同管轄体制**がとられた（いずれも当時の省庁名であり，現在は経済産業省，国土交通省，総務省，警察庁，文部科学省，厚生労働省，農林水産省）。中心市街地活性化法は，2006年および2014年に改正・強化されるが，ここでは1998年制定当初の制度について説明する。

　同法では，中心市街地について次のような認識を提示している。すなわち，中心市街地は商業，業務，居住等の都市機能が集積し，文化や伝統を育む「**まちの顔**」ともいえる地域であり，にぎわいが欠かせない場所といえる。しかし近年，モータリゼーションへの対応の遅れや，商業を取り巻く環境変化による商店街の衰退，住民の減少や高齢化の進行等から，都市の中心機能が低下し（中心部の空洞化），市街地が郊外へ拡大しつつある。こうした状況は環境問題としても，公共投資の効率という観点からも問題が多い。

　このような認識に基づいて，以下の基本的立場から，市町村等が中心市街地活性化事業に主体的に取り組むための種々の支援を行うとしている（通商産業省中小企業庁（1998）「中心市街地活性化施策の概要」による）。

1)　**市町村等のイニシアティブの重視**：地域の特性を生かした優れた街づくりプランを行政と商店街等の関係者が連携して策定し，これに重点的に支援する。

2)　**関係省庁間の連携・協力**：道路・駐車場の整備，区画整理事業，公共交通機関の整備，各種公共施設や住宅の整備等の関連施策を一体的に実施する。

3)　**点（個店，特定商業集積）対策や線（商店街）対策から，面（中心市街**

地）の対策へ：特定中心市街地への商業・サービス業，都市型新事業の立
地を集中的に支援するとともに，店舗配置・業種構成等の管理を行う「タ
ウンマネジメント」を導入する。

② 中心市街地活性化法による支援の要件

中心市街地活性化法による支援対象の区域となるには，以下の要件を満たす
ことが求められた（中心市街地活性化法2条1〜3号による）。なお，対象区
域は後述する国の「基本方針」によって，基本的にそれぞれの市町村等で1ヵ
所とされている（合併によって形成された都市を除く）。

1) 当該市街地に，相当数の小売商業者が集積し，及び都市機能が相当程度
   集積しており，その存在している市町村の中心としての役割を果たしてい
   る市街地であること
2) 当該市街地の土地利用および商業活動の状況等からみて，機能的な都市
   活動の確保または経済活力の維持に支障を生じ，または生ずるおそれがあ
   ると認められる市街地であること
3) 当該市街地における都市機能の増進及び経済的活力の向上を総合的かつ
   一体的に推進することが，当該市街地の存在する市町村およびその周辺の
   地域の発展にとって有効かつ適切であると認められること

以上から，中心市街地活性化法の従来の施策に比しての特徴をあらためて整
理すると，次の3点が指摘できる。

第1に，従来の中小小売商や商店街の支援を目的にした施策が，ともすれば
「中小小売商のための商店街活性化」という狭い枠内にとどまりがちであった
のに対して，中心市街地活性化法では中心市街地を面としてとらえ，**総合的な
視点**に立って商店街をはじめとした地域の商業機能を有機的に位置づけ，中心
市街地のそのものの社会的・経済的な活力を高めることがめざされている。

これに関連して，第2に確認すべきは，一連の施策において支援対象とされ
ているのは，あくまでも**社会的機能としての地域商業**であるという点である。
いいかえれば，中心市街地活性化法は，都市中心部に立地している既存の中小
小売商や商店街を丸抱えで支援・保護しようとしているのではないのである。

さらに第3に指摘できるのは，**地方分権**の流れを受けて，基礎自治体である

市町村等が，まちづくりに主体性やイニシアティブを発揮しやすくすることに配慮した制度体系になっている点である。

③　中心市街地活性化法による支援策

2006年改正以前の中心市街地活性化法の仕組みは，**図表6-2**に示すとおりであり，国の支援は，事業計画を国が認定することによって実施された。

認定プロセスは，国の「**基本方針**」に基づいて，市町村等が「**基本計画**」（中心市街地の位置および区域の指定，活性化の方針，目標，実施事業に関する基本事項等）を作成するところからはじまる。そして，市町村等の「基本計画」に則って，後述する**タウンマネジメント機関**（TMO）や民間事業者等が，各種の事業計画を作成し，これを国が認定し支援を行った。なお，基本計画は地方自治法に基づく**基本構想**と，都市計画法に基づく**市町村マスタープラン**との整合性が必要とされた。

具体的な支援事業は，大きく次の5つの系列に分けられる。
1）　街の吸引力を高めるのに役立つ事業
2）　街で快適に過ごせる環境を整えるのに役立つ事業
3）　街に来やすくするための事業
4）　街に住む人を増やすための事業
5）　計画の実現に向けた仕組みや環境づくりに役立つ事業

これら5つの系列の中でも中心に位置づけられたのが，主として経済産業省に関係する**商業等の活性化に関する事業**と，主として国土交通省に関係する**市街地の整備改善に関する事業**であり，両者を一体的に推進することとされた。

図表6-2　中心市街地活性化法の仕組み（2006年改正以前）

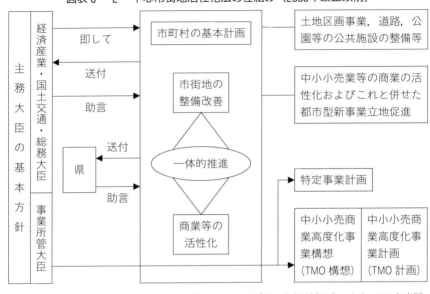

（出所）　中心市街地活性化関係府省庁連絡協議会（2001）「中心市街地活性化のすすめ2001年度版」
に基づき作成。

④　タウンマネジメント機関（TMO）の役割と組織

2006年改正以前の経済産業省関係の事業で重点が置かれたのは，中心市街地の商業集積を１つのショッピングモールと見立て，一体的かつ計画的に整備していくことであった。そうした事業の**企画調整**と**事業実施**の両側面を担う機関として設立されるのが**TMO**であった。

TMOがどのような機関で，どういった事業に取り組むかは，市町村等の基本計画によって決定されることになっていた。また，**TMOの母体**は，商工会・商工会議所，第三セクター特定会社（大企業の出資比率が２分の１等の条件），第三セクター公益法人（同上の条件を満たす財団法人），NPO法人，社団法人が想定されていた（最後の２者については同法施行令改正により2005年４月１日から）。

このように，2006年改正以前の中心市街地活性化法においては，TMOを軸にして，地域の個性や強みを生かしたまちづくりを推進していくことが期待されていた。その際，地域の小売商や自治体だけでなく，住民，商業者以外の民

間企業, 非営利組織（NPO）といった, 地域の広範な関係者が, まちづくりの目標や構想, 具体的な計画に関する合意形成のプロセスから実施段階に至るまで, 互いに協力・連携していくことが重視されていた。しかし, TMOが当初の想定のように機能しないことが多かったことから, 全面的な見直しが行われた。

⑵　大規模小売店舗立地法の枠組み

①　大店立地法の内容

大規模小売店舗立地法（大店立地法）は「まちづくり3法」のうちの規制的側面を担っており, 調整政策の中軸を担っていた大規模小売店舗法に代えて, 1998年5月に制定（2000年6月施行）された。こうして, 調整政策と振興政策とが表裏一体的に運用されるという従来の流通政策の体系が大きく変わることになったのである。

　大店立地法の内容は概略以下のようにまとめられる。なお, 大店立地法の手続きのフローは**図表6−3**のとおりである（以下では煩雑となるので新規出店のケースを中心に説明する）。

1) **目的**：大規模小売店舗の周辺地域の**生活環境の保持**を目的に, その施設の配置および運営方法について適切な配慮がなされることを確保する。

2) **届出の基準面積**：店舗面積1,000㎡を基準面積とし（政令による）, 基準面積を超える大規模小売店舗の設置者は都道府県ないし政令指定都市（以下では「都道府県等」）に届出を行わなければならない。

3) **審査内容**：大規模小売店舗の**施設の配置**および**運営方法**について審査。

4) **指針**：「周辺の地域の生活環境の保持を通じた小売業の健全な発達を図る観点」から, 「大規模小売店舗を設置する者が配慮すべき事項に関する指針」（以下では「指針」, 内容は後述）を定め, これに基づき審査する。

5) **説明会の開催**：大規模小売店舗の設置者は, 届出後2ヵ月以内に出店予定地の属する市町村内において, 届出内容を周知させるための「説明会」を開催しなければならない。

6) **市町村等の意見**：都道府県は市町村の意見を聴く必要がある。また地域住民, 地域事業者, および商工会議所・商工会は都道府県等に意見を述べ

ることができる。

7)　**都道府県等の意見表明**：都道府県等は「指針」と，市町村等の意見を踏まえて，「周辺の地域の生活環境の保持の見地からの意見を有する場合」には，届出から8ヵ月以内に意見表明しなければならない。

8)　**大規模小売店舗の設置者による改善策**：大規模小売店舗の設置者は，都道府県等の意見表明を受けて，改善策を提示しなければならない。

9)　**都道府県等の勧告**：改善策の内容では「周辺の地域の生活環境に著しい悪影響を及ぼす事態の発生を回避することが困難であると認められる」場合，都道府県等は改善策の提示から2ヵ月以内に大型店に勧告を行う。

10)　**審査期間**：届出から勧告までの審査期間は1年以内とする。

図表6-3　大規模小売店舗立地法の基本的な手続きの流れ

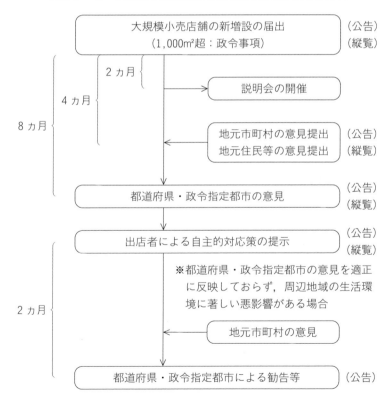

（出所）　通商産業省（1998年）「大規模小売店舗立地法の概要」。

図表 6 - 4 大規模小売店舗立地法の「指針」の骨子（2006年まで）

一 大規模小売店舗を設置する者が配慮すべき基本的な事項

1．（立地に伴う周辺の地域の生活環境への影響について，あらかじめ十分な調査・予測を行い，適切な対応を行うことが必要）

2．（説明会において，地域住民への適切な説明を行うことが必要）

3．（都道府県及び政令指定都市からの意見に対する誠意ある対応，合理的な措置，合理的な説明）

4．（対応策について誠実に実効ある措置を実施し，大規模小売店舗の小売業者等関係者による対応が必要な場合に備えて，履行確保のための必要な措置を講ずる）

5．（開店・施設変更後においても，周辺の地域の生活環境に与える影響について十分注意を払い，届出時の調査・予測と大きな乖離があった場合等には，必要な措置をとるよう努める）

二 大規模小売店舗の施設の配置及び運営方法に関する事項

1．駐車需要の充足その他による大規模小売店舗の周辺の地域の住民の利便及び商業その他の業務の利便の確保のために配慮すべき事項

(1) 駐車需要の充足等交通に係わる事項（略）

(2) 歩行者の通行の利便の確保等

(3) 廃棄物減量化及びリサイクルについての配慮

(4) 防災対策への協力

2．騒音の発生その他による大規模小売店舗の周辺の地域の生活環境の悪化の防止のために配慮すべき事項

(1) 騒音の発生に係わる事項（略）

(2) 廃棄物に係わる事項等（略）

(3) 街並みづくり等への配慮等（略）

② 「指針」の内容

大店立地法の運用は，出店審査等に関する国の基準として策定される「指針」に基づいて行われる。大店立地法（4条）では「指針」は次の2項目から構成されると規定されており，具体的内容は産構審・中政審合同会議での議論を経て，1999年6月，通商産業省告示として公表されている。なお，合同会議答申では「指針」は5年以内に見直すべきことが提言されている。

> 一　大規模小売店舗を設置する者が配慮すべき基本的な事項
> 二　大規模小売店舗の施設の配置及び運営方法に関する事項

「指針」の骨子は**図表6 - 4**に示すとおりで，駐車場の必要台数や騒音の評価基準，廃棄物等の保管施設の容量などについて，具体的な数値基準が示されている。例えば，従来から論点となりやすい駐車場については，店舗面積，用途地域，人口規模，駅からの距離に応じて，来店客数，自動車分担率，平均乗車人員，平均駐車時間などに差があることに基づいて，各種の係数を設定し，必要台数を求める算出式が設定されている。

③　大店立地法の特徴

以上を踏まえ，大店立地法の制度や運用の特徴をまとめると，以下のようになる（以下でカッコ内の引用は通商産業省（1998）「大規模小売店舗立地法のポイント」による）。

1) **大店立地法の基本的趣旨**：大店立地法は，大型店の立地そのものを規制・制限する制度であるかのようにもみえるが，実際には，大型店の当該地域への立地を前提としたうえで，**施設の配置**および**運営方法**に関して，周辺の**生活環境の保持**への配慮を求めることを基本的趣旨としている。つまり，大店立地法が競争関係の調整という観点に立たないことを意味する。

2) **生活環境の意味**：生活環境の具体的内容は「指針」に示されており，「渋滞や騒音などの物理的側面」に重きが置かれ，「身近な買い物機会の確保といった経済的側面」は基本的に含まれない。そうした問題は改正都市計画法（後述参照）に基づく「**ゾーニング的手法**によって一定の地域に望ましい商業集積を立地誘導」したり，「支援策でバックアップ」したりすべきとされている。

3) **大店立地法の規制対象**：大店立地法の規制対象は当初，1,000㎡超の大型店に限定された。ただし，2006年の制度見直しで，娯楽施設等の非物販と物販との複合施設も一部規制対象に含められることとなった（Sec. 24）。

4)　**都道府県等による事前審査・指導**：大店立地法の実際の運用では，都道府県等が大型店の設置者が届出を行うに先立って，要綱等に基づいて事前協議を求めていることが多い。例えば，東京都では，「東京都大規模小売店舗立地法の運用に関する要綱」（2000年制定，直近の改正は2008年）によって，「計画概要書」の提出を求めている[6]。

5)　**都道府県等における勧告の効力**：最終局面における都道府県等による勧告については，大型店が正当な理由なくしたがわない場合「その旨を公表することができる」とされているのみで，それ以外に勧告の効力を担保するための特別な罰則規定や制裁措置等は設けられていない。また政府は，都道府県や市町村が建築確認など他の法令や条例に基づく権限を，勧告の担保として用いるべきでないと指導している。

6)　**「まちづくり」との関係**：大店立地法の趣旨は周辺の生活環境の保持への配慮にあることから，「まちづくり」への影響に対する配慮を出店者に求めることは可能である。この点は，同法制定時の衆参両院での付帯決議で確認されている。しかし，その影響の内容が「大型店の進出に伴なう他の商業施設の売上げ減少」を意味するのであれば，「『街づくり』に名を借りた商業調整」となり，大店立地法の対象とはならないとされる。また，自治体が「周辺の地域の生活環境を保持するために必要な施策を講ずる場合」は，「地域的な需給状況を勘案することなく，この法律の趣旨を尊重して行う」べきとされている。

Sec.22 改正都市計画法による立地規制

(1) 都市計画法の基本的枠組み

「まちづくり3法」のうちの残りの1つである，改正都市計画法についてみていこう。

大店立地法は，すでに述べたように，大型店の立地自体の適否を規制・制限することを目的とする法制度ではない。そのため，まちづくりの観点から，地域の判断で大型店の立地そのものを規制するには，それがある程度可能な手段が必要である。「まちづくり3法」においては，すでに述べたように都市計画法等の「**ゾーニング的手法**」に，そうした側面を担う役割が与えられている（Sec. 21）。

そこで，ここではまず，その具体的な中身に入る前に，法制度の枠組みについて，ごく簡単に確認しておこう。わが国の国土のうち自然保全地域や自然公園地域，農地など以外の都市的に利用する土地について利用ルールを定めているのが，都市計画法と建築基準法である（旧建設省，現国土交通省が管轄）。**都市計画法**は，1968年，都市の健全な発展と秩序ある整備を図り，国土の均衡ある発展と公共の福祉の増進に寄与することを目的に制定され，その後，改正が複数回にわたって行われている。また，**建築基準法**は国民の生命，健康，財産の保護のため，建築物の敷地・設備・構造・用途についてその最低基準を定める制度で，1950年に制定され，その後数次にわたって改正されている。

このうち都市計画法は，**図表6-5**に示す区域や地域に分けて，それぞれの用途や容積などに関する利用ルールを定めるとともに，どの土地をどの区域や地域にするかを決定する権限を基礎自治体である市町村に与えている[7]。その決定にあたって，市町村は，上位計画である**総合計画**や**都市計画マスタープラン**（ないし**市町村マスタープラン**）を参考にする。

都市計画法では，まず都市の範囲を示すために，**都市計画区域**が定められ，それ以外が**都市計画区域外**とされる。都市計画区域は，一体の都市として総合的に整備・開発・保全する必要がある区域であり，無秩序に市街地化が進まな

図表 6 - 5　都市計画法による分類

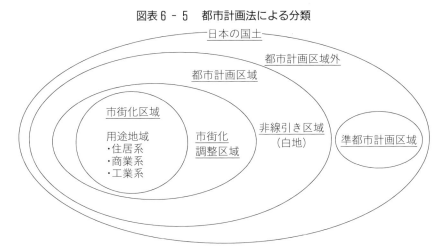

いよう，**市街化区域**と**市街化調整区域**との「線引き」がなされる。市街化区域は，すでに市街地になっている区域や計画的に市街地にしていく区域であり，市街化調整区域は市街化を抑制する区域である。また，この線引きを行わず，用途地域が指定されていない区域を**非線引き都市計画区域**あるいは**白地**という。

　市街化区域においては，道路，公園，下水道などの公共施設の整備が優先的に行われるとともに，土地の使い方や建物の建て方に関する用途の指定が地域ごとに行われる。これを**用途地域**という（一般に「色塗り」といわれる）。用途地域は**建築基準法**によって**住居系，商業系，工業系**に分類されている（2018年改正により住居系 8 地域，商業系 2 地域，工業系 3 地域の計13地域）。用途地域の制限内容は階層的な構造を持ち，住居系に最も厳しい用途制限が課され，商業地域や準工業地域に最も緩い用途制限が課される。用途地域の指定は，都市計画審議会等の一定の手続きを経て，市町村等が主体となって行い，都道府県知事の承認をもって決定とされる。

　他方，都市計画区域外においても，高速道路のインターチェンジ周辺や幹線道路沿いなどで大規模な開発が進展し，無秩序な土地利用や良好な景観の喪失がみられることから，**準都市計画区域**が設けられ，用途地域や景観地区，風致地区といった指定ができる（2000年改正による）。なお，農業用の土地については，農地法および農振法（農業振興地域の整備に関する法律）による規制がある。

⑵ 都市計画法による立地規制とその限界

① 用途地域制の限界と特別用途地区制度

ここで注意すべき点は，さきに述べたように，一方で大型店の立地規制は都市計画法等による「ゾーニング的手法」に委ねるべきとの考え方が示されながらも，従来の都市計画法における用途地域の制度は，大型店の立地規制として有効に機能してこなかったことである。というのは，もともと都市計画法は良好な住居環境を確保することに力点が置かれており，小売商業開発についてはそれほど立ち入ったルールが設けられてこなかったからである。実際，**図表6－6**に示すように，1998年当時，用途地域は12に分かれていたが，そのうち工業専用地域を除いて，すべてにおいて小売店舗が立地でき，半数の6つの地域では何らの制限も設けられておらず，残りの6つは床面積や階数等について比較的緩い制限がかけられている程度であった。

図表6－6　用途地域の目的と小売店にかかわる規制の内容
（1988年改正から2006年改正まで）

用途地域	目的	物品販売店舗に係る用途規制の内容（一般的に建てられるもの）	用途地域の合計面積に対する割合
第一種低層住居専用地域	低層住宅に係る良好な住居の環境を保護	兼用住宅で非住宅部分の床面積が50㎡以下かつ建築物の延べ面積の1/2未満のもの	19.0%
第二種低層住居専用地域	主として低層住宅に係る良好な住居の環境を保護	床面積が150㎡以下かつ2階以下のもの（日用品販売店のみ）	0.8%
第一種中高層住居専用地域	中高層住宅に係る良好な住居の環境を保護する地域	床面積が500㎡以下かつ2階以下のもの	14.0%
第二種中高層住居専用地域	主として中高層住宅に係る良好な住居の環境を保護する地域	床面積が1,500㎡以下かつ2階以下のもの	5.4%
第一種住居地域	住居の環境を保護	床面積が3,000㎡以下のもの	22.6%
第二種住居地域	主として住居の環境を保護する地域	制限なし	4.6%
準住居地域	道路の沿道としての地域の特性にふさわしい業務の利便の増進をはかりつつ，これと調和した住居の環境を保護する地域	制限なし	1.4%
近隣商業地域	近隣の住宅地の住民に対する日用品の供給を行うことを主たる内容とする商業その他の業務の利便を増進する地域	制限なし	3.9%
商業地域	主として商業その他の業務の利便を増進する地域	制限なし	4.0%

準工業地域	主として環境の悪化をもたらすおそれのない工業の利便を増進する地域	制限なし	10.7%
工業地域	主として工業の利便を増進する地域	制限なし	5.5%
工業専用地域	工業の利便を増進する地域	建てられない	8.1%

（注）用途地域の合計面積に対する割合は，2003年3月末現在。
（出所）国土交通省資料

「まちづくり3法」の一環として行われた，1998年の都市計画法改正（同年11月施行）では，用途地域の分類や制限内容にまで踏み込むことはできず，その一歩手前の措置として，特別用途地区制度の見直しが行われた。ここで，**特別用途地区制度**とは，住居地域系，商業地域系などの既存の用途地域に「上塗り」するかたちで，特別用途地区を指定できるというものであり，従来は，都市計画法等によって11種類の特別用途地区に限定されていた。しかし，そうした硬直的制度では，地域の状況に応じた制度運用がしにくいとの理由から，特別用途地区制度の利用はあまり広がらなかった。

そのため法改正によって，住宅地域系，商業地域系などベースとなる用途地域の趣旨の範囲内で，市町村が地域の事情に応じて，柔軟に特別用途地区を指定できるようにされたのである。つまり，市町村は，自らのまちづくりの方針等に沿って，用途地域に上塗りするかたちで，より細かな用途規制がかけられるようになったわけである。

なお，今回の改正では，これ以外に，市街化調整区域内での郊外型住宅建設等促進のため地区計画の活用などが実施されている。

②　特別用途地区制度の限界

特別用途地区制度の指定が広がらなかった要因として，この制度そのものがもつ限界がいくつか指摘されている。

第1は，市町村が新しい特別用途地区の類型を定め，実際に特定のエリアに対して指定を行うに至るには，地域のコンセンサスの形成等さまざまなハードルを越えねばならず，その手続きはそれほど容易ではないことである。

とりわけ，新規に用途制限を行うことが不動産価格の問題——つまり**私有財産の問題**——に直結することが，地域のコンセンサスを得るうえでの問題とな

ることが多い。例えば，不動産価格の低下などによって損害が予想される側に
対しては，税制面の優遇措置等のインセンティブを与える仕組みをつくるとい
った対応が必要になる。これでは，自治体として慎重にならざるを得ない。

　これに関連して第2に，せっかくある自治体で，例えば大型店の立地を制限
する特別用途地区を指定することでコンセンサスが得られたにしても，隣接す
る他の自治体も同一歩調をとらなければ，実質的に意味のある立地制限とはな
りにくいことがあげられる。つまり**広域的視点の欠如**という問題である。

　第3に特別用途地区は，用途地域の指定が可能な市街化区域のみで指定でき
るが，**市街化区域の面積は全国土の3.7%を占める**に過ぎない（当時），という
問題があげられる（同10%程度を占める市街化調整区域については原則指定で
きないこととなっているが，許可により可能，残りの都市計画区域外では指定
不可）。

　これは，大型店の出店がさかんな郊外部の多くについては，特別用途地区の
指定ができないこと，いいかえれば**郊外開発に対する実効的な規制**となってい
ないことを意味する。そのため特別用途地区制度は，地域の判断で大型店の立
地を規制したり，誘導したりすることができるような，まちづくりの実効性あ
る政策ツールとはしづらいといわれた。そのため，新たに**大型店規制を行う特
別用途地区**を指定した市町村等は，**図表6-7**に示すように，2004年3月末現
在で10地区（9市町），計128haにとどまった。なお，特別用途地区は全国で
569地区，計48,275ha指定されている。

図表6-7　大型店規制を行う特別用途地区　10地区（9市町）　計128ha

市町村	名称	大型店の規制	決定／変更告示日
茨城県大洗市	大洗港水産業振興地区	水産業関連施設以外を制限	2004.10.25
長野県岡谷市	水辺体育地区	500m²超	1999.2.10
愛知県豊田市	浄水学術研究特別用途地区	3,000m²以上	1999.3.31
愛知県豊田市	浄水国道沿道サービス特別用途地区	3,000m²以上	1999.3.31
愛知県蒲郡市	医療関連施設特別用途地区	3,000m²以上	2000.10.31
愛知県新城市	新城南部産業振興地区	3,000m²以上	2002.3.29
大阪府高槻市	文教・医療地区	学校，各種学校，病院，診療所等以外を制限	2004.12.28
福井県丸岡町	特別情報産業地区	情報関連業務以外の施設を制限	2001.10.1
福岡県太宰府市	門前町特別用途地区	3,000m²以上	2000.12.28
福岡県太刀洗町	西太刀洗草分線沿道南等	3,000m²以上	2002.2.1

（注）2004年3月31日現在。なお，特別用途地区は全国で569地区，計48,275ha指定されている。
（出所）国土交通省資料

(3)　郊外の開発規制強化

　こうした状況を受けて，その後，郊外における開発規制を強化する方向で制度の見直しが進められた。その結果，2000年5月，都市計画法の改正が実施され（施行は2001年5月），主として郊外については次のような制度改定が行われた。

① **都市計画マスタープランの充実**：すべての都市計画区域において，めざすべき都市像として，都市計画マスタープラン（「都市計画に関する基本的な方針」，1992年改正で導入）を市町村が策定することとする。

② **市街化調整区域の線引き制度，および開発許可制度の見直し**：都市計画マスタープランに基づいて，地域の実情に応じた適正な規制が行えるよう，線引き制度，および開発許可制度を柔軟化した。とくに，線引きについては，原則として，都道府県知事の判断に委ねられることになった。

③ **非線引き白地地域を対象にした特定用途制限地域制度の新設等**：非線引き白地地域（非線引き都市計画区域のうち用途地域の指定のない区域）において，良好な住居環境を守るため，特定の用途の建築物の立地を制限できる特定用途制限地域の制度を新設するなどした。なお，特定用途制限地域を指定した市町村は，**図表6-8**に示すように，2005年4月1日現在で

12地区，計53,171haとなった。

④ **都市計画区域外における準都市計画区域の新設等**：郊外部にあたる都市
計画区域外に拡大している都市的土地利用（非計画的で無秩序な開発，い
わゆるスプロール的開発）に対応し，一定のルールを設けるために準都市
計画区域の制度を新設するとともに，都市計画区域外の一定規模以上の開
発・建築行為について，開発許可制度を適用することにした。

図表6-8　特定用途制限地域の指定状況　12地区　計53,171ha

市町村		大型店の規制	決定／変更告示日
岐阜県	美濃加茂市	1,500m²超	2005.4.1
	富加町	（沿道以外）1,500m²超	2005.4.1
山口県	宇部市	1,500m²超	2004.10.8
香川県	高松市	（沿道以外）1,500m²超	2004.5.17
	丸亀市	（沿道以外）3,000m²超	2004.5.17
	坂出市	—	2004.5.17
	牟礼町	500m²超	2005.5.17
	宇多津町	（沿道）3,000m²超 （沿道以外）1,500m²超	2005.5.17
	国分寺町	—	2005.5.17
愛媛県	新居浜市	（市街地周辺）1,500m²超 （田園地域）3,000m²超	2005.5.14
	西条市	（沿道等以外）3,000m²超	2005.5.14
熊本県	荒尾市	1,500m²超	2005.5.17

（注）2005年4月1日現在。
（出所）国土交通省資料

なお，これらと同時に，**中心市街地**については，土地の有効利用と活力ある
都市核づくりをめざして，**未利用容積**の活用，**建ぺい率**の緩和，**地区計画**
（1980年改正で導入された制度で，街並みなどの地区独自のまちづくりのルー
ルとして，住民等の意見を反映させて市町村が策定）の策定対象地域の拡大な
どの制度改正が実施されている。

これらによって，都市計画法のまちづくりのツールとしての限界が，すべて
克服されたわけではない。しかし少なくとも，郊外部におけるスプロール的な

開発に歯止めをかけなければならないという認識の共有と，市町村がまちづくりに主体的に取り組むための制度の整備については，今回の法改正で一定程度進展したといえる。

　以上，「まちづくり3法」のそれぞれの枠組みと問題・課題をみてきた。運用が実際に始まって以降，とりわけ問題となったのは，郊外開発規制と中心部の振興にかかわる，**3法間の整合性の欠如**である。つまり，3法はまちづくりの相互補完的な制度として制定されたはずであるが，お互いに政策効果を減殺し合っているということである。こうした課題の解決に向けて，2006年の「まちづくり3法」抜本見直しが行われる。章をあらためて詳しくみていこう。

第6章　ワークショップの課題

1. あなたが暮らしている自治体や，育った自治体にとっての中心市街地は現在どのような状況にあり，活性化のためにどのような取り組みが行われているかを調べ，今後どのようなことに取り組んだらよいか検討しよう。

2. 大規模小売店舗立地法の手続きの最終局面で，大規模小売店舗の設置者の改善策が十分でない場合，都道府県等から勧告がなされるが，それに正当な理由なくしたがわない場合であっても，都道府県等がとりうる措置は「その旨の公表」に限られ，特別な罰則等は用意されていない。このことが大規模小売店舗立地法による規制の実効性に及ぼす影響について検討しよう。

3. 都市計画法は，2006年改正以前の時期にあっては，郊外ほど規制が緩い傾向にあった。そのことが小売企業の出店行動や小売構造にどのような影響を及ぼしたか検討しよう。

【注】
1) 本書では主として商業まちづくりを対象にしているが，まちづくりにはそれ以外に，さまざまなタイプがある。そうした点は，石原武政・西村幸夫編（2010）『まちづくりを学ぶ―地域再生の見取り図』有斐閣を参照されたい。

2)　社会的共通資本については，宇沢弘文（1974）「社会的共通資本の概念」『講座
　　現代都市政策』第Ⅳ巻，岩波書店；同上（2000）『社会的共通資本』岩波書店；同
　　上・茂木愛一郎編著（1994）『社会的共通資本―コモンズと都市』東京大学出版会
　　による。

3)　Putnam, Robert D. (2000), *Bowling Alone: The Collapse and Revival of
　　American Community*, Simon & Schuster（柴内康文訳『孤独なボーリング―米国
　　コミュニティの崩壊と再生』柏書房，2006年）

4)　宮川公男・大守隆編（2004）『ソーシャル・キャピタル―現代経済社会のガバナ
　　ンスの基礎』東洋経済新報社，p.34。

5)　都市の非可逆性とまちづくりの必要性の関連については，石原武政（2000）『ま
　　ちづくりの中の小売業』有斐閣を参考にした。

6)　以下は東京都産業労働局商工部地域産業振興課（2011）による。

7)　以下は国土交通省「みんなで進めるまちづくりの話」
　　http:/www.mlit.go.jp/crd/plan/03_mati/02/index.htmを参考にした。

関連事例 5　アメリカにおける中心市街地の再活性化策の展開

(1)　ダウンタウン・マネジメント登場の背景

　1970年代以降，中心市街地の衰退が欧米諸国の多くに共通する現象となった。これを受けて，1990年代に入って，欧米のさまざまな都市で再活性化の取り組みが行われるようになった。ここでは，そうした動きのうちアメリカの都市に注目してみていこう。

　かつてはアメリカでも，都市中心部（ダウンタウン）は都市の「顔」としての役割を担っていた。ダウンタウンがそうした機能を果たしていたからこそ，郊外を含めた大都市圏全体の発展が可能となったのであり，郊外の繁栄は中心部の全般的な健全さが維持されるかどうかに依存していた。だが，1960年代に入って都市構造の郊外化が進むとともに，ダウンタウンの衰退・空洞化が進展し，さらに1970年代に，中心部との相互依存的関係を切断して，自律的に発展する新しい郊外都市（"edge city"などと呼ばれる）が出現し，ダウンタウンの衰退・空洞化はいっそうの拍車がかけられるようになった。

　こうした事態を政府・自治体もまったく放置してきたわけではない。例えば，一方でショッピングセンターや大型店の開発については，**ゾーニング**などによる規制が行われていたし（関連事例 5），他方で都市更新プログラムのために連邦政府が支出する莫大な補助金に基づいて，多くの自治体はスラムクリアランスを軸にダウンタウンの大規模再開発を行ってきていた。

　しかし1980年代以降，レーガン政権によって連邦補助金がドラスティックに削減され，自治体の財源が枯渇したことから，再開発計画の進展が物理的に中断せざるを得なくなる一方で，そもそもそうした大規模プロジェクトはダウンタウンの活性化を必ずしももたらさない，との政策効果の観点からの反省の気運が高まった。そしてそれと並行して，都市におけるダウンタウンの役割の重要性が，多様な立場からあらためて主張されるようにもなったのである[1]。いいかえれば，ダウンタウンの**既存資源の有効活用や再利用**を重視すべきとの主張である。

　こうした考え方を背景にして，1980年代後半から中心市街地再活性化策として

模索されたのが，ダウンタウンの総合的なマネジメントという考え方，すなわち
ダウンタウン・マネジメントである。その主体はいくつかあるが，代表的なのは
BID（Business Improvement District）等と呼ばれる組織である。

なお，以上のような政策展開と軌を一にして，かつてのようないたずらな都市
の発展・成長をめざすような方向から，むしろ**都市の成長を管理**する（成長管
理）という考え方に基づいて，「持続可能な都市」ないし「持続可能な開発」を
めざす方向に，社会的風潮が転換したことも注目される。

(2)　BID によるダウンタウン・マネジメント

さて BID とは，ある地区の不動産所有者や事業者等（小売商業者だけではな
い）が，州法に基づく条例等の規定にしたがって，ダウンタウン・マネジメント
を目的に自治体関係者等と協力して結成する組織——つまり**公民パートナーシッ
プ型の準政府組織**——である。BID は，条例等の認定を受けることによって，
不動産所有者等から**負担金**を税金に準じて徴収する権限を有する（自治体等が代
理徴収）。この負担金を原資にして——さらに場合によっては連邦政府や州政府，
自治体の補助金などを加えて——当該地区の活性化のための活動を，あくまでも
民間主導で展開するところに特徴がある。

すでに，アメリカおよびカナダに1,200余りの BID ないしその類似組織が存
在しているといわれ，イギリスやヨーロッパ諸国，カリブ海諸国，南アフリカに
も普及しつつある。こうした BID の多くは国際ダウンタウン協会（IDA：
http://www.ida-downtown.org/）に加盟し，ダウンタウン・マネジメ
ントの手法の研究や互いの経験の交流などを行っている。

さて BID の活動は，地域の実情に応じて計画・実行することを基本としてい
るため，きわめて多様である。その初歩的な段階においては，BID が基本的に
不動産所有者の利益を代表していることを反映して，衰退・荒廃しつつある**ダウ
ンタウンの安全性や清潔性**を高めることによって，**不動産の利用価値の向上**を図
る，といった活動を主体にすることが一般的である。

それがさらに発展すると，地域商業振興を含めた都市問題全般の改善・改革を
課題とするようになる。その際の活動の重点は，建物や街路などの改修といった

ハード面ではなく，ソフト面に置かれることが多い。いいかえれば，商店街活性化などの地域商業振興そのものを目的とするというよりも，**地域経済の活力向上**の一つの手段として地域商業振興を位置づけ，ソフト面の活動を中心に，総合的な視点から都市問題にアプローチするというスタイルである[2]。

　なおイギリスでは，ダウンタウンに該当する用語としてタウンセンターが用いられることが多い。イギリスでも，1990年代に都市中心部の再活性化の取り組みとしてタウンセンター・マネジメント（TCM）が広がった。TCMは公共部門と民間部門のパートナーシップによる共同都市経営というコンセプトに基づいており，自治体行政主導の色彩が強かったが，2000年代以降，BIDのコンセプトが導入され取り組みが広がった[3]。

⑶　メインストリート・プログラム

　より中小規模の都市——とりわけ歴史的かつ伝統的なダウンタウンや近隣型商業地区——を対象にした活性化施策として，非政府組織の「歴史的環境保全のための国民基金」（NTHP）によって1980年に設立された，**ナショナル・メインストリート・センター**（http://www.mainst.org/）が開発したメインストリート・プログラムがある。当初このプログラムは，歴史的商業建造物やコミュニティの建築環境の保全を中心的な目的としていたが，しだいに経済的発展のための有力なツールへと内容を豊富化してきた。ただしこのプログラムは，BIDを母体にした活動と異なり，投資コストや維持・運営コストの多くについて州政府や地方政府からの補助に基本的に依存しており，**自治体・公社**（public agency）主導の傾向が強いという特徴がある。

　メインストリート・プログラムは，ショッピングセンターのハード面だけの模倣——歩行者専用街区化や店舗正面のみの改修，看板の付け替えなどによるダウンタウンの外見的な「近代化」——の限界に対する認識に基づいて開発されている。そのため同プログラムの特徴は，ソフト面にかかわる次の４つの側面に重点を置いて，地域の活性化問題にアプローチするところにある。

　①　デザイン：歴史的建造物の修復や新規建築の促進，デザイン管理システムの開発，長期的プランニングなどにより商業地区の物理的外観の価値を高める。

㋺　組織：活性化プロセスにおいて役割を果たす多くのグループや個人の間の合意や協力を形成する。

③　プロモーション：伝統的商業地区の資産を顧客や潜在的投資家，新規事業者，地元市民，旅行者などにマーケティングする。

④　経済的構造改革：地区の既存の経済的基盤を強化したり，新しい機会に適合させたりすることによって経済的基盤を拡大する方向を模索する。

⑷　タイムズスクエアBIDにおける再活性化の取り組み

最後にニューヨーク市のタイムズスクエアBID（http://www.timess-quarebid.org/）による再活性化の取り組みの事例を紹介しよう。

タイムズスクエアBIDは，マンハッタンのミッドタウン地区のうち，ブロードウェイと7番街の交点（タイムズスクエア）を中心に，西40th通りから西53th通りまでと，6番街西側から9番街までの，オフィスや商業・サービス業の集積密度が高い蝶ネクタイ状のエリアを領域としている。

コロナ禍を経た現在でも，この地区はアメリカで有数の繁華街としてにぎわっているが，他のアメリカの大都市中心部同様，1980年代に安全性や衛生面で問題を抱えるようになるとともに，経済的な停滞局面を迎えた。そこで，そうした状況を打破するために，1992年，タイムズスクエアBIDは清潔，安全，友好を旗印に，領域内の不動産所有者や事業者，住民等の手によって非営利団体として設立された。1998年当時，会長および3人の副会長の下に12人のスタッフを抱えていた。

なお，この地区の大部分は，市のゾーニング条例によって特別地区——地区の歴史的・文化的特徴の保持・発展や，再開発・再利用の促進を図ることを目的にテーラーメードで規制やインセンティブの網をかける制度——に指定されている。これは，1960年代に入った頃から劇場の老朽化，閉鎖による演劇産業の衰退が顕著になりはじめたため，地元事業者等が結束して演劇産業振興の施策を市に求めたことによる。こうした経緯が，BID結成を促した背景的な要因となった。

さて当時，同BIDでは，各種事業を遂行するための資金として，領域内の不動産所有者から事業用不動産の評価額の0.3％の負担金を徴収していた（市が代

理徴収）。また領域内の居住者は年間１ドルの負担が求められていた。負担金の合計額はおよそ600万ドル（年によって若干前後するが1998年は5,934,667ドル）に達し，これに補助金284,314ドル，寄付金・その他収入1,434,386ドルを合わせて，総収入規模は1998年で7,653,367ドルにのぼった。これはニューヨーク市内の34のBIDの中で，第４位の資金規模に位置づけられた。

　他方，1998年の総支出額は6,771,902ドルで，そのうち警備事業に26.7%，清掃事業に20.3%，マーケティングに18.8%，コミュニティサービスに7.5%，公共施設改善に3.1%が割り当てられた。

　こうした一連の活動もあって，地区内の商業系不動産の資産価値総額は，近年で最低だった1994年の174,256万ドルから1998年には176,893万ドルへ，平均賃料は1994年の１㎡当たり約292ドルから1998年には同402ドルへといずれも上昇した。むろん，これらすべてがBIDの活動によるものではないが，取り組みの成果といえる部分も少なくないと考えられる。

　なお，こうした再活性化への取り組みと並行して，同地区で民間資本による大規模な再開発事業が実施された。その結果，多少いかがわしい店舗も含めて，従来の「タイムズスクエアらしさ」を演出していた中小規模の事業者が地区内から排除されていったこと——これをジェントリフィケーション（gentrification）という——については，市民や研究者の一部に批判的な見方もある。そうした再活性化・再開発によってもたらされる「光」の部分の裏側にある「影」の部分についても，注視する必要がある[4]。

【注】
1)　この点については，原田英生(1999)『ポスト大店法時代のまちづくり』日本経済新聞社，原田英生(2008)『アメリカの大型店問題—小売業をめぐる公的制度と市場主義幻想』有斐閣を参照されたい。
2)　BIDおよびCRMの詳細については，Cloar, J. A.(1990), Centralized Retail Management, The Urban Land Institute；Segal, B.(1997), ”Business Improvement Districts: Tool for Economic Development,” *MIS Report*, 29(3)；原田，同上書に詳しい。
3)　イギリスにおけるTCM，BIDの取り組みについては，渡辺達朗(2019)「イギリスにおける都市再生の思想・政策・取組み—小売・サービス等の多様性と持続可能性の視点から日本への示唆を探る—」『マーケティングジャーナル』38巻３号；渡辺達朗(2020)「イギリスにおける市街地再生政策と公民連携の取り組み—２都市でのTCM

からBID への展開事例を中心に―」『専修商学論集』111号，2020年8月を参照。
4）　その他の事例については，原田英生（1999）『ポスト大店法時代のまちづくり』日本
　経済新聞社；渡辺達朗・中小企業総合研究機構編（2000）『米国の市街地再活性化と小
　売商業』同友館を参照されたい。

第7章

「まちづくり3法」見直しとその後の政策展開
──都市機能集約化と郊外開発規制──

　まちづくり3法に対しては，実施過程でさまざまな問題が指摘されていた。そのため，いったん見直しの議論が始められると，その内容は大幅かつダイナミックなものとなり，中心市街地活性化法と都市計画法の改正が行われた。本章ではまず，どのような政策理念のもとで，3法が具体的にどのように見直されたのかについて説明する。さらに，ポスト「3法」の政策として，ミクロ的な観点から地域商業・商店街の魅力再構築を目的に制定された地域商店街活性化法，およびコンパクト・プラス・ネットワークという観点に立つ立地適正化政策についてとりあげる。最後に，やや視点を変えて，近年の重要課題として循環経済に向けた環境政策について概説する。

Sec.23 | 「まちづくり3法」見直しの政策過程と内容

(1) 政策過程の分析視点

① 「まちづくり3法」に内在する矛盾

　1998年制定の「まちづくり3法」は，施行後，政策効果がなかなか上がらないことから，問題点がさまざま指摘された。それらのうち，最も重要なものは中心市街地活性化法の政策効果にかかわる。すなわち，中心市街地におけるまちづくりを支援するために多額の補助金が支出されてきたにもかかわらず，期待された効果が出ていないといった指摘である。その代表が2004年9月に公表された，中心市街地活性化法の運用状況に関する監察・監視結果に基づく**総務省の「勧告」**，および中心市街地活性化法の運用に関する**会計検査院による検**

査報告（2003年度）である。

　その最大の要因は，3法が政策効果という点から，もともと矛盾ないし不整合を内在的に持っていたことにある。すなわち，**大店立地法**は，駐車場の設置台数をはじめとした出店等の審査基準が，郊外より中心部の方が格段に厳しく，結果として中心部での出店を減少させ，郊外での出店を促進してきた。これは中心部の既存店の改修・増床等にも影響し，例えば駐車場の設置台数基準のハードルが高いことから，中心部の店舗の撤退，郊外での出店を促した。

　同様に**都市計画法**も，都市中心部よりも郊外において，大型店の出店が容易な制度体系になっていた。たしかに，2000年改正によって，準都市計画区域の制度が導入され，郊外部においても一定規模の大型店の立地を制限することが可能になったものの，その効果はまだそれほど上がっていない。

　こうした状況で，**中心市街地活性化法**に基づいて都市中心部に対してさまざまな政策的支援が行われても，他の2法が大型店の郊外出店を後押ししたため，その政策効果が大幅に減殺されてしまったわけである。

　以上を受けて，もともと大規模小売店舗立地法（大店立地法）の「指針」について，法施行（2000年）後5年で見直すとされていたが，それに止まらず，3法全般の見直しに発展した。その方向は，**コンパクトシティの理念**に基づいて，**都市機能の集約化**と，**大規模集客施設の郊外開発規制の強化**をめざすというものであった。

②　政策過程の分析モデル

　このように「まちづくり3法」の見直しは，当初の比較的小さな政策課題がダイナミックな政策転換につながったという意味で，政策決定に至る過程（政策過程）の研究にとって興味深い事例といえる。

　政策過程の研究では，いくつかの考え方（モデル）が提起されている[1]。代表例として，政策目標の達成に要するコストとそこから得られる便益とを比較して，最も効率的な政策が選択されるとみる「**合理性モデル**」や，政治的主体の行動が，市場と同様に政治の場面においても，自己の私的利益の最大化をめざすとする「**公共選択モデル**」があげられる。

　これらは，政策過程を合理的な意思決定の積み重ねとみる考え方に基づくが，

現実の過程は合理的に説明できることだけで構成されるわけではない。そのため，合理性モデルの対極に位置する「ゴミ箱モデル」（garbage can model）に立脚し，政府を組織化された無秩序とみて，偶然性要素を重視する**「政策の窓モデル」**（policy window model）という考え方が提起されている[2]。「まちづくり3法」見直しのダイナミックな政策過程の分析には，「政策の窓モデル」の妥当性が高いと考えられることから，以下ではこの考え方に沿って説明する。

③ 「政策の窓モデル」の考え方

「政策の窓モデル」では，政策過程を次の3つのフェーズで考える。

1) **問題のフェーズ**：多くの問題から特定の問題が政策アジェンダ（議題）として設定される過程。
2) **政策案のフェーズ**：多くの政策代替案の中から特定の政策案が選択される過程。
3) **政治のフェーズ**：議会，政党，国民のムード，官僚などが政策決定に及ぼす影響。

　これら3つは，通常別々の流れを形成しているが，あるときこれらが合流して大きな流れを形成することがある。その決定的時期のことを「政策の窓の開放」と呼び，これを政策主体がとらえることができれば一気に政策決定にまで至る，というのがこのモデルの基本的な考え方である。

　まず，これら3つの流れを念頭に置いて，さまざまなステークホルダー（利害関係者）が対立・拮抗する中で，いかにして政策決定が行われ，それによってどのような政策理念の実現がめざされたのかをみていこう。

⑵ 「まちづくり3法」見直しの政策過程

① 問題のフェーズ

　すでにみたように「まちづくり3法」は，3つの法制度が相互補完的な関係にあったというよりは，**互いに矛盾し合う政策効果**を有していた。こうした矛盾を内包したまま法運用が行われる中で，上述のように，大店立地法の「指針」見直しの時期が来た。その審議が，産業構造審議会流通部会と中小企業政策審議会経営支援分科会商業部会との合同会議（以下では「合同会議」）にお

いて，2004年9月から始まったのである。

　合同会議を所管している経済産業省サイドは，当初，審議の対象を「指針」見直しに限定しようとした。しかし，合同会議の場で，議論が重ねられる中で，「指針」見直しに限るべきではないとの機運が高まり，ついに合同会議の「指針」見直しの最終案（2005年2月23日付け）で，まちづくり施策全般に関し，2005年夏までに方向性についてとりまとめると明記された。

②　政策案のフェーズ

　その後，合同会議で審議が継続され，2005年9月，答申（中間取りまとめ）として「コンパクトでにぎわいのあふれるまちづくりを目指して」が公表され，中心市街地活性化法と都市計画法の改正の方向が確認された。

　このうち中心市街地活性化法については，それぞれの地域の中心市街地の関係者が一堂に会して，まちづくりの方向について議論を行い，事業を推進する場として**中心市街地活性化協議会**を設立することなどを中心とする改正案がとりまとめられた。また，都市計画法については，国土交通省サイドの審議会で議論が継続され，**郊外開発規制の強化**を中心とする改正案がとりまとめられた。

　さらに，大規模小売店舗立地法については，「**大規模小売店舗と一体として併設されているサービス施設部分**」を規制の対象とすることとし，その関連で「駐車場の確保等」の観点から「指針」の再改定が必要になった。

③　政治のフェーズ

　法改正の方向に関する議論で焦点となったのは，都市計画法における「大規模集客施設」の立地規制の強化についてである。従来から規制対象を小売店に限定することが問題視されていたことから，大規模小売店舗にとどまらず，飲食店，劇場，映画館等を加えた**延べ床面積1万㎡超の大規模集客施設**を規制対象とすることになった。

　従来のいわば規制緩和一辺倒の路線からみれば，これは**政策転換**そのものであった。そのため，2005年末から2006年1月の政府・与党案とりまとめの最終局面で，さまざまな政治的攻防が繰り広げられた。こうして，2006年2月の国会上程を経て同年5月，2法の改正が実現した。

⑶ 「まちづくり 3 法」見直しの政策理念

① スプロール的開発からコンパクトシティへ

ここまでは「まちづくり 3 法」見直しに至る政策過程に焦点を合わせてきたが，ここからは見直しにかかわる政策理念についてあらためてみていこう。

今回の見直しを支える政策理念は，**スプロール的（無秩序な）郊外開発からコンパクトシティへ**というところにある。そして，そうした政策転換をもたらした根本的な要因は，**少子高齢社会化のもとでの人口減少**という，日本の社会構造の大きな変化にある。従来，人口増加を前提に，たとえスプロール的になろうとも，市場の動きに合わせて住宅，小売業，公共施設等の郊外開発，郊外移転が進められてきた（Sec.20）。

しかし，社会構造が変化する中でのスプロール的な郊外開発は，都市中心部の衰退傾向に拍車をかけることとなった。とりわけ地方都市において，そうした傾向が顕著であった。都市中心部が衰退傾向にある一方で，例えば郊外開発で小売間の競争が激烈化したとしても，慣性の法則が働いているかのように，郊外開発は止まるどころかいっそう進んだ。

こうした事態が続くと，「社会的共通資本」である都市が「市場の論理」に圧倒され，機能不全に陥ってしまう。これこそまさに「市場の失敗」と呼ぶべき状況であることから，そうならないよう，スプロール的な郊外開発による都市機能の拡散を止めることが必要となる。

② めざすべき都市像としてのコンパクトシティ

スプロール的な郊外開発を止めた先に，めざすべき都市像として掲げられたのが，**都市機能の集約によるコンパクトシティ**である。これは，**大規模集客施設の郊外開発規制の強化**と相互補完的な関係にあるものと位置づけられ，人口減少時代の到来を見据えて，居住・生活圏が無秩序に広がることを抑え，社会生活に必要な諸機能をできるだけ近接した範囲に配置し，効率的で持続可能な都市（まち）を形成するという考え方である。

その背景には，欧米において，大規模な都市中心部再開発の施策が，必ずしも効果を上げられなかったという事実がある。そうした問題点を踏まえて，都

市中心部における既存資源の有効活用や再利用を重視すべきとの立場から，21世紀のあるべき都市像について，生活や経済活動の場としての都市の社会的機能を再評価する「ニューアーバニズム」（new urbanism）が提唱された[3]。こうした考え方を，具体的な都市形態として示したのがコンパクトシティである。日本においても，同様の方向として，人口減少時代だからこそ，都市の過密・高層化をめざすのではなく，空間的・精神的な豊かさの目標とする環境共生都市をめざすという，大西（2004）の逆都市化論が提唱されたことが注目される[4]。ただし，2010年代以降，首都圏など一部の大都市では人口の都心回帰，すなわち再都市化の傾向がみられることに留意が必要である。

また，コンパクトシティをめざすもう1つの背景として，スプロールの社会的費用が指摘できる。すなわち，人口が減少する中で，市街地の広がりを維持したり，さらに郊外開発を進めたりするならば，それに伴う人口1人当たりの公共投資等の市街地の維持費用がかさむこととなる。これがスプロールの社会的費用として，市民にのしかかってくるわけである[5]。

なお，当時，欧米の都市でコンパクトシティの先進事例とされていたのは，レディング（英国），アーヘン（ドイツ），ポートランドおよびシアトル（米国），ビルバオ（スペイン），ストラスブール（フランス）などであった。それぞれの都市の状況については，各自で調べてみよう。

(4) 中心市街地活性化法の改正

① 改正の要点

まず「まちづくり3法」見直しのうち，抜本改正された**中心市街地活性化法**の内容についてみていこう。改正によって同法の正式名称は「中心市街地における市街地の整備改善及び商業等の活性化の一体的推進に関する法律」から「中心市街地の活性化に関する法律」へと変更された（略称はいずれも中活法，施行は2006年8月）。

改正法の要点としては，以下の5つがあげられる。

1) **「責務規定」の新設**：中心市街地の活性化について，国および自治体は施策を策定し実施する責務を有し，事業者は国や自治体の施策に協力するよう努めなければならないことを明記した。

2)　**市町村の基本計画を内閣総理大臣が認定**：市町村が中心市街地活性化法
による支援を受けるためには，国の基本方針に基づいて中心市街地活性化
基本計画を策定し，内閣総理大臣による認定を受けなければならない（従
来は，公表，主務大臣および都道府県への写しの送付のみ）。

3)　**内閣に中心市街地活性化本部を置く**：基本方針の作成，各省庁間にまた
がる支援措置の総合調整，事業実施状況のモニタリングなどを行うために，
内閣総理大臣を本部長とする中心市街地活性化本部を内閣に設置した。

4)　**中心市街地活性化協議会を創設**：かつては商業活性化の取り組みの企
画・調整のためにTMO（タウンマネジメント機構）が組織されていたが，
中心市街地活性化の総合的かつ一体的な推進について協議する場として，
中心市街地ごとに，中心市街地活性化協議会を組織することとなった。協
議会は，商工会・商工会議所，中心市街地整備推進機構（公益施設等の整
備や土地の先行取得，公共空地等の設置・管理などを行う公益法人・非営
利法人），まちづくり会社（従来のTMOを含む），自治体，地権者などに
よって構成される。

5)　**選択と集中の考え方に基づき支援措置を拡充**：支援対象を絞り込む一方
で，支援措置として市街地の整備改善，都市の福利施設の整備，街なか居
住推進，商業の活性化等，公共交通機関の利便増進などを拡充した。

②　基本計画の認定と事業評価のスキーム

　このように，法律の正式名称から「商業」の2文字が消えたこと，およびか
つて経済産業省系の施策の中心部分に位置づけられていたTMOに関する規定
が消える一方で，中心市街地活性化本部が内閣に置かれたことで，**経済産業省**
の色彩が薄まり，**内閣府**および**国土交通省**のイニシアティブが強まった。

　さて，新しい中心市街地活性化法の下で支援措置を受けるには，新たに定め
られた方針等に沿って手続きを行う必要がある。そのため国は，「中心市街地
の活性化を図るための基本的な方針」（2006年9月8日閣議決定，直近の変更
は2020年3月31日）等を策定し，自治体の基本計画の認定を進めた。新たな基
本計画の認定第1弾は，コンパクトシティの理念を掲げ事業に取り組んできて
いた富山市と青森市であった（2007年2月8日）。2021年度までに認定された

のは149市3町の265基本計画にのぼる。

　新しい中心市街地活性化法において特徴的なのは，中心市街地活性化の数値目標を具体的に設定しフォローアップすることである。2021年度には，山口市（山口県），徳島市（徳島県），東近江市（滋賀県），静岡市（静岡県，合併市であるため静岡地区と清水市の2ヵ所），伊丹市（兵庫県），富山市（富山県），高岡市（富山県），金沢市（石川県）の8市9基本計画が認定された。これらのうち，金沢市と静岡市（静岡地区）で設定されている計画目標について，**図表7-1**に示す。

図表7-1　金沢市と静岡市(静岡地区)における中心市街地活性化の計画目標の一部

金沢市	静岡市（静岡地区）
目標1　まちなかの定住者を増やす 目標指標：中心市街地の45歳未満人口の年間社会動態 基準値：▲15人／年（H29-R2平均） 推計値：＋15.5人／年（R8） 目標値：＋60人／年（R8）	**目標1　共通目標** 目標指標：歩行者通行量 基準値：4,218人（R2） 推計値：6,538人（R8） 目標値：6,812人（R8）
目標2　ウォーカブルなまちなかを形成する 目標指標：主要商業地の休日の歩行者・自転車通行量 基準値：59,155人（R2） 推計値：103,187人（R8） 目標値：103,600人（R8）	**目標2　訪れたくなる商都** 目標指標：主要な商店街の空き店舗率 基準値：5.9%（R2） 推計値：5.9%（R8） 目標値：3.3%（R8）
目標3　公共交通を優先したまちなかの交通環境を整える 目標指標：まちなかにおける自動車分担率基準値：45%（H30） 推計値：45%（R8） 目標値：42%（R8）	**目標3　にぎわいのある商都** 目標指標：観光客数 基準値：524千人（R2） 推計値：1,010千人（R8） 目標値：1,374千人（R8）
目標4　歴史文化資産を活かし市民・来街者を引きつける 目標指標：中心市街地の市文化施設（14施設）と金沢未来のまち創造館の利用者数基準値：171,206人（R2） 推計値：338,887人（R8） 目標値：357,000人（R8）	**目標4　住み続けられる商都** 目標指標：中心市街地人口 基準値：15,979人（R2） 推計値：16,349人（R8） 目標値：16,499人（R8）

⑤　中心市街地活性化法の再改正

中心市街地活性化法は，2014年5月に再改正が実施された（同年7月3日施行）。この改正では，少子高齢化の進展，商業施設や病院等の公共施設の郊外移転により，中心市街地における空き店舗，未利用地の増加に歯止めがかかっていない状況を踏まえ，**コンパクトシティ**の実現に向け，民間投資の喚起を図ることがめざされた。具体的な内容は以下のとおりである。

①　民間投資を喚起する新たな重点支援制度の創設

中心市街地への来訪者や就業者，小売業の売上高を相当程度増加させるなどの効果が高い民間プロジェクト（特定民間中心市街地経済活力向上事業）に絞って，経済産業大臣が認定する制度を創設する。認定を受けたプロジェクトに対し，補助金，貸付け，税の減免などの支援を行うとともに，地元の協議会や市町村が立地を望む大規模小売店舗について，大規模小売店舗立地法の手続きを簡素化することとした。

②　中心市街地活性化を図る措置の拡充

小売業の顧客の増加や小売事業者の経営の効率化を支援するソフト事業（民間中心市街地商業活性化事業）を，経済産業大臣が認定する制度を創設した。また，認定を受けた基本計画に対する規制の特例を創設した（オープンカフェ等の設置に際しての道路占用の許可の特例，それぞれの中心市街地に限って活動が認められる特例通訳案内士制度の創設など）。

さらに，以上と並行して，国土交通省所管の**都市再生特別措置法**が2014年6月に改正された。この点については，立地適正化計画を説明する際に，あらためてとりあげる（Sec.25）。

中心市街地活性化の取り組みを推進するために，全国各地における支援策の活用事例が内閣府地方創生推進事務局から紹介されている（2020年3月作成，2021年9月更新）。以下に骨子のみ紹介する[6]。

1．社会経済情勢の変化と進展等に対応した戦略に取り組む

 1） 多世代が安心して働き暮らしていけるまちづくり

 2） 人の交流の活性化

 3） 若者の地域定着

 4） 未来技術の活用

 5） 交通面での利便性や回遊性の向上

 6） 広域的な役割への取組等

2．まちのストックを活かす

 1） 不動産の所有と利用の分離

 2） 空き店舗対策の強化

 3） 空きビル等の活用

 4） 空き家の活用

 5） 低未利用資産の活用

 6） 既存施設の活用

 7） 公的遊休不動産の活用

3．地域資源とチャンスを活かす

 1） 地域資源の活用

 2） 訪日外国人旅行者の増加に対応した取組

 3） ワークスタイルやライフスタイル等の変化に対応した取組

4．民との連携や人材の確保・育成を強化する

 1） 地域経営の発想からの取組

 2） 人材の確保・育成の強化

 3） 「居心地が良く歩きたくなる」まちなかの形成に向けた官民連携のビジョンづくり等

 4） 地域におけるビジョンづくり

 5） （原典で欠落）

 6） ＰＰＰ／ＰＦＩの積極的な活用促進

 7） 域外需要の取り込み

Sec.24 「まちづくり３法」見直しの内容：都市計画法と大店立地法

(1) 都市計画法の改正

① 改正の要点

都市計画法については，すでに述べたように，大規模集客施設の立地規制の強化を中心に大幅な改正が行われた（2007年11月施行）。改正のポイントは以下のとおりである。

1) **延べ床面積１万㎡超の大規模集客施設の立地規制強化**：従来は3,000㎡以上の大規模商業施設については，市街化区域の中では，６つの用途地域で立地可能であった。これを見直して，延べ床面積１万㎡超の大規模集客施設（大規模小売店舗に加えて，広域的に都市構造に影響を及ぼす飲食店・劇場，映画館，演芸場，観覧場，遊技場，展示場，場外馬券売り場等を幅広く含む施設）が立地できる用途地域を**商業地域，近隣商業地域，準工業地域**の３つに限定した。これによって，郊外に行くほど立地規制が厳しくなる制度体系となった。

   1-1 準工業地域の扱い：３大都市圏と政令指定都市を除く地方都市では，準工業地域における大規模集客施設の立地を抑制することが中心市街地活性化基本計画の認定を受けるための条件となった。

   1-2 白地地域（非線引き都市計画区域内の用途地域以外の地域）について：従来は制限が緩かったが，大規模集客施設の立地が原則不可能となった。

なお，用途地域については，2017年４月の都市計画法改正で，13番目の用途地域として**田園住居地域**が新設された（2018年４月施行）。これは，農業の利便の増進を図りつつ，これと調和した低層住宅に係る良好な住居の環境を保護するために定められる地域とされ，主に低層住居専用地域と同様の規制を受け，地域内では土地の形質の変更，建築物の建築その他工作物の建設が規制される。店舗については日用品販売店舗等の限られた用途の建物しか建てられない一方

で，田園住居地域のみの特徴として農産物直売所や農家レストラン（500㎡以下）は建てられる。

　13の用途地域別の大規模商業施設ないし大規模集客施設に対する立地規制は，**図表7‐2**に示すとおりである。

図表7‐2　都市計画法改正による立地規制の強化

用途地域	目　的	改正前	改正後	
		大規模 商業施設	大規模 商業施設	大規模 集客施設
		3,000㎡超	3,000～ 10,000㎡	10,000㎡超
第一種低層住居専用	低層住宅に係る良好な住居の環境を保護するため定める地域	×	×	×
第二種低層住居専用	主として低層住宅に係る良好な住居の環境を保護するため定める地域	×	×	×
第一種中高層住居専用	中高層住宅に係る良好な住居の環境を保護するため定める地域	×	×	×
第二種中高層住居専用	主として中高層住宅に係る良好な住居の環境を保護するため定める地域	×	×	×
第一種住居	住居の環境を保護するため定める地域	×	×	×
第二種住居	主として住居の環境を保護するため定める地域	○	○	×
準住居	道路の沿道としての地域の特性にふさわしい業務の利便の増進を図りつつ，これと調和した住居の環境を保護するため定める地域	○	○	×
田園住居	農業の利便の増進を図りつつ，これと調和した低層住宅に係る良好な住居の環境を保護するため定める地域	×	×	×

近隣商業	近隣の住宅地の住民に対する日用品の供給を行うことを主たる内容とする商業その他の業務の利便を増進するため定める地域	○	○	○
商業	主として商業その他の業務の利便を増進するため定める地域	○	○	○
準工業	主として環境の悪化をもたらすおそれのない工業の利便を増進するため定める地域	○	○	△
工業	主として工業の利便を増進するため定める地域	○	○	×
工業専用	工業の利便を増進するため定める地域	×	×	×
市街化調整区域	市街化を抑制すべき区域	△	×	×
非線引き白地地域		○	○	×

2) **開発許可制度等の見直し**：市街化調整区域については，従来，計画的大規模開発（20ha以上）の場合，特例として大規模商業施設の立地が許可されたが，この特例が廃止され原則禁止となった。また，これまで開発許可が不要だった病院・福祉施設・学校等の公共公益施設についても，開発許可の対象とされた。国・自治体による開発行為についても，そのうち庁舎・官舎等の建築については開発許可権者との協議が必要となった。

　なお，農地の転用許可や公共転用についても適正かつ厳格な運用の徹底等を図ることとなった。

3) **広域調整の仕組みの導入**：市町村が用途地域の変更や，地区計画による用途制限の変更を行う場合，都道府県知事の協議同意が必要であるが，このプロセスにおいて，影響を受ける周辺の意見を求めることができることとした。また，都市計画区域外での無秩序な土地利用を防止する区域として設けられている準都市計画区域について，広域的な観点から指定できるよう，指定権者が市町村から都道府県に変更された（区域内においては，都市計画区域内とほぼ同等の用途制限を行うことが可能）。

4) **都市計画提案制度の拡充**：大規模集客施設の立地が原則できない地域で
あっても，都市計画法上の用途地域の変更等の提案制度によって合意が得
られれば，用途地域を変更でき，立地が可能になる（本制度は2002年都市
計画法改正により導入）。この制度を拡充し，地権者の承認を前提に小売
業者やデベロッパーなどの事業者による提案を認める，都市計画変更の提
案に対する自治体の判断を１年以内とする，消費者代表の意見を反映させ
る仕組みをつくる等とした。また，今回の改正で大規模集客施設の立地が
原則不可となった地域において，その立地を認めるためには，用途地域を
緩和する地区計画（開発整備促進区）を指定する手続きが必要となった。

② 広域調整にかかわる問題

以上のうち，最も注目されるのが，郊外における１万㎡超の大規模集客施設
の立地制限であるとしたら，最も留意が必要なのは，広域調整の問題であろう。
というのは，広域調整という観点が欠如していることが，従来から日本の都市
計画法における土地利用規制の問題の１つとして指摘されてきたからである。

広域調整の観点の欠如とは，次のような問題をさす。すなわち，従来，例え
ば中心市街地活性化に熱心に取り組む市町村は，隣接する市町村が，中心市街
地活性化策にマイナスの影響を及ぼすような大型店の誘致等を行ったとしても，
そのことについて直接意見を言うことはできなかった。また，その市町村が所
在する都道府県の知事にも，両者を調整する権限はなかった。

こうした事態に対処するために，今回の都市計画法改正では，都道府県知事
に調整権限を与えるとともに，準都市計画区域の指定権者を市町村から都道府
県に変更するなど，広域調整の仕組みが導入された。これによって，都道府県
と市町村の権限や責任を整理し，都道府県が市町村の意見を聞きながら調整を
行う仕組みが整備されたことは評価すべきであろう。ただし，抜本的な対策と
しては，イギリスのように「**計画なくして開発なし**」という原則に基づいて，
国土すべてを対象とする土地利用の計画と規制を策定することが求められよう。

⑵　大店立地法の見直し

①　法施行後の運用状況

大店立地法が施行される2000年 6 月までに，多くの自治体で生活環境保持に関して「指針」と同等かそれ以上のルールを含む**独自指針**を策定する動きが広がった。また，大店立地法の基準以下の店舗（店舗面積1,000㎡以下）や，深夜営業店に対する独自規制を制定した自治体も少なくない。とくに，大規模小売店舗法時代に，競争調整型の独自規制やいわゆる環境要綱を策定していた自治体のほとんどでは，大店立地法の枠組みに適合させるための制度見直しが行われた。

こうした自治体の活発な動きは，そもそも大店立地法が自治体への分権化を推し進める方向で制度設計されているため，当然予想されたものである。自治体は自らに委ねられた権限と責任を果たすために，自らが置かれている状況に応じたルールを策定したと評価できよう。しかし，自治体ごとにルールがあまりに異なることになると，出店に要する時間やコストが上昇し，小売業の収益圧迫要因になるとの指摘もあった。

さて，大店立地法施行後の運用状況をみると，それほど大きな問題が発生した様子はない。**図表 7 - 3** に示すように，2000年 6 月から2005年 9 月の間で，大型店の新設届出および変更届出（開閉店の時刻等）において，都道府県等から意見が出されたケースは限られており，勧告にまで至ったのは新設の 1 件に

図表 7 - 3　　大店立地法の運用状況（2000年 6 月 1 日～2005年 9 月末）

	新設届出	変更届出
届出件数	3,156	9,525
意見あり	281 （勧告は 1 件）	181 （勧告は 0 件）
意見の内容 （注）	①交通関係　　　　（約74％） ②騒音関係　　　　（約13％） ③廃棄物関係　　　（約 5 ％） ④その他（景観等）（約 8 ％）	①騒音関係　　　　（約50％） ②交通関係　　　　（約43％） ③廃棄物関係　　　（約 2 ％） ④その他（景観等）（約 6 ％）

（注）新設151件・変更107件の都道府県等の「意見」を経済産業省が分析した結果。
（出所）経済産業省資料

のみであった。意見の内容は**交通**と**騒音**に関連する事項が大多数を占めており，まちづくり等に踏み込んだ議論はほとんど行われていない。

　こうした，ある種，平穏な運用状況の一方で，大店立地法の制度そのものについては，次のような問題が指摘された。

1) **フォローアップ調査の必要性**：大店立地法の審査によって出される都道府県等からの勧告が，出店後も遵守されているかどうかのチェックの仕組みがない。また，周辺の環境変化に伴って，さらに改善を求めたい点が出てきたとしても，現行のルールではそれは不可能である。そのため，生活環境保持の実効性を高めには，一定期間後のフォローアップ調査が必要。

2) **既存店の改修等にかかわる問題**：すでに出店している店舗（既存店）の強化・業績向上のために改修や増床を実施しようとする場合，あらためて大店立地法の審査を受ける必要がある。既存店の中には，現状ですでに「指針」の基準を満たしていないもの，あるいは改修・増床後に基準を満たすことが困難な店舗も少なくない。そのため，既存店の改修等をいたずらに妨げないよう，何らかの措置が必要ではないかと指摘された。

3) **大型店の郊外化の促進要因になる懸念**：「まちづくり3法」間の矛盾について言及した際に指摘したように（Sec.23），「指針」の基準は都市中心部において，より厳しく設定されていることから，新規出店や既存店の改修・増床等は都市中心部では行いにくく，大型店の郊外化を促進することが懸念された。これに対処するために，2003年2月，中心市街地活性化法の基本計画区域内の特例として，自治体が大型店の立地を促進することによって，中心市街地の商業の活性化を図ることが必要と判断した場合，大店立地法の手続きの一部を簡素化する措置が設けられた（構造改革特別区域法に基づく大店立地法の特例措置）。なお，この特例措置は，2006年の中心市街地活性化法改正によって，地域を限定せず全国で実施されることになった。

② 大店立地法「指針」の改定

　大店立地法については，すでに述べたように法改正は行われず，「指針」の改定が2回にわたって行われた。1回目は，以下に示すような技術的側面を中

心にした改定であり，2005年10月に施行された。

1) 法運用の主体である自治体が地域の実情に応じて弾力的な運用を可能にする（必要駐車場台数の算定式等）。

2) 深夜営業の拡大に伴う対応策の強化（地域の防犯，青少年の非行防止，騒音防止等のため，駐車場への照明設置，警備員巡回などを規定）。

2回目の改定は，主として以下の2点に関するものであり，2007年7月に施行された。

3) 「複合施設」への規制の拡張：小売業とサービス業とが一体となった大規模複合施設の開発が増大していることに対応して「大規模小売店舗と一体として併設されているサービス施設部分」も大店立地法の対象とし，併設内容に応じて一定率の駐車場台数を加算する。

4) **大型店等の社会的責任への言及**：中心市街地活性化法において事業者の責務規定が創設されたのを受け，大型店等の退店時の対応等について業界が自主的に社会的責任を果たすよう，業界ガイドラインの作成等を求める。

③ 大型店等の「社会的責任」論

立地規制強化を焦点とする3法見直しの全過程において，大型店等が地域のまちづくりに対して，どのような責任をどの程度担っているか，あるいは担っていくべきかという議論が，通奏低音のように響いていた。この時期とくに議論になったのは，都市中心部の店舗の閉店（撤退）に関する問題，すなわち閉店そのものだけでなく，その事前通知の時期や跡地にかかわる問題などについてであった。

最初にこの問題が議論されたのは，大店立地法の指針見直しにおいてであるが，改正中心市街地活性化法でも，国・自治体および事業者の責務に関する条文が新設され（4条〜6条関係），「事業者は，第3条の基本理念に配慮してその事業活動を行うとともに，国又は地方公共団体が実施する中心市街地の活性化のための施策の実施に必要な協力をするよう努めなければならない」と規定された。

そもそもこうした問題を，大型店と中小店とか，ナショナルチェーンと地元商業者といった「対立の構図」で議論することは，大規模小売店舗法時代に逆

行するようであり，いかにも不毛である。そうした方向に陥らないためには，地域商業・まちづくりについて，地域商業者・商店会等と大型店・チェーンストア関係者，および自治体サイドが胸襟を開いて議論できる「場」をつくる必要がある。業界団体においては，まず日本チェーンストア協会が「地域商業者等との連携・協働のためのガイドライン」を策定（2006年6月）したのを皮切りに，日本百貨店協会（2006年12月），日本ショッピングセンター協会（2007年1月），日本フランチャイズチェーン協会（2007年5月）も自主ガイドラインを策定している。

　今後も，大型店等と地域のさまざまな関係者との連携・協働の動きが広がっていくことが期待される。

⑶　政策効果の評価

①　3法見直しの政策効果

　ここで3法見直しが，どのような政策効果をもたらしたかについてみていこう。まず確認すべきは，今回の見直しのそもそもの要因となった，中心市街地活性化法の政策効果を相殺してしまう，3法間の不整合に関する問題がある程度解消され，3法間の連動性が高められることになったことである。代表的な点は次の2つの措置である。

　その1つは規制面に関連している。先に述べたように，都市計画法改正によって，床面積1万㎡超の大規模集客施設が立地可能な用途地域を商業，近隣商業，準工業の3地域に限定するが，準工業地域については，3大都市圏と政令指定都市以外の地方都市では，特別用途地区制度を活用して大規模集客施設の立地を抑制することとされた。これを担保するために，地方都市においては，中心市街地活性化法に基づく自治体の**基本計画の国による認定**に際し，**特別用途地区制度によって立地抑制**を行うことが，条件とされるようになったのである（国の基本方針に明記）。

　もう1つは振興面に関連しており，先に述べたように，中心市街地活性化法に**大店立地法の特例措置**が組み込まれることになった。すなわち，国に認定された基本計画に定められる中心市街地の区域においては，大規模小売店舗の迅速な立地を促進することにより中心市街地の活性化を図ることが必要な区域

（第1種大規模小売店舗立地特例区域）を定めることができ，新設等の届出や説明会を不要とするなど，規制の実質的な撤廃が実現された。

　また，全国の中心市街地において設定可能な特例区域（第2種大規模小売店舗立地特例区域）も設けられ，従来，構造改革特別区域法に基づく大店立地法特例措置によって実現されている手続きの一部を，簡素化する規定を全国で導入できることとなった。

　以上のような3法の連動性を高める措置は，中心市街地活性化法の政策効果を高める可能性があるものとして率直に評価できる。ただし，前者については，準工業の開発を抑制することで中心市街地も共倒れ的に地盤沈下し，都市全体としての衰退傾向に拍車をかけてしまうのではないか，といった懸念がある。また，後者については，しっかりした計画がないと商業地の無秩序な開発を促進し都市環境そのものを悪化させる可能性がある。

　そのためいずれに関しても，自治体が明確な**ビジョン**と**イニシアティブ**を持って中心市街地活性化に取り組むことが，政策効果を上げる前提になる。

②　政策の窓の開放

　以上，まちづくり3法の抜本見直しにかかわる政策過程と，それを導いた政策理念，および決定された政策の影響や評価について検討してきた。これらを先にみた政策の窓モデル（Sec.23）にあてはめて整理すると，**図表7－4**のようにまとめられる。総じていえば，次のようになろう。

① **問題のフェーズ**：現行制度の問題（政策効果が上がらない）が明らかとなり，政策課題としての熟成（見直しの必要性の認識の広がり）が進んだ。

② **政策案のフェーズ**：問題や目標が明確になっていき，政策代替案の整理と選択がスムーズに運んだ。

③ **政治のフェーズ**：いわゆる政争の具として焦点化することなく，政治サイドのリーダーシップが上手く機能した。

　こうしたことから**政策の窓**が開放され，利害関係者との調整等が周到に行われ，3法抜本見直しが実現したということになろう。ここまでの過程は，3法にとってある種幸運であったといえそうだ。

　しかし，そうしたスムーズさゆえに逆に，残された課題も少なくない。とり

わけ，国レベルでは，コンパクトシティという理念の内容をより具体化するとともに，国民に周知し理解を求めていくこと，そしてその影響を精査・分析し，必要な対応策を検討することが重要である。

また，新しいスキームでは，自治体の責任と役割がますます重要になることから，市町村および都道府県——とりわけその首長——がそれぞれの立場で，まちづくりのビジョンを明確にし，イニシアティブをもって取り組んでいくことが以前に増して必要になっている。

図表 7 - 4　政策の窓モデルからみたまちづくり 3 法抜本見直しの政策過程

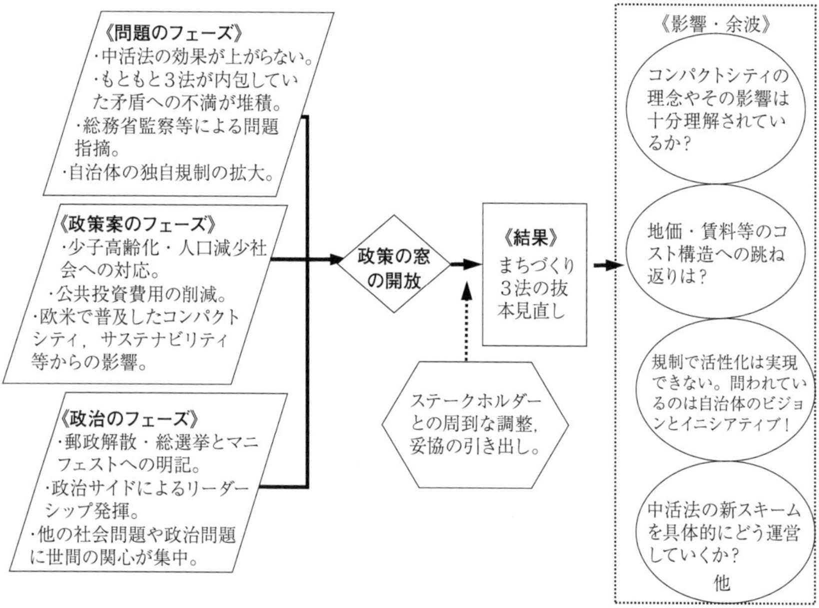

（出所）渡辺達朗(2014)『商業まちづくり政策－日本における展開と政策評価』有斐閣，154頁。

[補足] 厚生労働省では，消費生活協働組合法（1948年制定）の60年ぶりの大幅改正を2007年 5 月に行った（施行は2008年 4 月）。これによって，消費生活協同組合（生協）に関する規制が，以下のように緩和された。

1) 組合の解散・合併等の手続きが簡略化され機動的な組織再編が可能になった。

2) 理事会，代表理事，理事，監事に関する規定が強化され，一般企業並み

のガバナンス（経営責任・権限，チェックの明確化）が可能になった。

3) 店舗・宅配事業の展開地域が広域化され，従来，都道府県内に限定されていたが，隣接都道府県まで展開可能になった。

4) 共済事業について，契約者保護の観点から規制を強化し，健全性基準の導入や一定規模以上の場合の兼業規制が導入された。

以上は，小売間競争をいっそう激化させる方向に作用することから，とりわけ食品スーパー等の小売行動に大きな影響を及ぼすものと考えられる。

Sec.25 ポスト「3法」の商業まちづくり

(1) 市場的調整・政策的調整・社会的調整

「まちづくり3法」の見直しによって，「中心対郊外」という観点から政策枠組みの再整備を図ったものの，地域商業の低迷・衰退という趨勢に大きな変化はなかった。衰退傾向は，大都市部よりも地方都市において強かった。そのため「3法」見直し後も新たな政策が打ち出されることになった。以下では，そうしたポスト「3法」の政策のうち，代表的な2つとして，よりミクロレベルの地域商業・商店街を対象にした支援策，およびコンパクト・プラス・ネットワークという観点からの立地適正化政策に注目する。

まず前者，すなわち商店街は**地域コミュニティの担い手**との観点に立って，地域商業・商店街の魅力再構築を図ることを目的とする**地域商店街活性化法**（2009年制定）からとりあげる[7]。

地域商業の衰退要因の一端は，すでに述べたように，消費者の買い物場所の選択における郊外志向と，それに対応した大型店等の郊外出店増という企業行動にある（Sec.20）。これらは，市場における合理的な行動，いいかえれば**市場的調整**によってもたらされたものであり，結果として，地域商業の担い手たちの経営悪化，さらには都市や地域社会の活力・活気の低下につながった。これは，**市場の失敗**ともいえる事態である。

また，都市と地域商業は，当然，国や自治体の公共政策からも影響を受ける。すでにみてきたように，例えば国は地方分権の流れの中で「まちづくり3法」を制定・改正し，自治体や地域商業者の取り組みを支援している。これは都市や地域商業のあり方に対する**政策的調整**といえる。政策的調整は，都市や地域商業に対してプラスの影響ばかりでなく，マイナスの影響をもたらすこともある。いわば**政府の失敗**である。

例えば，すでに述べたように，国や自治体が役所や総合病院，学校などの外部経済をもたらしていた公的大規模施設を，老朽化や狭隘化等を理由にして，中心部から郊外に移転させることがある（Sec.20）。こうした施策が中心部の

にぎわいにマイナスの影響を及ぼすことは想像に難くない。あるいは，自治体が工業専用地域や市街化調整地域を商業地域へ用途変更する，あるいは農地の他の用途への転用を許可することで，大型店やショッピングセンター等を誘致することがある。こうした開発誘導施策は，例えば隣接する自治体には外部不経済をもたらし，その地域商業の衰退を加速するかもしれない。

　以上は，**広域的な視点**での**政策的調整**を欠いたままに，地方分権を進めたことからもたらされる問題といえる。たしかに地域の進むべき方向は，地域内の当事者が決めるのが望ましいかもしれないが，それが周辺に外部不経済をもたらす可能性があることをチェックできないのでは問題である。これこそまさに，**地方分権化の罠（わな）**と呼ぶことができる。

　以上のような，市場の失敗や政府の失敗の可能性を前提とすると，まちづくり等の都市の問題に対応するためには，市場的調整と政策的調整に加えて，第3の調整機構として，地域の関係者による協調と合意に基づく調整，すなわち**社会的調整**が求められる。

⑵　地域商店街活性化法以降の地域商業の魅力再構築策

　地域商業の担い手たちが置かれている厳しい状況を打開するため，まず求められるのは地域商業の魅力を再構築することである。地域商業の魅力は外部性の観点から，**集積としての魅力**と**個店としての魅力**の両面考える必要がある。

　これまでの商店街活性化の取り組みや政策的支援は，集積としての魅力を高めることを中心に行われてきた。しかし，地域商業の現状をみると，外部性が発揮される部分にカンフル剤を打っても効果が上がらず，外部性の基盤である個店そのものにメスを入れなければならない状況にある。具体的には，集積としての魅力を高めることと並行して，個店としての魅力を高めること，およびそれに対応できない商店の退出を促し，集積としての新陳代謝を図り，集積としての魅力を再構築することがあげられる。新陳代謝の促進には，既存の商業者の抵抗も予想されるが，そうしたことへの対応を含めて，地域の関係者の協調と合意で実行していくことが，市場的調整でも政策的調整でもない**社会的調整の具体的な姿**の1つといえよう。

　その意味で，2009年7月に新たな地域商業支援策として施行された**地域商店**

街活性化法は，上記状況に対応する支援策として評価できる。その内容は以下
のとおりである。

① **法律の目的**：商店街が地域コミュニティの担い手として行う地域住民の
　生活利便を高める取り組みを支援することで，地域と一体となったコミュ
　ニティづくりを促進し，商店街の活性化や，商店街を担う人材を育成する。

② **商店街活性化事業計画等の作成・認定等**：経済産業大臣の基本方針に基
　づき，商店街組織と商店街支援組織が事業計画等を作成し，経済産業大臣
　が都道府県・市町村の意見を聴き認定する。実施期間は3年程度。

③ **商店街活性化事業への支援対象**：商店街が地域住民のニーズを踏まえて
　実施する，高齢者・子育て支援，宅配サービス，地域イベント，商店街ブ
　ランド開発，空き店舗活用事業，意欲ある人材の育成・確保などに対し，
　法律の認定に基づき関係省庁および自治体が連携して各種支援を行う。

④ **全国商店街支援センターの設立**：中小企業関係4団体（全国商工会連合
　会，日本商工会議所，全国中小企業団体中央会，全国商店街振興組合連合
　会）が，国等の補助金・助成金を得て設立。人材研修，起業支援，支援人
　材派遣，商店街活性化手法・ノウハウの提供・普及に取り組む。

　本法が施行されて以降，116件（2016年6月17日現在）の事業計画が認定さ
れている。本事業に取り組もうとする商店街が一巡し，認定を受けるための計
画立案の手間と支援策を受けるメリットとのバランスから，その後は認定案件
が出てきていない。**図表7－5**に法施行直後の2009年10月9日に認定された18
件の概要を示す。

　なお，本法施行後，「地域コミュニティの担い手としての商店街」というフ
レーズがしばしば用いられるようになった。たしかに，商店街は地域コミュニ
ティの担い手の1つとなり得る存在といえようが，そのことは既存の商店街が
そのまま地域コミュニティの担い手として機能していることを意味するわけで
はない。むしろ，このフレーズは，一方で政策的に商業者を激励したり説得し
たりするために，他方で政策的必要性や正当性を主張する論拠として，用いら
れてきたと理解すべきであろう。

図表 7 - 5 認定商店街活性化事業計画の概要：2009年10月9日の認定案件

経産局	商店街	認定案件
東北	岩手県宮古市 末広町商店街振興組合	商店街を核とした宮古地域の連携・交流促進事業
	秋田県大館市 大町商店街振興組合	大町商店街と地域住民のためのコミュニティ活性化事業
	福島県会津若松市 神明通り商店街振興組合，大町四ッ角中央商店街振興組合	戦略的中心市街地賑わい再生事業（賑わいのモール化）
関東	東京都品川区 武蔵小山商店街振興組合	パルム独自のパイロットプロジェクトの実践による若手リーダーの育成と新しい都市型商店街の再生モデルづくり
	東京都渋谷区 商店街振興組合原宿表参道欅会	原宿表参道の個性（緑・和・洋）を活かした「職住のバランス」の取れた地域活性化事業
	新潟県長岡市 大手通商店街振興組合	長岡市大手通商店街復活に向けた夢とロマン創出事業
	新潟県三条市 三条中央商店街振興組合	三条市の元気はつらつな女性達の感性を活かした「買い物便利」「触れ合いあふれる」商店街作り
	長野県佐久市 岩村田本町商店街振興組合	中山道 岩村田宿の歴史と文化を生かしたまちづくり活性化事業
中部・北陸	愛知県名古屋市 栄町商店街振興組合	広小路通栄地区活性化事業
	三重県四日市市 四日市諏訪商店街振興組合	四日市諏訪商店街振興組合「安心・安全・エコ」による活性化事業
	大阪府大阪市 千日前道具屋筋商店街振興組合	千日前道具屋筋商店街振興組合の照明設備の高機能化による地域住民の利便性向上事業
	大阪府池田市 池田栄町商店街振興組合	子供たちの，笑顔あふれる商店街づくり事業
中国	広島県呉市 呉中通商店街振興組合	商店街を活用したコミュニティ空間形成事業

四国	高知県高知市 中心街事業協同組合	高知中心商店街活性化事業
九州	福岡県飯塚市 本町商店街振興組合	訪れるたびに楽しさが感じられる商店街づくり事業
	熊本県熊本市 健軍商店街振興組合	医療・福祉・子育て機関との連携（医商連携）による次世代型まちづくり事業
	熊本県人吉市 協同組合人吉商連，人吉東九日町商店街振興組合，人吉市西九日町商店街振興組合	お"ひとよし"の街の「ふれあい交差点」事業
	大分県宇佐市 四日市商店街振興組合	高齢者に愛され，頼られる商店街づくり事業

（出所）経済産業省中小企業庁ウェブサイト内の「認定商店街活性化事業計画の概要」により作成。

　さて，さきに個店の魅力を高めることと，新陳代謝を促していくことによって，集積としての魅力を高めることの重要性を指摘した。そうした方向をめざすうえで重視すべきなのは，地域商業の空間に，自らのビジネスにとっての起業の場を見出して新規参入してくる人々や，地域の空き店舗等に事務所などを構えるNPOやコミュニティビジネス，職人やアーティストといった組織や個人である。こうした新規参入者や外部組織の相対的に若い人々との連携が，集積としての魅力を向上できるかどうかの鍵の1つを握っている。

　こうした新規参入者や外部組織の活動は，地域商業の集積としての魅力向上にとって，いわば"希望の星"のようにみえなくもない。しかし，そうした人々の多くが魅かれているのは，商店街の「場」としての商業空間であって，商店街組織ではない。新規参入者や外部組織の人々にとって商店街という空間は，低コストで起業ができ，仲間が集まりやすいなどの点で魅力的なのであって，商店街組織に加入してその活動を主体的に担うことは当初から想定外であることが少なくない。

　以上のことは，地域商業が4つの要素でとらえられることと関連している。すなわち，4つの要素とは，都市において地域商業が果たしている社会的な**機能**，地域商業が実際に広がっている**空間**，地域商業の担い手としての**個店**，担い手が連携・協力するために結成する振興組合や協同組合等の**組織**である。こ

れら4つの要素は，**図表7−6**に示すように，相互に影響し合う関係にある。とくに機能と空間の間には市場的調整が働き，組織と個店の間には組織的調整が働く。そして，4つの要素が相互に関係し合う領域こそが**社会的調整の場**ということができる。また，政策的な支援の対象は主として機能であり，支援策の主要な受け皿は少なくとも従来までは組織であったといえよう。

　こうした構造を踏まえ，上述の新規参入者や外部組織の人々の行動について考えてみよう。彼ら／彼女らの行動範囲は，4要素のうち基本的に個店に限定されており，機能や空間，とりわけ組織にまで及ばない。ここで4要素の相互関係が社会的調整の場として円滑に機能していれば，個店の活動が地域商業全体に波及しやすくなる。同様に，政策的支援の受け皿が組織に限定されていたとしても，その効果が地域商業全般に及ぶことになる。そうした相互関係を地域商業においていかに形成するかが，重要な課題となっている。

　近年では「新たな商店街政策の在り方検討会」の中間取りまとめ（中小企業庁，2017年6月）を受けて，空間（場）としての地域商業を次のような3つの類型に分けて，課題と対応策を検討すべきという考え方が提示されている（「地域の持続可能な発展に向けた政策の在り方研究会」中間とりまとめ（中小企業庁・地域経済産業グループ，2020年6月）。

① 単独型（都市部の駅前や著名な観光資源の近くに立地し，商業機能のみで十分な来街が期待できる）：来街者のさらなる利便性向上／域外の潜在来街者の受入体制整備・情報発信

② 複合型（生活圏の近くに立地し，地域住民のアクセスが容易）：地域住民が求める多様なニーズの把握／商業機能に加えて多様な住民ニーズに対応できるマルチな機能の担い手へと変革

③ 転換型（過疎化が進む地方に立地し，地域住民の減少に伴い来街者が期待できない）：少ない住民にとって必要な商業機能を維持するための域外の事業者との広域的な連携

　さらに，地域商業・商店街における**物販店比率の低下**，**飲食・サービス店（高齢者・子育てサービス事業所を含む）比率の上昇**を受けて，それらが一体となった活性化の取り組みが増加していることに注目すべきである［⇒**関連事例6**を参照］。

図表 7 - 6　地域商業の 4 つの要素レベル

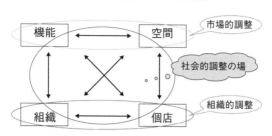

⑶　コンパクト・プラス・ネットワークをめざす立地適正化計画

　次に，ポスト「3法」の商業まちづくり政策のもう一方の代表として，立地適正化計画をとりあげる。**立地適正化計画**が制度化されたのは，2014年 6 月の**都市再生特別措置法**改正による。もともとこの法律は，2002年に民間主導による「都市の再生」を急速な情報化，国際化，少子超高齢社会化等の社会経済情勢の変化に対応した，都市機能の高度化および都市の居住環境の向上という方向で推進するために制定された（当初は10年間の時限立法，内閣官房・国土交通省が所管）。同法によって，政令で指定する都市再生緊急整備地域において，既存の用途地域等にとらわれない自由度の高い都市計画を定めることを可能とする「都市再生特別地区」が創設された。

　2014年の改正では，自治体が医療施設，福祉施設，商業施設，その他の「都市機能増進施設」を誘導すべき区域として「都市機能誘導区域」を設定することができることとされた。そして，それらの施設を誘導するために，民間事業者に対する国からの直接的，あるいは自治体経由の間接的な補助制度が設けられるとともに，自治体が容積率および用途の制限を緩和する**特定用途誘導地区**を定めることができるようになった。

　ただし，その前提条件として，自治体は都市全体の観点から，居住機能や福祉・医療・商業等の都市機能を誘導するための施策，公共交通の充実に関する施策等について記載した「立地適正化計画」を作成し，住宅および都市機能の適正な立地に向けた方針，および**居住誘導区域**および**都市機能誘導区域**を定めることが必要である。なお，立地適正化計画は，市町村マスタープランの一部とみなされることから，それと一体となって作成することが可能である。

　これは，従来のコンパクトシティ化に重点を置いた政策への批判に関連する。すなわち，過度なコンパクトシティ化は，都市中心部への一極集中，郊外や農村部の切り捨て，高齢者や子育て世代を始めとする住民の生活利便性の低下等を加速するといった問題点に対応するための政策といえる。つまり，立地適正化計画は，**図表 7 - 7** に示すように**コンパクト・プラス・ネットワーク**という考え方に基づいて，医療・福祉・商業等の生活機能を確保する一方で，高齢者等が安心して暮らせるよう，住宅から公共交通機関によってこれら施設にアクセスできるよう，都市全体の構造を見直す方向での計画立案を求めているのである。

図表 7 - 7　立地適正化計画の意義と役割〜コンパクトシティ・プラス・ネットワークの推進〜

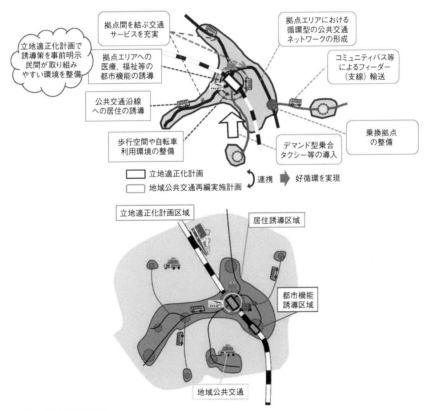

　立地適正化計画においては，**図表7-8**に示すように，自治体は中心拠点区域および生活拠点区域を定め，それぞれにおいて商業施設を含む中心拠点誘導施設と生活拠点誘動施設を交付金によって誘致できることとされている。また，立地適正化区域内では，都市・地域交通等の整備，居住環境整備のための空き家再生等，都市公園の機能や配置の再編等のための補助金等も用意されている。都市・地域交通の整備に関しては，欧米のいくつかの自治体において，低公害性を売り物にした**新型路面電車**すなわち**LRT**（light rail transit）の整備が都市再生の起爆剤の1つとなっていることを参考にして，日本の自治体でも同様の取り組みを行う例が増えている。

　さらに2018年度から，地方都市でのコンパクトシティ化を促進するため，都市機能誘導区域を市街化区域の10%以下に凝縮している自治体に対する補助金等の支援が強化された。

　なお国土交通省によると，2021年12月31日現在で，立地適正化計画作成の具体的な取り組みを行っている自治体は587あると報告されている[8]。

図表7-8　立地適正化計画を策定した市町村の都市機能立地支援事業等において交付対象となる誘導施設

対象施設	中心拠点誘導施設	生活拠点誘導施設
病院	特定機能病院，地域医療支援病院，病院，診療所，調剤薬局	病院，診療所，調剤薬局
社会福祉施設	社会福祉法，老人福祉法等に定める施設等のうち，通所等を主目的とする施設	－
教育文化施設	認定こども園，幼稚園，小学校，中学校，高等学校，中等教育学校，特別支援学校，大学，高等専門学校，専修学校，各種学校，図書館，博物館，美術館，博物館相当施設	－
商業施設	以下の要件を満たす施設 ・周辺に同種施設がないこと ・市町村が必要と判断したこと ・多数の者が出入りして利用することが想定されること （風営法第2条各項に規定する施設でないこと）	
地域交流センター	－	高次都市施設に定める地域交流センター

出所：国土交通省資料による。

(4)　都市の「スポンジ化」への対応とエリアマネジメント

　従来，まちづくりの焦点はスプロール化への対応にあり，コンパクトシティやコンパクト・プラス・ネットワークといった方策が提起されてきた。しかし，人口減少・少子超高齢社会化がますます進行するとともに，2010年代中頃から，スポンジ化への対応が焦点化してきた。ここで**スポンジ化**とは，都市が郊外から中心に面的に縮小するのではなく，ちょうどスポンジ状に内部に孔がランダムに空いていくように縮小することをさしている。饗庭（2015）は，スポンジ化は都市の全体で一様に進むのではなく，都市を商業，工業，住宅，農業，自然といった機能別のレイヤーの重なりとしてとらえると，それぞれのレイヤーでランダムに発生すると指摘している[9]。

　こうした状況に対応するために，2018年，都市再生特別措置法等が改正された。その趣旨は，多くの都市で，空き地・空き家等の低未利用地が時間的・空間的にランダムに発生する「都市のスポンジ化」が進行し，生活利便性の低下，治安・景観の悪化，地域の魅力が失われる等の支障が生じていることに対応するために，必要な措置をとるというものである。この制度は住宅地の環境改善だけでなく，空き地・空き家の商業施設やコミュニティ施設として活用する際の支援策として位置づけられている。

　ところで，地方分権化でまちづくりに関連する権限を自治体が担うようになった半面で，多くの自治体で財政状況がますます悪化している。そのため，自治体は国の交付金や補助金の獲得に知恵を絞る一方で，民間事業者からの投資や住民・NPOなどの積極的な関与を引き出すことで，もともと自治体が供給してきた公共サービスの一部を民間に担ってもらうことをめざしている。こうした方向を**新しい公共**と呼ぶことがある。その代表的取り組みの1つとして，アメリカのBID（Business Improvement District）方式のエリアマネジメントがあげられる。これは，あるエリアのまちづくりにかかわる活動の費用を不動産所有者等への賦課金として課し，自治体が代理徴収して実施する制度である[⇒**関連事例5**を参照]。

　現状では，東京都千代田区の中心業務地区である大手町，丸の内，有楽町を対象とする「大丸有エリアマネジメント協会」や，大阪市のJR大阪駅北側を

対象とするエリアマネジメント団体「グランフロント大阪TMO」等があげられ，大規模な不動産所有者と不動産入居企業が中心になって「まち」の価値の維持を目的に展開している。ただし，この方式をそのまま商店街等のような不動産の権利関係が錯綜するまちなかに導入するのは困難も多い。そこで政府は，2018年，**地域再生法**を改正して，地権者らでつくる運営団体が対象地域の事業者の3分の2以上の同意を得ることを条件に，まちづくりの資金を事業者から集める制度として，**地域再生エリアマネジメント負担金制度**を創設した。

　また，地域においてまちづくりにさまざまなプレイヤーが関与するようになってきていることから，ステークホルダー（利害関係者）間のコーディネータ役として，**タウンマネージャーあるいはタウンプロデューサー**の役割がますます重要になっている。こうした人材を地域に派遣するための制度も，国の支援策の中に盛り込まれている。

Sec.26 循環経済に向けた環境政策の展開

(1) 流通とサステナビリティ

「ポスト3法」の流通政策として，やや視点を変えて，近年注目を集めている循環経済に向けた政策を中心に流通と環境政策との関わりについてとりあげる。

社会において流通が有効に機能しているかどうかは，ごく一般的にいえば，消費者が望む商品の組み合わせが適正な価格，品質，その他条件で提供されているかどうかで判断できる。つまり，流通の一方の担い手であるメーカーや商業者が，他方の担い手である消費者のニーズへの対応や利益の実現という観点に立って行動し，結果として事業者自らの利益実現につなげることができているかどうかが判断基準の1つとなっている。

しかし，消費者のニーズ対応や利益実現をめざすことが，常に社会的に最適な結果をもたらすとは限らない。例えば，食品に注目すると，多くの消費者は，できるだけ鮮度の高いものを購入したいという欲求をもっている。そのため，弁当・総菜や一部の日配品といった消費期限が設定されている商品に限らず，加工食品などの賞味期限が設定されている商品においても，あえて陳列棚の手前の商品は避けて，奥から取り出すなど，少しでも新しい商品を選ぶという購買行動をとりがちである。また，ペットボトル入りの飲料やワンウエイのプラスチック容器入りの弁当・総菜のような商品は，その便利さ等のゆえに消費者の間で定着している。

このような購買行動や生活様式は，個々の消費者にとっては，正当な欲求であり合理的な行動といえるかもしれない。ただし，それらはメーカーや商業者が消費者ニーズへの対応や需要創造のために展開するマーケティングによって，ときには過度に喚起された側面があることも否定できない。いずれにしても，その結果もたらされているのは，生鮮品や日配品だけでなく，ある程度保存可能な加工食品についてまで鮮度が重視されて廃棄につながったり，ペットボトルやプラスチック容器などが廃棄物として日々大量に排出されたりするという

事態である。

　こうした現象はメーカーや商業者，消費者が自らの利益にとって最適な行動をとったことに起因している。しかし，その結果もたらされるのは，食品などの資源の無駄，ごみの大量排出といった環境問題の発生という，社会全体の共通利益の損失である。こうした状況は，一般に**社会的ジレンマ**と呼ばれる。ちなみに，1960年代に表面化した公害問題と，近年の環境問題は一見共通する面があるようにみえるが，前者は特定の発生源が存在し，その被害者がある程度特定できる社会的災害であるのに対して，後者は経済活動や生活一般によって引き起こされているという点で，本質的に異なっている。

　こうした社会的ジレンマ状況を打開するには，次のような発想が必要である。すなわち，流通はそれ自体で自己完結しているものではなく，社会経済システム全体からみれば，その一部を構成するサブ・システムに位置づけられ，さらに広くいえば自然環境を含む地球の**エコシステム**（生態系）全体の一部である。その意味で，消費者利益という観点を超えて，エコシステムにとっての望ましさという発想に立つべきだと考えられる。消費者の意識もこの間全般的に変化してきており，価格の安さや利便性よりも，環境や社会への影響に配慮した**エシカル消費**[10]の傾向が高まりつつある。いわば，流通の担い手であるメーカーや商業者，消費者が，地球のエコシステム全体の**サステナビリティ**（持続可能性）という観点を優先して行動するという傾向である。

　このような考え方はかつてからあったが，広く普及する契機となったのは，いうまでもなく国連の**SDGs**（Sustainable Development Goals：持続可能な開発目標）による。SDGsは2015年9月，150超の加盟国首脳が参加した「国連持続可能な開発サミット」において，2030年に向けたアジェンダとして採択された。そこでは人間，地球および繁栄のための行動計画として17の目標と169のターゲットが設定され，「誰ひとり取り残さない」ことが宣言された。17の目標は，①貧困，②飢餓，③保健，④教育，⑤ジェンダー，⑥水・衛生，⑦エネルギー，⑧成長・雇用，⑨イノベーション，⑩不平等，⑪都市，⑫生産・消費，⑬気候変動，⑭海洋資源，⑮陸上資源，⑯平和，⑰パートナーシップからなる。

　これらのうち，流通とのかかわりが最も強い目標の1つは，**循環経済**（サー

キュラーエコノミー）にかかわる⑫生産・消費「つくる責任　つかう責任」である。さらに，⑬気候変動「気候変動に具体的な対策を」は，石油・石炭などの化石燃料から発生する二酸化炭素（CO_2）に代表される温室効果ガスの排出削減等を対象としており，物流の効率化や店舗や倉庫の省エネ，プラスチック製品の使用といった点で，流通との関連性が深い。また，⑭海洋資源「海の豊かさを守ろう」と，⑮陸上資源「陸の豊かさを守ろう」は，プラスチック製品の海洋投棄・流出，マイクロプラスチック化問題をはじめとして，ペットボトルやレジ袋等のプラスチック容器包装の取り扱いとリサイクルといった点で，流通との関係が深い。ただし，ここで注意しなければならないのは，これらの目標は，①，②，③，⑥といった発展途上国を含む地球全体の問題と密接に関係していることである。

　なお，SDGsを受けて，ビジネスの現場では，これまでのCSR（Corporate Social Responsibility：企業の社会的責任）に関連する考え方として，**CSV 2.0**（Creating Shared Value：共有価値創造）や**パーパス・ブランディング**，エシカル消費などが提唱・実行され，金融の分野では，ESG投資（環境environment，社会social，企業統治governanceの要素を考慮した投資）がグローバルなレベルで広がりつつある。

⑵　直線経済から循環経済へ

　それでは，流通とのかかわりが最も強い目標の1つであるSDGs12に関連する循環経済についてみていこう。従来，流通のフローは，生産から流通，消費への一方向のみでとられがちで，流通の各段階で大量生産，大量流通，大量消費が行われることが効率的であり，結果として大量廃棄がもたらされても，それほど問題とされることはなかった。これを**直線経済**（リニアエコノミー）と呼ぶことができる。

　しかし，地球の資源の制約，限界が問われるようになるとともに，資源の有効活用のために廃棄物の発生を抑制し省資源化を進めるリデュース（Reduce），使用済みの製品を原材料として再資源化するリサイクル（Recycle），部品等を再利用するリユース（Reuse）という，いわゆる"3R"と呼ばれる仕組みを整備することが求められるようになった。以上を整理した

のが，図表 7 - 9 である。

図表 7 - 9　直線経済における流通のフローと 3 R

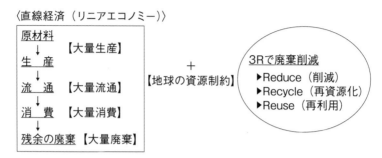

〈直線経済（リニアエコノミー）〉

　さらに，流通のフローを生産から消費の側面だけでなく，消費から生産へと戻るリバースフローの側面を考慮することが，社会への影響という点で同等かそれ以上に重要であるといわれるようになった。前者のフローを**動脈流通**，後者のフローを**静脈流通**と呼ぶことがある。近年，両側面を合わせた循環経済として流通をとらえる考え方が重視されるようになっている。そして，循環経済の構築に向けて，消費者を含む流通の担い手たちの間で役割やコストを分担することで，社会的ジレンマ状況の打開につなげることが期待されている。

　循環経済の概念図はヨーロッパ委員会資料において，**図表 7 - 10**のように提示されている[11]。ここで特徴的なのは次の 2 点である。第 1 は，原材料が経済過程に投入され生産に取り掛かる前に，設計の段階が置かれていることである。ここで，回収のしやすさなど循環経済に適した設計が行われることが期待されている。第 2 は，循環からはずれる余剰の廃棄を最小限に抑えるため，生産，流通，消費の段階の後に回収が置かれていることである。

図表7 - 10　循環経済（サーキュラーエコノミー）の概念図

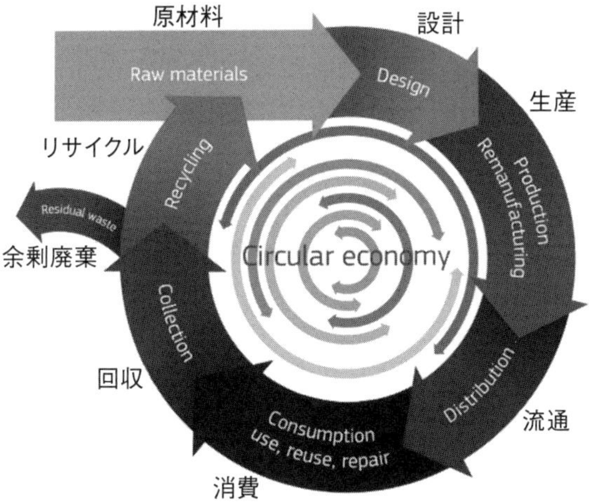

出所：European Commission(2014) に加筆して作成。

(3)　循環経済のための制度

　日本における循環経済にかかわる制度は，SDGs採択以前から，循環型社会形成をめざす法制度として国や自治体等によるルール整備が行われ，それに沿って業界団体・企業などの取り組みがなされてきている。主要な法制度は，**図表7 - 11**に示すとおりである。国の制度は3Rのうちリサイクルを中心課題としており，基本法で**循環型社会形成**の基本方針を，一般法で**廃棄物処理**と**リサイクル**に関する一般的考え方を示し，これらに基づいて個別法で容器包装や食品等の分野ごとにリサイクル等のルールを設定する，という三層構造になっている。

図表7 - 11　循環型社会形成のための法制度

位置づけ	法律等の名称 （主務官庁）	制定・改正等	概　要
基本法	循環型社会形成推進基本法（環境省）	2001年1月完全施行	生産者に物質循環の確保，天然資源消費の抑制，環境負荷の低減などの責任を課す。
一般法	廃棄物処理及び清掃法（環境省）	2001年4月完全施行，最近改正2017年6月	廃棄物の処理および清掃，産業廃棄物の処理施設の整備に関する基本方針を示す。

	法律名	施行・改正	内容
	資源有効利用促進法（リサイクル法）（経済産業省，環境省）	2001年4月完全施行，最近改正2021年3月	自動車，パソコン，携帯電話端末など10業種69品目を対象に，部品等の再使用が容易な製品設計・製造を行うことや，回収した使用済み製品から取り出した部品等の再使用を事業者に義務づける。
個別法	容器包装リサイクル法（環境省，経済産業省，財務省，厚生労働省，農林水産省）	2000年4月完全施行，最近改正2022年3月	紙製，プラスチック製の容器や包装を資源として再生利用するために，市町村が資源ごみとして収集し，そのリサイクルを容器や包装を製造したり利用したりする事業者に義務づける。
	食品リサイクル法（農林水産省，環境省）	2000年制定，最近改正2020年12月	食品メーカー，小売業，外食産業など食品を扱うすべての企業に食品廃棄物の削減と肥料・飼料に再資源化するなどの再利用を義務づける。さらに，改正により廃棄物発生量などの国への報告が義務づけられるとともに，業種別リサイクル実施率目標を設定。
	家電リサイクル法（経済産業省，環境省）	2001年4月施行，最近改正2021年3月	使用済みの家電製品についてメーカーが回収，再資源化するよう義務づける法律で，まずはエアコン，ブラウン管式テレビ，冷蔵・冷凍庫，洗濯機の4品目が対象とされ，さらに液晶・プラズマテレビ，衣類乾燥機を追加。リサイクルの費用は消費者が負担。
	自動車リサイクル法（経済産業省，環境省）	2005年1月完全施行，最近改正2016年6月	自動車メーカーに使用済み自動車から発生するフロン類，エアバッグ類，シュレッダーダストの3品目を引き取り，リサイクルすることを義務づける。
	プラスチック資源循環促進法（経済産業省，環境省）	2022年4月施行	プラスチックの資源循環の促進等を総合的かつ計画的に推進するため，以下に関する基本方針を策定。 ・プラスチック廃棄物の排出の抑制，再資源化に資する環境配慮設計 ・ワンウェイプラスチックの使用の合理化 ・プラスチック廃棄物の分別収集，自主回収，再資源化　等

出所：渡辺達朗（2021）「流通・商業と社会」原田英生・向山雅夫・渡辺達朗『ベーシック 流通と商業［第3版］』有斐閣，276頁に加筆・修正して作成。

　これら制度の基本的な特徴は，製品のリサイクル等に関して，その商品を生産した当事者自身が責任を持つべきであるとする，**拡大生産者責任**（EPR：Expanded Producer Responsibility）が採用されているところにある。また，地方分権の観点から自治体が重要な役割を担うこととされるとともに，事業者だけでなく，消費者にもごみの分別やリサイクル費用といった社会的コストの分担を求めている。

　また，近年注目されてきた課題に，スーパーやコンビニなど小売店が無料で配布してきた**レジ袋**（プラスチック製買物袋）の有料化問題がある。レジ袋は**容器包装リサイクル法**が関連しており，CO_2排出量削減の観点からも削減がめざされてきた。これまでスーパー等は，レジ袋辞退者へのポイント・サービスやマイバッグの配布等を行う一方で，事業者と自治体，住民間の自主協定によってレジ袋を有料化したり（この方法は2007年1月に京都で最初に実施されたことから"京都方式"と呼ばれる），スーパー等と環境省とがレジ袋削減の具体的目標を設定する自主協定を締結したりしてきた。

　そうした取り組みを踏まえて，2020（令和2）年7月容器包装リサイクル法を改正し，**レジ袋有料化**が義務化された（無料配布禁止，違反には罰則等）。ただし，海洋生分解性プラスチックの配合率100%，あるいはバイオマス素材配合率25%以上のプラスチック製買物袋は対象外などの例外規定もある。

　さらに，2022年4月には，**プラスチック資源循環促進法**が制定された。これは，プラスチックの資源循環の促進等を総合的かつ計画的に推進することを目的として，総合的および計画的観点から次の3点を推進するというものである[12]。

①　プラスチック廃棄物の排出の抑制，再資源化に資する環境配慮設計

　　製造事業者等が努めるべき環境配慮設計に関する指針を策定し，指針に適合した製品であることを認定する仕組みを設ける。

②　ワンウェイプラスチックの使用の合理化

　　ストローやカトラリーに代表されるワンウェイプラスチックの提供事業者（小売・サービス事業者など）が取り組むべき判断基準を策定する。

③　プラスチック廃棄物の分別収集，自主回収，再資源化 等。

　　プラスチック資源の分別収集を促進するため，容器包装リサイクル法の

ルートを活用した再商品化を可能するとともに，製造・販売事業者等が製品等を自主回収・再資源化する計画を作成する，等。

⑷　食品ロス削減の目標設定

循環経済への取り組みのうち，この間，とくに活発化した１つが**食品ロス削減**の分野である。SDGs12.3（目標12のターゲット３）で「2030年までに小売・消費レベルにおける世界全体の一人当たり食品の廃棄物を半減させ，収穫後損失などの生産・サプライチェーンにおける食品の損失を減少させる」と具体的目標が設定されたことから，国内でも具体的な目標設定と行動計画の策定が求められた。

日本は，摂取カロリーベースで食料自給率37％（2018（平成30）年度）と先進国中最低水準にあり，大量の食料を輸入し，生産に多量のエネルギーを使用している。そうした中で，農林水産省および環境省が2022（令和４）年６月９日に公表した推計値によると，2018（平成30）年の**食品廃棄物**が約2,531万トンであったのに対して，2020年（令和２）年に食べられるのに廃棄された食品ロスは事業系275万トン，家庭系247万トンの合計約522万トン（前年比－８％）にのぼったという。これは国民１人１日当たりおよそ茶碗１杯（あるいはおにぎり１個）のご飯を捨てていることに相当する。こうした大量の食品ロスが発生する主要な要因は，事業系では「規格外品，返品，売れ残り，食べ残し」，家庭系では「食べ残し，過剰除去，直接廃棄」にあると，農林水産省は指摘している[13]。

これに対して，自治体が負担するごみ処理費用は上昇傾向にあり，埋め立て処分場のキャパシティも限界に近づいている。また，世界には栄養不足の人口が，アジアやアフリカを中心に世界人口の９人に１人の割合で存在する一方で（FAO2015年推計値），さまざまな事情によって食糧廃棄が世界に広がっている。そのため，SDGs12.3の2030年までに食品ロス半減というターゲットは，SDGs１（貧困），２（飢餓），13（気候変動），14（海洋資源），15（陸上資源）などとも関連が深く，国連の最優先課題の１つと位置づけられている。

国内では，家庭系食品ロスについて，2018（平成30）年６月に循環型社会形成推進基本法の基本計画が改定され，2030年度までに2020年度の433万トンか

ら半減（およそ216万トン）するという目標が設定された。また，事業系食品ロスについては，2019（令和元）年７月に食品リサイクル法の基本方針が改定され，2030年度までにサプライチェーン全体で2000年度の547万トンから半減（およそ273万トン）させるという目標が設定された。自治体レベルでも，京都市，横浜市，東京都をはじめとする多くの都市で「2030半減」をどう実現するかの検討や取り組みが活発に行われるようになった。

　さらに，2019（令和元）年５月24日に**食品ロス削減推進法**（消費者庁所管）が国会で成立し，同年10月１日に施行された。その趣旨は，食べ物を無駄にしない，まだ食べられる食品は廃棄せずに，食品として活用する，そのための国民運動を推進する，といったことにある。本法そのものは一般的な考え方を示すにとどまり，運用の具体化は「食品ロスの削減の推進に関する基本的な方針」（以下では「基本方針」），および地方自治体に努力義務として課された「推進計画」に委ねられた。地方自治体の推進計画は，都道府県が国の基本方針を踏まえ策定する食品ロス削減推進計画と，市町村が国の基本方針と都道府県の推進計画を踏まえて策定する推進計画との二段階に分けられる。

　また，事業者には，食品ロス削減は「努力義務」とされるとともに，まだ食べられる食品を廃棄前に有効活用するために，**フードバンク**等を支援することが明記された。ここでフードバンクとは，「安全に食べられるのに包装の破損や過剰在庫，印字ミスなどの理由で，流通に出すことができない食品を企業などから寄贈していただき，必要としている施設や団体，困窮世帯に無償で提供する活動」（全国フードバンク推進協議会）に取り組む団体をさす。

⑸　食品ロス削減のための取り組み

　国の基本方針は，2020（令和２）年３月31日閣議決定された。これに最も早く対応した都道府県の１つが富山県である。同県では，2017年５月，富山県食品ロス・食品廃棄物削減推進県民会議を立ち上げ，県をあげてこの問題に取り組んできていた。その成果を踏まえて，2020（令和２）年４月１日，本県民会議において推進計画を策定した。そこでは，食品ロスの発生抑制，未利用食品の有効活用，食品廃棄物の再生利用に重点が置かれている。

　また，東京都においても，食品製造から卸売業，小売業までの各事業者団体，

消費者団体，有識者が一堂に会し，協働で取り組んでいく場として，2017年9月に設置された東京都食品ロス削減パートナーシップ会議における3年余に及ぶ検討に基づいてまとめられた提言を踏まえて，2021年3月，食品ロス削減推進計画を策定した。

その全体像は**図表7-12**に示すとおりであり，発生抑制，有効活用，再生利用の3項目から構成されている。発生抑制については，①家庭系食品ロスに関する消費者への知識普及，意識変革など，事業系に関する優良な取り組み事例

図表7-12　東京都食品ロス削減推進計画：2030目標達成に向けた施策の全体構成

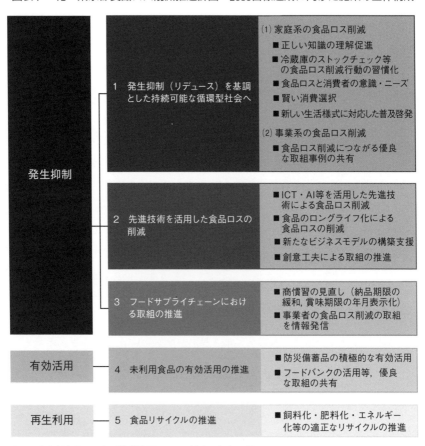

出所：東京都食品ロス削減推進計画，2021（令和3）年3月31日，p.16。
https://www.kankyo.metro.tokyo.lg.jp/resource/recycle/tokyo_torikumi/keikaku.files/030330_plan.pdf

共有，②ＩＣＴ・ＡＩ等の先進技術の活用や新たなビジネスモデルの構築など，③サプライチェーンにおける商慣行見直し，情報発信などがあげられている。有効活用については，フードバンクや防災備蓄などが，再生利用については，飼料化・肥料化・エネルギー化等のリサイクル推進があげられている。

　食品ロスの「2030半減」目標は，現在の単純な延長上では達成が難しいといわれている。そこに，この間のコロナ禍が襲い，状況をより複雑にした。こうした中で，流通の担い手である生産者・メーカー，商業者等の事業者や消費者などにおいても積極的な食品ロス削減の取り組みが進められている。その概要をまとめたのが，**図表7－13**である。

　これは地球の限られた資源として投入される原材料が，設計，生産，中間流通・物流を経て，小売・外食，消費へのフローをいったんたどり，その過程で寄贈にまわされたり，回収・再資源化され生産に再投入されたりし，最終的に最小限の残余が廃棄されるという循環経済の枠組みをベースにしている。このなか食品ロス削減は，①流通の各段階における取り組み，②流通の担い手が連携しての取り組み，③流通の各段階から寄贈，回収・再資源化のための物資や仕組みの提供，という3つのレベルで取り組まれていることを示している[14]。

図表7－13　循環経済における食品ロス削減の取り組み

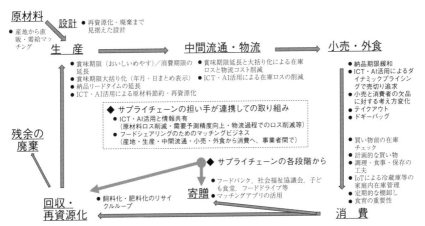

出所：渡辺達朗（2021）「循環経済に向けた食品ロス削減の取り組み」『専修商学論集』第113号，103頁。

第8章　ワークショップの課題

1. 中心市街地活性化法に基づく基本計画について認定を受け，活性化に取り組んでいる事例について，内閣府のウェブサイトなどで調べ，めざしている方向，取り組みの特徴や課題について整理しよう。また，あなたが住んでいる（住んだことがある）自治体などを対象に，どのような方向をめざすべきか，そのためにはいかなる取り組みが効果的かについて検討しよう。

2. この間，地域商店街活性化法の認定を受ける商店街は途絶えているが，物販店比率の低下，飲食・サービス店（高齢者・子育てサービス事業所を含む）比率の上昇という状況の中で，地域コミュニティの担い手としての商店街という考え方に基づいて，地域活性化やまちづくりに取り組んでいる商店街はむしろ増加傾向にある。具体的な取り組み内容や目標，地域でのコラボレーション相手などについて調べ，成果について検討しよう。

3. コンパクト・プラス・ネットワークの考え方に基づく立地適正化計画に基づいてまちづくりに取り組んでいる自治体を対象に，具体的にどのようなことを目標に何に取り組んでいるのか等について調べ，成果について検討しよう。

4. 循環経済，食品ロス削減，プラスチック削減などに取り組んでいる企業や団体，自治体の事例を具体的に調べ，あなた自身どのようなことに取り組みたいか考えよう。

【注】

1) 宮川公男（2002）『政策科学入門』東洋経済新報社による。

2) Kingdon, John W. (1995), *Agendas, Alternatives, and Public Policies* (*2nd Edition*), Addison-Wesleyによる。

3) ニューアーバニズムの代表的主張は，Calthorpe, Peter(1993), *The Next American Metropolis: Ecology, Community and the American Dream*, Princeton Architectural Press; Duany, Andres, Elizabeth Plater-Zyberk, and Jeff Speck (2000), *Suburban Nation*, North Point Pressを参照。なお，ニューアーバニズム

をはじめとする新しい都市像の潮流については，渡辺達朗（2001），「都市中心部からの大型店等の撤退問題とまちづくりの取り組み―「都市の論理」と「市場の論理」との相克―」『専修商学論集』第73号，268-270頁に整理した。

4) 大西 隆（2004）『逆都市化時代－人口減少期のまちづくり』学芸出版社による。

5) スプロールの社会的費用については，Bruegmann, R. [2005], *Sprawl : a Compact History,* The University of Chicago Press；Burchell, Robert, Anthony Downs, Barbara McCann, and Sahan Mukherji [2005], *Sprawl Costs,* Island Press；Hirschhorn, Joel S. [2005], *Sprawl Kills : How Blandburbs Steal Your Time, Health and Money,* Sterling and Ross Publishers；Morris, Douglas E. [2005], *It's a Sprawl World After All,* New Society Publishersを参照。

6) 詳細は内閣府地方創生推進事務局の次のサイトを参照。
   https://www.chisou.go.jp/tiiki/chukatu/pdf/jireisyu_r3.pdf

7) Sec.25（1）は，渡辺達朗（2010）「地域商業における3つの調整機構と魅力再構築の方向―市場的調整・政策的調整・社会的調整―」『流通情報』41巻5号に基づきつつ，大幅な加筆・修正を施したものである。

8) 自治体による立地適正化計画の取組み状況については，国土交通省のサイト https://www.mlit.go.jp/toshi/city_plan/content/001465256.pdfを参照。

9) 饗庭 伸（2015）『都市をたたむ－人口減少時代をデザインする都市計画－』花伝社による。

10) エシカル消費とは，消費者庁によれば，消費者それぞれが各自にとっての社会的課題の解決を考慮したり，そうした課題に取り組む事業者を応援しながら消費活動を行ったりすることをさす。

11) European Commission(2014), Towards a circular economy: A zero waste programme for Europe.
   https://ec.europa.eu/environment/circular-economy/pdf/circular-economy-communication.pdf

12) 環境省資料による。http://www.env.go.jp/recycle/plastic/pdf/gaiyou.pdf

13) 農林水産省資料による。https://www.maff.go.jp/j/shokusan/recycle/syoku_loss/161227_4.html#1

14) 詳細は，渡辺達朗(2021)「循環経済に向けた食品ロス削減の取り組み―サプライチェーン再構築の観点から―」『専修商学論集』第113号を参照。

関連事例 6　個店と集積の魅力を高める地域商業・商店街の取り組み

　1990年代から2000年代にかけて，地域商業・商店街に対する振興政策の重点は，商業施設やアーケード，街路灯などのハード面の整備から，地域イベントや商店街ブランド等の開発といったソフト事業にシフトした。これを受けて，商店街活性化やまちづくりに「やる気」のある商業者たちを中心に商店街組織として，音楽やお祭り，スポーツ大会，ゲーム大会，抽選会などと，販売促進のためのセールを組み合わせた大規模イベントを企画・実行するとともに，財源確保のために行政からの補助金や民間からの協賛金の獲得などに奔走してきた。こうした努力が全国各地で惜しみなく行われた。商店街組織において企画等を担った人々の労力は相当なものであったと推察される。

　たしかにイベント当日には，日頃，来街しない顧客層を含めて多数の人々が集まってきたことがほとんどであった。しかし，人は集まるが商店街組織の構成員の売上げにつながらない，あるいは当日は売上増がみられたものの，リピーターづくりにはつながらない，といった事象が全国各地でみられた。その結果，商店街組織でイベント企画等の中軸を担ってきた人たちに徒労感が広がり，次のイベント開催を躊躇するといった事態すら生じた。いわゆる「イベント疲れ」という現象である。

　こうした閉塞的な状況を打開するために実施されるようになったのが，以下の取り組みである。それは，次のような狙いに基づいており，それぞれ独自の工夫，仕掛けがあることから，実施にあたっては表面だけ模倣するのではなく，工夫等の内容をよく理解する必要がある。

　① 　まちの魅力を発見・発掘し回遊性を高める

　② 　商店街組織の枠組みにとらわれず，「やる気」のある人を中心に機動的に取り組む

　③ 　一過性のイベントではなく，まちの魅力を伝えることを重視する，あるいはリピーターづくりに重点を置く

　④ 　物販店だけでなく，飲食店やサービス業種店が連携して取り組む

⑴　「まち歩き」からはじめるマップづくり

　地域の商業者だけでなく，地域住民や近隣の学生・生徒，地域外からの参加者などを巻き込みながら，まちの魅力を（再）発見・発掘するための「まち歩き」を含むワークショップを開催し，地図上に落とし込む共同作業を行う。その成果物として，まちの回遊性を訴求する「まち歩きマップ」等をまとめ，来街者にまちの魅力を伝え，リピーターを増やしていく。

　代表的な取り組み事例として，千葉県柏市の"ご近所ツーリズム"という切り口による「まち旅かしわ」ガイドマップがあげられる。これは，市民ナビゲーターとのワークショップなどを通じて「お気に入りの散歩道」や「とっておきのまち歩きコース」としてまとめたものという[1]。

　また，東京都品川区の戸越銀座商店街では，地域住民や地元の大学生とワークショップに基づいて，「食べ歩きマップ」や「ランチマップ」といった目的別マップを作成している[2]。

⑵　まちゼミ（得する街のゼミナール）

　まちゼミとは[3]，商店街の店主やスタッフが講師となり，プロならではの専門的な知識や情報，コツ，楽しみなどを受講者（お客）に無料（実費が必要な場合あり）で伝える少人数（2～7人程度）のゼミナール（1時間～1時間30分程度）のことをさす。「買うことを前提としない」ことが特徴で，それぞれの店舗内で実施することによって，店主やスタッフとお客とがコミュニケーションをとりながら信頼関係を築き，リピーターになってもらうことを目的としている。

　商店街組織に枠組みにとらわれずに，参加店舗を物販，サービス，飲食，金融などから募り，20店舗以上を目安に1ヵ月程度の開催期間中に，1店舗あたり数回のゼミを開催するスケジュールとする。事前にチラシを配布し，予約制で開催する。参加店からは，チラシ作成，配布等の費用の一部を参加費として徴収することがある。

　まちゼミの取り組みは，2003年1月に愛知県岡崎市ではじめて開催され，現在では市の中心市街地をカバーする大規模な取り組みに成長している。提唱者の松井洋一郎氏は，その経験を全国に広め，現在では全国各地400地域以上で，学校，

図書館，地元団体など地域全体を巻き込むかたちで開催されるようになっている。

　コロナ禍の下でも，少人数で実施方法に注意して対面開催したり，オンライン方式で開催したりするなどの対応策をいち早く打ち出し，コロナ禍からの回復策としても位置づけられている。はじめての取り組みとして，2021年9月〜11月にかけて「全国一斉まちゼミ」に挑戦した。

(3) 100円商店街

　数日間の期間限定で，商店街の店舗で一斉に100円均一の商品を店頭に並べることで集客を図るイベントである。山形県新庄市の南本町商店街からはじまった取り組みで，市職員でもある仕掛け人の斎藤一成氏が理事長としてNPO法人AMPを立ち上げ，全国に広めた。とくに大阪では，市内の商店街と大阪商工会議所が連携して，多くの商店街で実施されてきた[4]。一見すると「安売り」で当日のにぎわいを求めるイベントのようであるが，そこには一過性のイベントに終わらせず，事業効果を引き出すためのさまざまな工夫が施されている。そのポイントは，「100円商店街三か条」としてまとめられている[5]。

　　① 100円商品は外に陳列すべし〜なるべく多くの客に見せるべし。店内に隠すなかれ〜

　　② 外でお客様と会話すべし〜客を誘い込み，店内の商品を見せるべし。素通りさせることなかれ〜

　　③ 100円商品の清算は，店内ですべし〜より通常商品を多く売るべし。100円商品のみ買わせることなかれ〜

　100円商店街の商品は，売れ残り品を並べるというのが最も悪いやり方であり，それぞれの店の「売り」を扱うことが重要という。また，物品に限るべきでなく，飲食店やサービス業では，後日使えるチケットなどを扱ってもらっている。これによって，物販店に限らず地域のさまざまな店舗を巻き込むことが可能になり，来街者にとっての魅力を高めることができるという。100円商店街はコロナ禍の下，開催が減少したが，感染状況が落ち着いてくるとともに開催事例が増加するものと考えられる。

　以上の他にも，コロナ禍以前には次のような取り組みが注目された。開催内容・方法の関係で，コロナ禍の下，開催困難となったが，感染状況が落ち着くとともに，2022年度から順次再開されている。

　・まちなかバル：飲食店中心に期間限定，事前チケット購入制で開催するイベントで，北海道函館市の「函館バル街」や兵庫県伊丹市の「伊丹まちなかバル」から全国に広まった[6]。

　・軽トラ市：農産物等の生産者が軽トラックで商店街等のまちなかのスペースに商品を持ち寄る朝市型のイベントで，岩手県雫石町から全国に広まった[7]。

　以上は，上述したように一過性のイベントとは対極の取り組みといえる。商業者にとっては，事前の準備段階から当日，事後の対応などのプロセスにかかわることで，自らターゲットやコンセプトなどについて考え，自ら品揃えやサービスについて修正し，実際に接客し，顧客の反応に基づいて改善するといったPDCAサイクル型（Plan-Do-Check-Action）の取り組みによって，リピーターづくりが図れる。お客サイドにとっては，これらに参加することによって，従来にない体験やコミュニケーション等の経験価値が享受できる。また，地域にとっては，地域の魅力が再認識され回遊性が向上するというメリットが期待できる。その意味で売り手，買い手，地域や社会にとっての「三方よし」という共通点があるといえる。さらに，**図表 7 - 14**に示すように，学生・生徒・大学等の教育機関などが「まちに入る」ことによって地域で学ぶとともに，地域に新しい視点を導入することで「四方よし」の取り組みとすることもできる。

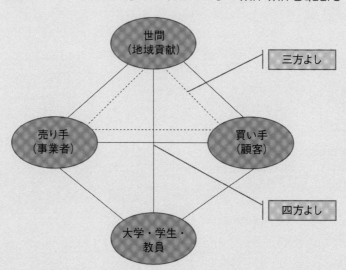

図表 7 - 14　「三方よし」から「四方よし」のWin-Win Square

【注】
1)　かしわインフォメーションセンターのサイトを参照されたい。
　　https://www.kamon.center/topics/machitabi-map
2)　戸越銀座商店街のサイトを参照されたい。
　　https://togoshiginza.tokyo/?p＝188
3)　以下は，全国一斉まちゼミ世話人会のサイトによる。
　　https://machizemi.jp/
4)　大阪市内の状況については次のサイトを参照されたい。
　　https://manekai.ameba.jp/life/osaka-cci/
5)　地域のやる気を引き出す「100円商店街」について，考案者の斎藤一成氏のインタビューを参照。
　　https://kankou-redesign.jp/pov/6243/
6)　函館バル街および伊丹まちなかバルについては次のサイトを参照されたい。
　　https://gourmet.hakobura.jp/attractive/bar/
　　https://itamibar.com
7)　軽トラ市ネットワークの次のサイトを参照されたい。
　　http://www.keitoraichi.net/

終　章

課題と展望

　本書では，流通システムと流通政策の相互規定的な関係を念頭に置きながら，流通政策の体系的な整理と，その展開過程の検討を行ってきた。その際，議論の焦点としてきたのが，1990年代から今日までの流通政策をめぐる市場・政府・社会という3つの要素の関係の変化である。それは，現在の流通政策において基軸の1つとして位置づけられている，商業まちづくり政策において顕著にあらわれている。そこで本書のまとめとして，3要素の関係変化を念頭に置いて，これからの流通政策について展望するとともに，近年重要な課題となっている，政策効果に対する評価という問題について，必要性と困難性という観点から考察する。

Sec.27　これからの流通政策と政策効果の評価

(1)　流通政策をめぐる経済的規制と社会的規制

　1990年代以降の流通政策の転換は，市場・政府・社会の関係変化を伴いながら進められた。そこで基本理念とされたのは，Sec.6で述べたように，「経済的規制については原則自由・例外規制に，社会的規制については自己責任原則に基づき必要最小限に」という考え方であった。そうした基本理念にしたがって，各種の政府規制を緩和する一方で，競争政策の強化が図られてきた。

　また，この時期同時に，地方分権一括法の制定などをつうじた地方分権化の推進によって，国・中央省庁と自治体との関係が変化したことや，中央省庁再編関連法によって，政策主体間の権限や役割の分担関係が塗り替えられたこと

も，流通政策のあり方に大きな影響を及ぼした。

こうした政策転換の意義を考えるに際して注意すべきは，第1に，経済的規制の緩和・廃止によって，何がめざされており，その結果どのような事態がもたらされるのかという点である。流通政策の分野での経済的規制の緩和・廃止によってめざされているのは，いうまでもなく流通システムの効率性向上である。もちろん，**効率性向上**はわが国の経済社会システムが現在求められている最重要課題の1つではあるが，効率性一辺倒ですべてがうまくいくかというと，必ずしもそうではない。

というのは，効率性が極端に追求され，システムの贅肉部分が削ぎ落とされていくと，逆にそのシステムが硬直化してしまう可能性があり，いったんシステムを取り巻く環境に大きな変化が生じた場合，それに柔軟に対応することができなくなるおそれがあるからである。つまり，システムには一見無駄にみえるような**冗長性**（redundancy）が必要ということである。

例えば現在，ロシアによるウクライナ侵攻のように社会経済を取り巻く環境不確実性が高まる一方で，地震や火山噴火，台風といった自然災害，あるいは新型コロナウイルスなどの感染症拡大のリスクが高まっている。そうした中にあっては，流通システムは効率性だけでなく，冗長性を担保することで，不確実性やリスクへの柔軟な適応力を高めることができる。

その意味でも，中小商業者や地域経済の活力を引き出すような政策の重要性は，今後ますます高まるといわねばならない。また，そうした活力を引き出すとともに，社会経済システムの安定性を確保するという視点に立つならば，競争促進を目的とする政策を強化するだけでなく，社会政策的観点に立って，社会的弱者や社会的孤立に対するセイフティネットを強化することも重要である。流通の評価基準には効率性と有効性があり，両者は流通政策の目標ないし価値基準となることを指摘したが（Sec. 4），こうした政策は流通の**有効性向上**にかかわる政策といいかえることができよう。

第2に注意すべき点は，規制や政策の目的を「経済的」と「社会的」に二分する考え方そのものについてである。すなわち，規制や政策をこれら2つのタイプに分類することは，理念的には可能であるが，現実的には両者の区分は必ずしも明確でないという問題である。

　社会的規制の名のもとで行われる規制が，経済的規制としての効果を持つことや，逆に経済的規制を直接の目的とする制度が，間接的に社会的規制としての効果を持つことが少なくないことは，すでに述べたとおりである。そのため，政策転換をよりいっそう進めていくためには，それぞれの制度がどのような目的を担っており，いかなる効果をもたらしているのかなどについての全般的な吟味が求められる。

　第3に指摘すべきは，社会的規制における政策目的の基準となる**公共性**の問題である。この点は「商業まちづくり政策」のあり方と密接に関連するので，項をあらためて論じることにしよう。

⑵　社会的規制における「公共性」の問題

　1990年代末以降の商業まちづくり政策の展開は，経済的規制から社会的規制へという考え方に基づいて実施されてきた。そうであるがゆえに，そこで最終的な政策目標とされているのは，**公共の福祉**ないし**公共の利益**の実現であるといえる。そうした「公共性」の観点から，例えば大型店の営業形態の規制や立地の制限などといった**私権制限**が行われることもありえよう。

　しかし問題は，まちづくりにおける公共性に，ステークホルダー（利害関係者）の誰もが納得する絶対的基準のようなものがあるわけではない点にある。そのため，現実の政策決定・実施プロセスにおいては，あるべき都市像は何か，それをどのような手段や方法で実現していくかなどに関して，利害関係者間で論争や対話が行われたり，国や自治体が一定の政策判断を示したり，あるいは裁判所が司法判断を下したりすることをつうじて，「公共性」の具体的な内容や方向が決せられることになる。

　ここから次のことが示唆される。大規模小売店舗法のような旧来の調整政策では，その決定・実施プロセスにおいて，ステークホルダー間の「競争関係の調整」が行われていた。ステークホルダー間の利害が真正面から対立することが少なくなかったことから，調整は消耗戦になりがちであった。これに対して「公共性」を基準とする「まちづくり」においても，その決定・実施プロセスにおいて，ステークホルダー間で均衡点あるいは妥協点を見出すための「社会的調整」が行われているのである。

　つまり，経済的観点に立つ調整政策から，社会的観点に立つまちづくりへの転換は，利害関係者間の調整を不要にしたわけではなく，調整の基準の変化をもたらしたわけである。そのため，地方分権によって従来以上の権限と責任を与えられた自治体は，そうした調整過程において，公共の福祉実現のためによりいっそうイニシアティブを発揮することが求められているのである。

　商業まちづくり政策の課題として，もう1つ指摘したい点は，都市の発展戦略という，より長期的視点に立った問題に関連している。本書の基本的立場は，これからの商業まちづくり政策の方向として「市場の論理」が「都市の論理」（さらには「農村の論理」）を圧倒するのではなく，後者が前者をある程度コントロールすべきであり，それによって地球環境に配慮した「持続可能な発展」をめざすべきというところにある。

　そうした方向に進むためには，まずは外部不経済にかかわる問題の抑制（例えば大型店の規制）と，外部経済にかかわる要素の促進（例えば地域商業の振興）が必要である。しかし，供給側に対する政策だけでは十分ではない。当然，小売業の立地や営業形態に大きな影響を与えるもう一方の要因である，消費者の買い物行動やライフスタイルのあり方を問い直す必要があることは，本論で指摘してきたところである。

⑶　政策評価の必要性と困難性

　最後に，政策効果に対する評価，すなわち**政策評価**という，近年，重要課題として指摘されることが多い問題について，必要性と困難性という観点から考察しよう。

　本書では，流通政策のさまざまな側面について，政策目的・内容および実施プロセスについて検討してきた。その狙いは，流通政策の実際について明らかにすることおよび，そうした検討をつうじて，現状の政策的な限界や問題を打開する方向を見出したいというところにある。そのために，まず必要とされるのが，それぞれの政策の実施プロセスを踏まえながら，政策評価を行うことである。ただし，その評価は短期的なコスト・パフォーマンスだけでなく，成果を中長期的に見極める視点が重要である。

　近年，政策評価について，**PDCAサイクル**等に則って，政策の立案・実施の

プロセスに沿うとともに，実施の成果に関して行うべきとの考え方が，わが国の政府レベルに浸透した。しかし，政策評価は政策科学研究の一分野として発展してきたものであるが，研究の蓄積が進んでいるアメリカにおいても，その内容や方法についてスタンダードとなるような考え方が，いまだ確立していない状況にある。政策評価を行うためには，まずはその基準を確立する必要がある。現在のところ一般的に合意されている基準としては，経済性（economy），効率性（efficiency），有効性（effectiveness），公平性（equity），十分性（adequacy）といった概念があげられる[1]。それぞれの内容は，以下のとおりである。

① **経済性**：政策のインプットをどれだけのコストで調達できたか。
② **効率性**：インプットに対してどれだけのアウトプットをもたらすことができたか。
③ **有効性**：アウトプットが目標に対してどの程度の効果を達成したか。
④ **公平性**：政策に対する受益や費用が社会の中でどのように配分されたか。
⑤ **十分性**：政策によって満たされるべき必要事項が量的ないし質的に満たされたか。

　こうした基準を確認することは，政策評価の第一歩として重要ではあるが，それだけでは十分ではない。というのは，これら基準を具体的に適用して評価を行う段階になると，困難に直面することになるからである。その困難は，主として政策の効果測定の難しさに起因している。

　例えば，次のようなことが指摘されている[2]。政策は一般に複数の目的を担っており，それぞれの目的に対する具体的目標を測定可能な表現で定義することが難しい。しかも，政策発動の結果，誰かが利益を得，誰かが損失を被ることが普通であることから，誰もが合意する指標を目標として設定することは困難であり，評価は政治的色彩を帯びやすくなる。

　本書でとりあげた中心市街地活性化法を事例としてみてみると，それは経済的目的と社会的目的を同時に担う典型的な法制度であり，その効果を測定することはきわめて難しい。一方で，来街者数や小売販売額，人口（昼間人口と夜

間人口），住宅の着工数，交通機関の整備状況やその利用者数などといった，経済的に成長したかどうかに関する，定量的指標は実態調査をつうじてとることが可能であろう。しかし，それだけが政策効果の指標となるわけではない。当然，住民の暮らしやすさや生き甲斐，伝統文化の維持・継承状況といった社会的ないし文化的観点に立った定性的指標も重要である。

後者のような指標を客観的に把握し，評価することは，不可能とはいわないまでも，かなりの困難を要することは明らかであろう。しかし，ここで問題は前者のような定量的に把握できる指標についてさえも，その評価は難しい点である。というのは，これらに関する定量的なデータが得られたにしても，それに対する絶対的な評価基準があるわけではないし，相対的に評価するにしても，比較の対象について，その政策を実施しなかった場合のシミュレーション等をつうじて，どのように設定するのかという問題があるからである。

本論では，こうした効果測定の指標の多面性や複雑性について確認するにとどめ，こうした諸点について考慮しながら，具体的に政策評価を行うことは，今後の課題としたい[3]。

【注】

1) 本書第2章では，流通政策の価値基準を効率性と有効性という概念を軸に説明している。これとかなりの部分で重複するが，ここでは，宮川（2002）『政策科学入門』東洋経済新報社pp.280-287の整理を用いることにした。なお，政策評価の概念については，同書で「公共政策の選択と実施の結果起こったことの評価であり…分析的手続きによって行われるものであると同時に，政治的プロセスでもあり，そこに含まれる政治や価値の対立の問題を無視することはできない」(p.274) ものと定義されており，本書も基本的にこれに倣っている。

2) Rossi, Peter H., Howard E. Freeman, and Mark W. Lipsey (1999), *Evaluation: A Systematic Approach (6th Edition)*, Sage; Weimer, David L., Aidan R. Vining, and Alan Vining (1998), *Policy Analysis: Concepts and Practice (3rd Edition)*, Prentice Hall; Weiss, Carol H.(1997), *Evaluation (2nd Edition)*, Prentice Hall; Wholey, Joseph S., Harry P. Hatry, and Kathryn E. Newcomer, ed.(1994), *Handbook of Practical Program Evaluation*, Jossey-Bass.

3)　商業まちづくり政策における政策評価については，渡辺達朗（2014）『商業まちづくり政策—日本における展開と政策評価』有斐閣を参照されたい。

索　引

欧文

BtoC取引 ……………………121
CSR ………………………237
CSV ………………………237
EOS（電子的発注システム）………9
ESG投資 …………………237
FC …………………………126
GAFAM ……………………113
GATS ………………………147
GHQ ……………………51,141
HHI ……………………84,86
LRT ………………………232
NPO ………………………183
PDCA …………………251,256
POS（販売時点情報管理）システム …9
SCM ………………………9
SDGs ………………………236
TMO ……………………181,182
TPP …………………………58
VC……………………………126
WTO ………………………147

あ行

相対取引 ……………………168
アソートメント ………………2
新しい公共 …………………233
アメニティ …………………18
委託仕入れ …………………112
委託販売制…………………78
一店一帳合制………………78
一定の取引分野……………55,62,83

一般指定 …………59,69,100,102
一般指定の改正……………69
一般用医薬品………………43,93,94
イノベーション……………22
違法な原価割れ供給 ………118
医薬品 ……………………36,43
医薬部外品…………………43
医療用医薬品………………43
医療用具……………………43
インフラストラクチャ……23,172

売上仕入れ …………………112
上乗せ規制 …………………159
運輸省………………………27

栄養機能食品………………45,122
エコシステム ………………236
エシカル消費 ………………236
エリアマネジメント ………233

大阪マーチャンダイズマート ………137
オープンプライス……………89
押し付け販売 ………………104
押し付け販売等 ……………102
おすすめ販売 ………………100
オルダーソン（W. Alderson） ………2
卸売業者……………………10,167
卸売市場……………………50,167
卸売市場法 …………………167
卸商業団地 …………………136
卸総合センター ……………137
音楽用CD …………………95

か行

ガイドライン……75,83,84,102,117,119
買取仕入れ …………………………112
開発許可制度 ………………193,215
開発整備促進区 …………………216
外部経済 ………………………23,26,174
外部効果……………………………23
外部性 ……………………………23,26
外部不経済………………23,26,30,174
外部要因……………………………175
カウンタベリングパワー……………99
価格カルテル……………………………55
価格協定 …………………………133
革新的行動…………………………22
拡大生産者責任 …………………241
確約制度……………………………58
寡占…………………………………23
寡占的競争…………………………13
寡占度指数 …………………84,86
課徴金 ……………………57,61,109
課徴金制度 ………………………121
課徴金納付命令 …………………109
ガット・ウルグアイ・ラウンド………42
貨物運送取扱事業法………………31
貨物自動車運送事業法………………31
カルテル…………………………55,57,76
環境省………………………………27
環境整備事業 ……………………134
環境要綱 …………………………217
勧工場………………………………48
勧告 ………………………………184
勧商場………………………………48
官製カルテル ……………………160
間接流通……………………………10
完全買取り ………………………112
完全競争……………………………12,22

機会損失……………………………10
企業結合 …………………………56,84
企業主義 …………………………142
危険…………………………………10,112
危険負担 ……………………………9
擬似百貨店問題 …………………144
規制緩和……………………………34
基礎自治体…………………………27
拮抗力………………………………99
機能性表示食品……………………45,122
揮発油販売業法……………………31
基盤政策……………………………137
希望小売価格………………………87
規模の経済…………………………17
基本計画 …………………………181,220
基本構想 …………………………181
基本方針 …………………………181,220
ぎまん的顧客誘引…………………71,120
90年代の流通ビジョン ……………160
供給拒絶……………………………83
協賛金 ……………………………100,105
協賛金等の負担の要請 …………104
行政改革推進本部…………………37
行政裁量権…………………………75
行政指導……………………………28
行政処分……………………………56
行政手続法 ………………………28,36
行政罰………………………………57
競争政策 …………………28,33,140,171
競争阻害効果………………………81
競争の実質的制限…………………55,62,83
共同化………………………………131
協同組合……………………………149
共同仕入れ ………………………133
共同支援……………………………131
共同事業……………………48,133,134,149

共同店舗 ……………………136,149,152
共同の取引拒絶………………55,61,69
共同販売事業 ……………………133
共同ボイコット ………………55,62
許可制 ……………………………142
居住誘導区域 ……………………230
緊急調整地域 ……………………40
禁止型政策………………………28
近代化政策 ………………………134
金融 ………………………………9
近隣商業地域 ……………………213

組合組織 ………………………149,152
クラーク（F.E.E. Clark） …………7
クレイトン法………………………85

計画外流通米………………………42
計画的大規模開発 ………………215
計画流通米…………………………42
警告………………………………57
経済改革研究会……………………37
経済企画庁…………………………27
経済憲法…………………………52
経済産業省………27,133,140,179,209
経済的規制………………………37,172
刑事罰 ……………………………56,57
継続的取引 ………………………8
軽トラ市 ………………………251
景品表示法…………………30,120,123
景品類 ……………………………123
系列小売店…………………………76
減額制度 …………………………122
原始独禁法…………………………52
建設省……………………………27
原則違法 ………………62,64,65,69
原則自由・例外規制 …………35,37
減反………………………………41

限定合理性…………………………23

広域調整 ………………………215,216
行為の外形から原則違法………78
郊外開発規制 ……………………207
郊外化促進 ………………………218
効果測定 …………………………257
公共公益施設 ……………………215
公共施設…………………………175
公共選択モデル …………………204
公共投資 …………………………179
公共の福祉 ………………………255
公共の利益………………………29,255
公正競争規約 ……………………124
公正競争阻害性 …………………56,59
厚生省……………………………27
公正取引委員会27,52,92,94,96,124,127
厚生労働省…………………………27
公設小売市場 ……………………142
構造改革特別区域法 ……………221
拘束条件付取引……………………72
合同会議 ………………………150,205
高度化事業計画 ………………138,151
購入・利用強制 …………………104
購買会……………………………143
公民パートナーシップ …………198
小売業者…………………………10
小売市場…………………………50,142
小売商業調整特別措置法 ………143
合理性モデル ……………………204
効率性 ……………………………254
合理の原則………………………98
コーポラティブ・チェーン ……127
国際ダウンタウン協会……………198
国税庁……………………………27,39
国土交通省………………27,179,209
個別支援…………………………131

戸別配達制度⋯⋯⋯⋯⋯⋯⋯⋯96
コミットメント⋯⋯⋯⋯⋯⋯⋯58
ゴミ箱モデル⋯⋯⋯⋯⋯⋯⋯205
コミュニティ⋯⋯⋯⋯⋯46,150,152
コミュニティ施設⋯⋯⋯⋯⋯⋯152
コミュニティ・マート構想⋯⋯150,153
コンパクトシティ 204,207,208,211,231
コンパクト・プラス・ネットワーク 231
コンプライアンス・プログラム⋯⋯80

さ行

サーキュラーエコノミー⋯⋯⋯⋯236
在庫損失⋯⋯⋯⋯⋯⋯⋯⋯⋯⋯10
最適な資源配分⋯⋯⋯⋯⋯⋯⋯22
再販価格の拘束⋯⋯⋯⋯⋯⋯⋯92
再販契約⋯⋯⋯⋯⋯⋯⋯⋯⋯⋯92
再販制度⋯⋯⋯⋯⋯⋯⋯⋯⋯⋯92
再販適用除外制度⋯⋯⋯⋯⋯⋯92
再販売価格維持行為⋯⋯⋯65,77,92,97
再販売価格の拘束⋯⋯⋯⋯⋯⋯64
先取り⋯⋯⋯⋯⋯⋯⋯⋯⋯⋯168
サステナビリティ⋯⋯⋯⋯⋯⋯236
サプライチェーン・マネジメント⋯⋯9
差別対価⋯⋯⋯⋯⋯⋯⋯⋯⋯63,70
差別的取扱い⋯⋯⋯⋯⋯⋯⋯⋯83
3 R⋯⋯⋯⋯⋯⋯⋯⋯⋯⋯⋯237
産業合理化審議会⋯⋯⋯⋯⋯⋯134
産業財⋯⋯⋯⋯⋯⋯⋯⋯⋯⋯⋯2
産構審・中政審合同会議⋯150,160,185

ジェントリフィケーション⋯⋯⋯201
市街化区域⋯⋯⋯⋯⋯⋯⋯189,192
市街化調整区域⋯⋯⋯⋯189,193,215
事業者団体⋯⋯⋯⋯⋯⋯⋯⋯⋯55
事業法⋯⋯⋯⋯⋯⋯⋯⋯⋯⋯⋯31
私権制限⋯⋯⋯⋯⋯⋯⋯⋯⋯255
事後値引き⋯⋯⋯⋯⋯⋯⋯⋯⋯99

自主流通米⋯⋯⋯⋯⋯⋯⋯⋯⋯41
市場外流通⋯⋯⋯⋯⋯⋯⋯⋯168
市場支配力⋯⋯⋯⋯⋯⋯⋯⋯⋯23
市場的調整⋯⋯⋯⋯⋯⋯⋯⋯224
市場の失敗⋯⋯⋯⋯24,32,173,207,224
市場の不完全性⋯⋯⋯⋯⋯⋯⋯24
市場の普遍性⋯⋯⋯⋯⋯⋯⋯⋯22
市場の論理⋯⋯⋯⋯⋯⋯⋯173,207
市場分割協定⋯⋯⋯⋯⋯⋯⋯⋯55
市場メカニズム⋯⋯⋯⋯⋯⋯22,52
指針⋯⋯⋯⋯⋯⋯75,183,217,218
事前審査付き届出制⋯⋯⋯⋯145,158
持続可能⋯⋯⋯⋯⋯⋯⋯⋯⋯198
持続可能性⋯⋯⋯⋯⋯⋯⋯⋯236
下請取引⋯⋯⋯⋯⋯⋯⋯⋯⋯⋯67
下請法⋯⋯⋯⋯⋯⋯⋯⋯67,104,106
自治省⋯⋯⋯⋯⋯⋯⋯⋯⋯⋯⋯27
市町村マスタープラン⋯⋯⋯⋯181
実体規定⋯⋯⋯⋯⋯⋯⋯⋯⋯⋯54
指定再販⋯⋯⋯⋯⋯⋯⋯⋯⋯⋯93
指定再販品⋯⋯⋯⋯⋯⋯⋯⋯⋯92
私的独占⋯⋯⋯⋯⋯⋯⋯⋯⋯52,54
指導要綱⋯⋯⋯⋯⋯⋯⋯⋯⋯159
品揃え形成⋯⋯⋯⋯⋯⋯⋯⋯⋯2
品揃えの広さ⋯⋯⋯⋯⋯⋯⋯⋯18
支配型私的独占⋯⋯⋯⋯⋯⋯54,57
支払遅延⋯⋯⋯⋯⋯⋯⋯⋯⋯104
資本自由化⋯⋯⋯⋯⋯⋯⋯138,143
シャーマン法⋯⋯⋯⋯⋯⋯⋯85,98
社会関係資本⋯⋯⋯⋯⋯⋯⋯173
社会的規制⋯⋯⋯⋯⋯⋯37,40,162
社会的基盤⋯⋯⋯⋯⋯⋯⋯⋯⋯23
社会的共通資本⋯⋯⋯⋯172,174,207
社会的ジレンマ⋯⋯⋯⋯⋯⋯236
社会的責任⋯⋯⋯⋯⋯⋯⋯⋯219
社会的調整⋯⋯⋯⋯⋯⋯⋯⋯225
社会的調整の場⋯⋯⋯⋯⋯⋯229

社会的分業 ……………………1
従業員等の派遣の要請 …………104
集中貯蔵の原理………………17
需給接合機能 …………………7
需給調整………………………31
酒税法 …………………35,39
出荷奨励金 ……………………168
出荷停止………………………94
出店凍結宣言 …………………159
出店反対運動 …………………158
酒類小売業経営改善緊急措置法………40
酒類販売管理者…………………40
酒類販売免許制度…………31,35,39
循環型社会形成 ………………239
循環経済 ………………………236
準工業地域 …………………213,220
準都市計画区域 …………194,215
消化仕入れ ……………………112
小規模企業振興基本法 …………132
商業活動調整協議会 ………142,147
商業近代化地域計画 …………137
商業組合法…………49,133,141
商業者の社会性 ………………13,14
商業者の存立基盤………………15
商業地域 ………………………213
商業統計 …………………148,160
商業部門の収縮・排除…………14
商業まちづくり政策 ………171,176
商工会 ……………………147,182
商工会議所 ………………147,182
商工組合中央金庫 ……………133
少子高齢社会 …………………207
商調協 …………142,147,158,161
冗長性 …………………………254
商調法 …………………………143
商的流通 ………………………6
商店街 ……………………136,149

商店街活性化 …………………135
商店街商業組合…………………49,133
商店街振興組合法 ……………134
商店街整備事業 …………138,152,153
商店法…………………………49
消費財 …………………………2
消費者団体……………………93
消費者庁………………………30,120
消費者保護……………………30,120
消費者保護基本法 ……………30
消費者向け電子商取引 …………121
消費者利益……………………80,144
消費生活協働組合法 …………222
情報公開のジレンマ……………37
情報公開法……………………36
情報縮約・整合の原理…………16
情報の完全性 …………………12,22
情報流通機能…………………7,9
静脈流通………………………238
職域販売………………………94
食品衛生法……………………45
食品等流通法 …………………105
食品廃棄物……………………242
食品表示法……………………30
食品流通構造改善促進法 ………155
食品ロス削減 …………………242
食品ロス削減推進法 …………243
食糧管理法……………………35,41
食糧庁…………………………41
食糧法…………………31,35,42
食管制度………………………41
白地 ……………………189,193
仕分け …………………………4
新型路面電車 …………………232
新行革審 ………………………160
振興組合 ………………………149
人口減少………………………207

振興政策……………28,29,33,131,171
新聞業特殊指定……………………96

垂直的関係……………………………54
垂直的流通システム………………87
水平的関係……………………………54
ステークホルダー ………………205
スプロール的開発 …………194,207
スポンジ化 …………………………233

生活環境 ……………162,183,186
生活協同組合 ………………………141
政策……………………………………21
政策過程……………………………204
政策主体……………………………27
政策的調整 …………………………224
政策の窓モデル……………………205
政策評価……………………………256
政策評価法…………………………37
政策方法……………………………28
生産財 …………………………………3
生産と消費の隔たり ………………2
成長管理……………………………198
制度資本……………………………172
セイフティネット …………………254
政府の失敗……………………34,224
政府米………………………………41
世界銀行……………………………173
石油価格カルテル刑事事件………53
セブン-イレブン事件 ……………108
セリ …………………………………168
全国商店街支援センター …………226
センターフィー ……………………105
専売店制………………………………78

総務省……………………………27,179
ソーシャル・キャピタル …………173

ゾーニング ……………186,188,197,200
その他の取引拒絶……………………69
損害賠償………………………………58

た行

第1種大規模小売店舗 ……………157
第1種大規模小売店舗立地特例区域 221
大規模小売企業………………………67
大規模小売業…………………………79
大規模小売業者の定義 ……………101
大規模小売業特殊指定 ……………100
大規模小売告示………………………108
大規模小売店舗審議会 ……………161
大規模小売店舗法…31,138,144,151,176
大規模小売店舗立地法………30,178,183
大規模集客施設 ………204,213,214,220
大規模商業施設……………………214
大規模複合施設……………………219
耐久消費財 ……………………………3
大衆薬…………………………………43
大店法関連5法 ………………151,161
大店法緩和プログラム ……………161
大店立地法 …………178,183,218,220
第二次百貨店法 ………………142,144
第2種大規模小売店舗 ……………157
第2種大規模小売店舗立地特例区域 221
対面販売………………………………94
代理店…………………………………76
タウンセンター・マネジメント ……199
ダウンタウン ………………………197
ダウンタウン・マネジメント ……198
タウンプロデューサー……………234
タウンマネージャー………………234
タウンマネジメント ………180,181,182
抱き合わせ販売等……………………71
建値制…………………………………87
多頻度小口配送の要請 ……………100

田村正紀……………………………15

地域コミュニティの担い手 …………226
地域再生法 ……………………………234
地域社会 ……………………………150
地域商店街活性化法 …………………225
地球環境保全……………………………30
地区計画 ……………………………194,215
地方卸売市場 …………………………167
地方分権 ……………………………180
地方分権一括法…………………………27
地方分権化の罠 ………………………225
チャネル戦略……………………………87
中央卸売市場 …………………………167
中央卸売市場法…………………………50,167
中央省庁再編関連法……………………27
中小企業基本法 …………132,134,153
中小企業近代化資金助成法 …………134
中小企業近代化促進法 ………………134
中小企業指導法 ………………………134
中小企業政策……………………………24,132
中小企業庁……………………………27,133,153
中小企業等協同組合法 ………………133
中小企業流通業務効率化促進法 ……155
中小小売業 ……………………………145
中小小売商 ……………………………48,79
中小小売商業振興政策 ………………133
中小小売商業振興法29,138,144,151,161
中小小売商保護 ………………………140
中小商業者 ……………………………29,32,131
中小物流法 ……………………………155
中心市街地 ……………………………174,194
中心市街地活性化協議会 ……………209
中心市街地活性化法
　　　………30,178,179,204,208,220
中部読売新聞事件 ……………………118
調査協力減額制度………………………58

調整4項目 …………………………147,162
調整政策 ……………28,31,33,50,171
直接流通……………………………………10
直線経済 ……………………………237
著作物 …………………………………92,95
著作物再販制度………………………96
地理的表示法 …………………………122

通商産業省……………………………27,133

低層住居専用地域 ……………………213
適正取引推進ガイドライン …………105
デジタル・プラットフォーマー ……113
デジタルプラットフォーム取引透明化法
　　………………………………115
デパートメント・ストア宣言…………48
テリトリー制……………………………78
田園住居地域 …………………………213
電子計算機利用経営管理 ……………152
電子商取引（EC）……………………31
電子書籍………………………………97
店舗共同化 ……………135,138,149
店舗集団化 ……………………………152
店舗主義 ………………………………145

東京卸売りセンター …………………137
東京高裁 ………………………………110
投資財 ……………………………………3
統制 ……………………………………32,52
当然違法 ………………………………97
同調的価格引き上げ……………………40
動脈流通 ………………………………238
登録販売者……………………………44
独自規制 ………………………159,163
特殊指定 ………………………………61,96
独占 ………………………………………23
独占禁止法 …………………28,51,141

独占禁止法研究会…………………………77
独占禁止法遵守マニュアル……………80
独占的状態………………………………56
特定商業集積整備法 ………151,154,161
特定保健用食品……………………45,122
特定用途制限地域 …………………193
特定用途誘導地区 …………………230
特定連鎖化事業 ……………………139
特売商品等の買いたたき …………101
特別契約商品の受領拒否 …………104
特別地区 ………………………………200
特別注文品の受領拒否 ……………101
特別用途地区 …………………………220
特約店………………………………76,87,94
都市 ……………………………………172
都市機能増進施設 …………………230
都市機能の集約 ……………………204,207
都市機能への貢献…………………………26
都市機能誘導区域 …………………230
都市計画 ……………………………162,176
都市計画区域 …………………………188
都市計画区域外 …………188,194,215
都市計画提案制度 …………………216
都市計画法 ………178,188,204,213,220
都市計画マスタープラン …………193
都市再生特別措置法 ………211,230,233
都市再生特別地区 …………………230
都市政策…………………………………30,171
都市中心部 ……………………………174
都市の非可逆性 ……………………173
都市の論理 ……………………………173
取引 ………………………………………8
取引慣行…………………………………79
取引数削減の原理………………………16
取引の対価の減額 …………………104

な行

内閣府……………………………27,209,211
内部補助 …………………………………118
内部要因 …………………………………175
仲卸業者 …………………………………168
ナショナルブランド（NB）…………87
ナショナル・メインストリート・センタ
ー……………………………………………199

荷受 ……………………………………167
二重価格表示…………………………121
日米構造協議 …………………35,54,160
日米貿易委員会 ………………………160
日米包括協議……………………………35
荷役 ………………………………………8
ニューアーバニズム …………………208
入札 ……………………………………168
入札談合…………………………………55

納入業者…………………………………67,101
納入業者の従業員等の不当使用等 …102
農林水産省……………………………27,105
ノーアクションレター制度……………36

は行

パーパス・ブランディング …………237
バイイングパワー ………79,99,100,111
廃棄物処理 ……………………………239
排除型私的独占…………………54,57,83
排除行為…………………………………83
排除措置…………………………………57,109
排他条件付取引…………………………72
排他的取引………………………………83
排他的リベート ………………………83
配置販売業者……………………………44
売買関係の対立性 …………………8

売買参加者 ……………………168
売買の集中化……………………15
派遣店員…………………………99
80年代の流通産業ビジョン ………150
バックリン（L. P. Bucklin） ………19
パブリックコメント……………36
払込制……………………………78
パワーシフト……………………79
反トラスト法 …………………52,85
販売会社…………………………76
判例………………………………75

非営利組織 ……………………183
非関税障壁 ……………………160
非線引き都市計画区域 …………189
非耐久消費財 ……………………3
100円商店街……………………250
百貨店…………………………48,133
百貨店業特殊指定………99,100,142
百貨店法………………49,140,144
表示 ……………………………120

不確実性プールの原理…………17
不公正な取引方法………52,59,83
不実証広告規制 ………………120
物的流通 …………………………6
物的流通機能 …………………7,8
物流センター …………………102,105
物流2法…………………………31
不当景品………………………120
不当高価購入……………………71
不当な委託販売取引 …………101
不当な経済上の利益の収受等 ………102
不当な取引制限 ………………52,55
不当な値引き …………………101
不当な返品 ……………………101
不当な利益による顧客誘引………71,120

不当表示 ………………………120
不当廉売……………………64,70,99,117
プライベートブランド …………101,104
プラスチック資源循環促進法 ………241
フランチャイザー………………126
フランチャイジー………………126
フランチャイズ・ガイドライン ……127
フランチャイズ・チェーン
　………………………108,126,139,149
ブランド・イメージ……………91
ブランド間競争 ………65,78,87,98
ブランド内競争…………65,78,94
ブランド付与……………………13
分野調整法 ……………………143

ベンチャー支援 ………………153
返品………………………………99,104
返品条件付買取り ……………112

包装 ………………………………8
法定再販品 ……………………92,95
ホール（M. Hall） ………………15
保管 ………………………………8
保健機能食品……………………45,122
ボランタリー・チェーン
　………………………126,135,136,149

ま行

マーケティング ………14,23,76,91
マクロ的…………………………21
まち歩き ………………………249
まちゼミ ………………………249
まちづくり 29,46,151,162,163,171,187
街づくり会社 …………………152,153
まちづくり3法 …………151,178,203
まちなかバル …………………251
マップづくり …………………249

ミクロ的……………………………21
未成年者飲酒禁止法………………40
店会制………………………………78
三越事件……………………………100
ミラー効果…………………………16
民活法………………………………161

メインストリート・プログラム ……199
メゾ・マクロ………………………21
メニュー表示………………………121

持ち株会社…………………………56

や行

薬剤師………………………………44
薬事法………………………………31,43
ヤミ・カルテル……………………93
ヤミ再販……………………………93

優越的地位の濫用 …66,99,102,107,114
優越的地位の濫用行為 ……………100
郵政省………………………………27
有利誤認表示………………………121
優良誤認表示………………………120
輸送 …………………………………8
輸入品専門売場特例法 ……………161

容器包装リサイクル法 ……………241
用途地域……………………………189,213
横出し規制…………………………159
予防行政……………………………75

ら行

リサイクル…………………………30,239
リスク………………………………10,112

立地適正化計画 ……………………230
立地分散化…………………………18
リニアエコノミー …………………237
リベート……………………78,86,87,105
流通革命……………………………134,143
流通加工……………………………8
流通活動の分担関係………………18
流通機能 ……………………………7
流通機能の機関代替性……………11
流通基盤 ………………31,50,137,167
流通業務市街地の整備に関する法律…31
流通近代化政策 ……………………135
流通金融……………………………10
流通系列化……………14,76,92,99
流通経路……………………………14
流通コスト …………………………15,18
流通サービス………………………18
流通産出……………………………18
流通システム ………………………5
流通システム化政策………………31,137
流通政策……………………………24
流通チャネル………………14,77,87
流通チャネルの組織化……………86
流通・取引慣行ガイドライン……80,100
流通フロー …………………………6,7

レジ袋 ………………………………241
連合国軍総司令部…………………51,141
連鎖化 ………………135,138,149,152

ロイヤリティ ………………………126
ローソン事件………………………107
ロジスティクス ……………………9
ロスリーダー………………………118
ロットサイズ………………………4,18

《著者略歴》

渡辺　達朗（わたなべ　たつろう）

1959年　神奈川県に生まれる
1983年　横浜国立大学経済学部卒業
1985年　横浜国立大学大学院経済学研究科修士課程修了
1987年　財団法人流通経済研究所研究員
1992年　新潟大学専任講師
　　　　同助教授，流通経済大学助教授を経て
現　在　専修大学大学院商学研究科・商学部教授，博士（商学）（大阪市立大学）

主要著書
『流通チャネル関係の動態分析』千倉書房，1997年
『現代流通政策』中央経済社，1999年
『米国の市街地再活性化と小売商業』（監修・共著）同友館，2000年
『ベーシック流通と商業』（共著）有斐閣，2002年
『流通チャネルの再編』（共著）中央経済社，2009年
『流通論をつかむ』（共著）有斐閣，2010年
『まちづくりを学ぶ』（共著）有斐閣，2010年
『流通チャネル論』（共著）有斐閣，2011年
『商業まちづくり政策』有斐閣，2014年
『中国・東南アジアにおける流通・マーケティング革新』（共著）白桃書房，2015年
『小売業起点のまちづくり』（共著）碩学舎，2018年
『ベーシック流通と商業［第3版］』（共著）有斐閣，2020年
『地域情報のデジタルアーカイブとまちづくり』（共著）白桃書房，2023年

流通政策入門（第5版）
■市場・政府・社会

2003年1月15日	第1版第1刷発行
2006年11月10日	第1版第8刷発行
2007年11月10日	第2版第1刷発行
2010年4月15日	第2版第3刷発行
2011年12月10日	第3版第1刷発行
2015年4月20日	第3版第4刷発行
2016年4月5日	第4版第1刷発行
2021年10月30日	第4版第7刷発行
2023年2月20日	第5版第1刷発行

著 者　渡　辺　達　朗
発行者　山　本　　　継
発行所　㈱中　央　経　済　社
発売元　㈱中央経済グループ
　　　　パブリッシング

〒101-0051　東京都千代田区神田神保町1-31-2
電　話　03（3293）3371（編集代表）
　　　　03（3293）3381（営業代表）
https://www.chuokeizai.co.jp
印刷／㈱堀内印刷所
製本／誠　製　本㈱

© 2023
Printed in Japan

ベーシック＋ プラス

Basic Plus

Let's START!

学びにプラス！
成長にプラス！
ベーシック＋で
はじめよう！

いま新しい時代を切り開く基礎力と応用力を兼ね備えた人材が求められています。

このシリーズは，各学問分野の基本的な知識や標準的な考え方を学ぶことにプラスして，一人ひとりが主体的に思考し，行動できるような「学び」をサポートしています。

ベーシック＋専用HP

教員向けサポートも充実！